黄沙飞雪
——河西走廊之书

杨献平/著

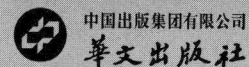
华文出版社

图书在版编目（CIP）数据

黄沙飞雪：河西走廊之书 / 杨献平著. —— 北京：华文出版社，2023.1
ISBN 978-7-5075-5692-6

Ⅰ.①黄… Ⅱ.①杨… Ⅲ.①河西走廊–文化史 Ⅳ.①K294.2

中国版本图书馆CIP数据核字(2022)第254444号

黄沙飞雪：河西走廊之书

作　　者：	杨献平
责任编辑：	闫丽娜
出版发行：	华文出版社
地　　址：	北京市西城区广外大街305号8区2号楼
邮政编码：	100055
网　　址：	http://www.hwcbs.cn
电　　话：	编辑部010-58336279
	总编室010-58336239
	发行部010-58336202
经　　销：	新华书店
印　　刷：	三河市龙大印装有限公司
制　　版：	北京禾风雅艺文化发展有限公司
开　　本：	710mm×1000mm　1/16
印　　张：	15.5
字　　数：	198千字
版　　次：	2023年1月第1版
印　　次：	2023年1月第1次印刷
标准书号：	ISBN 978-7-5075-5692-6
定　　价：	58.00元

版权所有，侵权必究

目录 CONTENTS

凿空：从长安开始的辽阔深邃	001
沿着弱水河：悲情英雄李陵	014
开拓河西走廊：杨坚与隋时西域	028
西行千里：杨广巡行张掖	065
柴达木：唐帝国的胜利与失败	084
收安西，设北庭：武则天时期的边疆经略	093
"阴山虏，奈尔何？"：唐帝国后期的丝路贸易	108
黄河的兰州	120
五凉古都：游历的武威	129
天境祁连山	138
匈奴故地：焉支山上	142
民乐的昼与夜	146
隐秘之所：祁连山深处的草原	151
祁连丹霞	156
马蹄寺石窟	161
作为甘州的张掖	164

西边的关隘：嘉峪关与魏晋地下墓	175
玉门和玉门关	187
无尽的敦煌	196
巴丹吉林沙漠深处	203
边塞长歌：最好的文化和精神旅行	213
远眺昆仑："西域"三十六国今何在	228
重返河西走廊（代后记）	235
参考文献	240

凿空：从长安开始的辽阔深邃

汉高祖五年（公元前202年），一个名叫娄敬的齐国戍卒时来运转，在同乡一位将军引荐下，他得以面见刚刚取得楚汉战争胜利的刘邦。斯时的刘邦，也想效仿周朝，带领他的全班文武臣子，准备把国都由简陋的定陶迁往洛阳。洛阳这个地方，位于九州中心，黄河之滨，领带南北，贯通东西，自然是作为帝都的上选之地。

凡得天下者，必定梦想着其创造的时代可以永恒不灭、万世长青。

刘邦当然也不例外。

娄敬本是一个普通的戍卒，就像现在军队里的一名基层士兵，他能说会道，又不满足于做一名戍边军卒，况且还要到遥远的陇西去，于是这小子先是说通一个带兵将领，使得那位和虞姬一个姓氏的将军答应他，路过定陶的时候把他推荐给刘邦。在古代，将领培植自己的势力，或者在皇帝身边安插一个自己人，不仅是一种必要的生存策略，还是一种政治作为。人和人，或者上级和下级，在很多方面更多的是一种利益互换关系。

这个娄敬果然口才超群，当然也颇具头脑与政治远见。在得以拜见刘邦后，他说了这样一番话："皇上，您现在取得的天下，和周朝那时候不同。周朝自后稷开始，以仁德积累了数百年帝业。武王伐纣，取得领导权，到周成王时期，天下还是以洛阳为中心，四方诸侯纳贡奉职，距离都不太远。有仁德的皇帝，换个地方定都国家很容易兴盛；没有仁德的皇帝，换个国都就很容易灭亡。周朝前期，诸侯四夷莫不臣服；到了它衰亡的时候，诸侯们都各行其是，皇帝无法对其节制。不是因为周朝的仁德不够，而是因为它的都城地形地势太弱了。现在，皇上您从沛县起义，席卷蜀汉，在三秦之地兴起，与楚霸王决战于颍阳、成皋之间，大小七十多场战役，虽然取得了胜利，但死难者之多和战争创伤之痛，一时半会儿是难以修复的。皇上您效仿周朝，还把国都定在洛阳，我以为不妥。你看三秦之地，被山带河，四周都是坚固的边塞，即使形势危急，有百万之众也可以却之于外。古来人与人斗，若不扼他的咽喉而捶打他的背部，那就绝对不能一招制敌，以获全胜。皇上您现在要离开定陶定都洛阳，倘若很多年后实力微弱，不能够节制天下的时候，只要占据关中，即使有强敌，也不足为惧。我以为，这是国之大事，也是皇上您的江山万世留传、帝业永存的根本所在。"

刘邦觉得颇为有理，又询问张良的意见。张良说："洛阳这个地方虽然也是坚固，还有周王朝的气象，但不是一个特别好的军事之地，且很容易四面受敌。关中那地方左边有崤山，右边是函谷关。陇西和蜀地沃野千里，三面皆可制敌，剩下的一面可以阻挡诸侯冒犯，才是易守难攻的坚固之地。我觉得娄敬的话是有道理的。"

当时刘邦身边，多的是山东人。这些将领和大臣，都想让刘邦把国都定得距离自己家乡近一些，自然很反对娄敬的意见。尽管两派意见不一，但刘邦还是下定决心把国都定在关中。戍卒娄敬也因为这一次建言，摆脱了自己的微贱身份，官拜中郎，号奉春君，并被刘邦赐姓为刘。所谓汉之国都，也就是今日秦咸阳都城遗址。秦始皇的国都是庞大而壮丽的，但项羽却一把火把它烧得灰飞烟灭、满地焦土。项羽是一个失败的英雄，但也是不计后果的破坏者。罪人而罪一城，恶人而戕众人，这种习惯延续和反复了数千年，周而复始，无有休止。而关于秦都城之宏伟，后世杜牧作《阿房宫赋》，一方面可能是传说，另一方面则是想象。

六王毕，四海一，蜀山兀，阿房出。覆压三百余里，隔离天日。骊山北构而西折，直走咸阳。二川溶溶，流入宫墙。五步一楼，十步一阁；廊腰缦回，檐牙高啄；各抱地势，钩心斗角。盘盘焉，囷囷焉，蜂房水涡，矗不知其几千万落。长桥卧波，未云何龙？复道行空，不霁何虹？高低冥迷，不知西东。歌台暖响，春光融融；舞殿冷袖，风雨凄凄。一日之内，一宫之间，而气候不齐。

如此恢弘之宫阙、浩大之国都，在当时的世界，也是绝无仅有的。

迁都不久，刘邦便不顾臣僚劝谏，决定亲征匈奴。

匈奴作为一个长期游牧于农耕地区之外的强大民族部落联盟，自周王朝起，便与中央帝国不间断地发生各种摩擦，当然也有少量的合作。在西汉之前，唯有秦穆公、赵武灵王及李牧、秦开、蒙恬等王侯和将军对他们进行过彻底的打击，以冒顿鸣镝弑父、自立为单于为标志，匈奴马踏东胡之后，进入了极其强盛的时代。游牧民族"以力为雄""举事常随月""利则进，不利则退，不羞遁走"，在今之蒙古高原乃至河北、陕西、山西等地，常常以"来如闪电，去如飞鸟"的超强运动战术，侵扰中央帝国边疆，以抢掠人口和物资。他们的这种"以战止战，以战养生"策略，是本性，也是受地理环境所限而不得不为的一种生存方式。

西汉帝国刚刚建立，解除了项羽的威胁，并平定了几个异姓王的反叛之后，刘邦自以为常年征战，匈奴不足为惧，便决心亲征匈奴，妄想也如蒙恬那样，不日之间，将匈奴打到漠北一带，使其再不敢袭扰汉边。这也是刘邦被胜利冲昏头脑的一个表现，但陈平等人是清醒的。因为战争持续多年，赤地千里，十室九空，全国的破败程度前所未有。一个新兴政权，经济能力薄弱不说，人口数量，特别是青壮年人数锐减，再加上对匈奴的实力及其文化风俗不了解，作战的一切基础都不具备。

但刘邦却一意孤行。事先，他派出几波人马，以各种身份混入匈奴打探实情。奸细和暗探在任何时候都不可或缺。军事和政治集团对垒，相互窥知底细和底线，也是克敌制胜的一种必要手段。探子们到匈奴潜伏了一段时间，回来报告说，匈奴防守空虚，人也懒散，边疆地带也没有什么兵马。这样一来，刘邦亲征的决心更大了。陈平、刘敬等人还是以为这是匈奴的诱敌之计，力谏刘邦不可轻举妄动。为此，刘敬还自告奋勇，化装成商贩，深入匈奴境内打探。由此可以看出，匈奴等游牧民族尽管与西汉没有正式的官方联系与沟通，民间贸易和交往从没停止过。

回来后，刘敬报告说："我看匈奴境内防守空虚，奴隶们驱赶牛羊放牧却毫无戒备，这恐怕是在引诱我们上当。"刘邦还是不听。汉高祖七年（公元前 200 年）四月初，刘邦征发三十万大军，携丞相陈平、将军季布等人出征匈奴，行至今河北张家口附近时，刘敬再次劝谏，陈述理由，刘邦震怒，大骂他说："你这个齐国的小兵，胆敢胡言乱语，沮丧我军心，立斩！"当即下令斩杀刘敬。后在陈平等人的劝谏下，他派人把刘敬押往广武县城予以扣押，等他得胜回来再行处置。却不料，刘邦大军行至今山西大同，在白登山遭遇大雾和雨雪天气，匈奴冒顿单于以四十万大军闪电而出，将刘邦三十万大军困在白登山七昼夜。后陈平以重金贿赂冒顿单于最为宠爱的阏氏，以"得汉地而不能居""两主不相伤"为由解开大军一角，刘邦及其大军才狼狈而回。

这是西汉帝国与匈奴第一次正面接触。斯时，刘邦还是低估了冒顿单于的军事能力与智慧。冒顿作为匈奴东方历史上最强大、最富有心机和谋略的单于，从他开始，开创了匈奴近百年的鼎盛霸业。紧接着，刘邦采用了刘敬的建议，即与匈奴和亲。他的理由是，打不过他就改造他，把汉室的闺女嫁给他，他们生的孩子，就是汉刘皇家的外甥，再成为匈奴的单于……外甥怎么会和姥姥舅舅家结仇呢？

刘敬的思想也是地道的儒家学说，即君臣纲常，家族伦理，妄图从血缘上改造蒙昧而剽悍的游牧苍狼。这显然是他个人理想化的政治梦想之一。一个弱女子并随从数百人，深入庞大而辽阔的匈奴大部落联盟之中，无异于草地上撒盐、沙漠里扬芝麻。但在当时，送个女人与匈奴单于，再加上大批的财富和生活用品、生产资料，并在几个边地城市开设贸易口岸，可借此安抚匈奴。说穿了，这种做法，无非变相求和、纳贡与供养。自此，长城以内为汉之"冠带之室"，长城以外为匈奴之"引弓之国"。一个"室"一个"国"，以古汉语的精准性和多义性来看，西汉无疑是低匈奴一等的。但从形象化上考察，"冠带之室"和"引弓之国"确实概括了农耕帝国和游牧部落的基本属性。匈奴大漠浩瀚，泽卤无际，草原浩荡，戈壁连绵，他们以快马长刀、鸣镝飞箭为基本的战斗构成，而西汉则以木车、骡马、长矛剑戟为基本战斗工具。两者相比，匈奴不仅有速度和距离的优势，还有人口及其身体素质的优势。

和亲政策虽然取得了一定效果，但匈奴并不安分。汉惠帝七年（公元前188年），匈奴的左焉耆王再次纵兵侵扰汉边，在今之辽宁通辽、河北怀来等地攻陷西汉边城，杀戮官吏和守军，并抢掠了大量财富和妇女。财富用来分发，妇女用来做奴隶，并可自由买卖和转让。此时，刘邦早已死去，吕雉制造了骇人听闻的"人彘"事件。匈奴兵马再度入侵之后，吕雉派人带着诸多礼品前往匈奴询问。冒顿回信说："前一段时间，左焉耆王稽粥受到了你们一个小官的侮辱，他很生气，于是不听我的安排，私自出兵侵扰贵国，这才违反了我们之间的约定。为了惩罚他，我让他带兵攻打大月氏。没想到那小子一举得胜，不仅把大月氏打得仓皇远逃至伊犁河，还把他们单于的脑袋割下来，制成了镶金酒器。为了表示歉意，我派人送去一些礼品，请太后陛下笑纳。"

汉惠帝四年（公元前176年），冒顿再次派遣稽粥攻击已经溃败的大月氏，与乌孙一起，将迁徙到天山南麓和伊犁河、伊塞克湖对流域的大月氏再度击逐到锡尔河上游的费尔干纳地区，从而引发了欧亚大陆上有史以来第一次剧烈的民族大迁徙。这一次民族大迁徙，对于欧亚大陆乃至整个世界文明都具有深远的影响，使得盛极一时的罗马帝国也感觉到了它的强劲动力。

然而，在东方，汉匈之间的关系一如既往。冒顿死后，稽粥成为匈奴单于。汉文帝按照旧例，从汉王室挑选一女，下嫁匈奴，并给予大量的馈赠。但这样也没有真正阻挡住匈奴的马蹄，这一以弓箭和马蹄横行于高原和大漠的游牧军团，其嗜血的暴力传统令人不寒而栗。在汉文帝和汉景帝时期，匈奴多次深入汉边进行侵扰和掠夺，甚至抢劫汉王朝的马场和重要军镇。电视剧《汉武大帝》中的诸多桥段都是失实的，如汉景帝接到匈奴再次犯边的奏报后，说这一群豺狼的台词，令人喷饭。在斯时，汉景帝最多大骂一声猖獗盗贼，何来豺狼这一个"代词"？但是，汉文帝和汉景帝时期，对匈奴无力反抗倒是真的。这种被动的局面一直延续到汉武帝继位后，面对匈奴的不间断骚扰与凌辱，汉武帝决定对之进行反击。

这时候的汉帝国，经过"文景之治"，"社会之财富，日趋盈溢"，人口数量也有所增长和恢复。数千年以来，战争始终是人口锐减的原因之一。一朝灭一朝，成功者的冠冕和泼天富贵都是用无数的血肉之躯堆积起来的，尤其是秦汉这样的以暴力方式取得的政权。汉武帝刘彻进行了一系列的削藩与平乱之后，开始着手准备反击匈奴的战争。但彼时的汉帝国，对匈奴这样一个"疆域最东达到辽河流域，最西到达葱岭（帕米尔高原），南达秦长城，北抵贝加尔湖一带"的庞大游牧帝国却一无所知。

要想反击匈奴，必然要洞彻这个大部落联盟帝国的真相，能够联系到先前被匈奴大肆杀戮并击逐至中亚的大月氏，两边对匈奴夹击，胜算才可能更大。在这样的背景下，张骞横空出世。这位汉中人，《史记》中说他

"为人强力，宽大信人"。这说明，张骞是一个少怀大志、英雄主义和理想精神都超乎寻常的人。他出身于汉中城固县，时为郎中令，即皇帝的近卫和侍从首领。他自告奋勇，并招募到了月氏人堂邑父及勇士数百人，从长安启程，开始了他旷古烁今的"凿空"西域之旅。

事实上，在张骞这一次空前的行动之前，丝绸之路就早已经存在，只是隐隐约约，不怎么明显，民间的生命力与沟通力有时候显得比官方的更为柔韧和强大。《穆天子传》一书虽有不可考证的传说意味，但这本书对于早期西域的记录却是详细而又服人的。从已有的考古资料看，早在公元前800年左右，古埃及法老的宅邸里就有了"丝绸"制品。这说明，张骞"凿空"西域的军事和政治意义第一，至于丝绸之路，则是他这一孤身艰险的探险行动的附加效应。但仅此一点，张骞已经不朽了。他第一次使得中央帝国打开了眺望世界斑斓的文明之眼，也第一次使得中央帝国发现了更辽阔土地上的人类存在。正如法国历史学家F. B. 于格和E. 于格叔侄《海市蜃楼中的帝国》一书中所说："他（张骞）的外交成果统计是令人失望的，但他揭示的新鲜事物则具有极其深刻的意义。……他亲眼看见的一切，确实应当纳入人类那最悠久和最神奇的共同信息库，也就是中国的断代史……张骞无疑掀起了一场'文化革命'。他揭示了一个外部世界的存在，至少是这个世界所包括的多样性、辽阔的范围和内在的潜力。"

真正的、有作为的勇士和猛士在中国自古就缺少。对于张骞的功业，后世人多评价他甚至比汉武帝更伟大，比卫青、霍去病更加厥功至伟。对于这一点，我也是赞同的。从某种程度上说，张骞应当成为中国男人的一个标杆。当然，还有和他同乡同时代的司马迁。西汉为后世贡献的，仅此二人，除此之外，还有将军李广、贾谊、董仲舒、卫青、霍去病等几个人。张骞行至半途，在焉支山被匈奴浑邪王扣押，又被绑缚到位于翁金河畔的单于庭帐，但单于并没有杀掉他。

对此，匈奴可能有自己的考虑，即留这个人一条活命，一则有可能劝化，二则可备不时之需。张骞在匈奴将近十年，其间还娶了一位匈奴女子为妻，两人还生了两个孩子。这样的囚犯生活，查遍人类历史书籍似乎很少。这也从另一方面说明，匈奴并非真的嗜血成性，对汉帝国的人见到就杀，他们也心存善念，尽管其出于政治和军事目的的比重很大，但能够这样善待一个囚犯及其随从，已经很可贵了。

汉元光五年（公元前130年），张骞和他仅存活下来的四五位随从逃脱了匈奴的控制，手持节杖，再度西行。当他穿越今新疆全境，翻越帕米尔高原，在锡尔河上游的费尔干纳找到昔日的大月氏时，虽然受到了隆重的接待，但大月氏身在膏腴之地、安乐之邦，生活富足，也自知不是匈奴的对手，婉转地拒绝了他的请求。在中亚的康居，张骞见到了传说中的汗血宝马。他返回时，还特意潜回匈奴阵营，把他的匈奴妻子和孩子带回了长安。

正如F. B. 于格和E. 于格叔侄《海市蜃楼中的帝国》一书中所说，张骞的外交成果几乎没有，他的出行相当于一次官方派遣的自费旅游。但对于当时的西汉帝国而言，张骞不仅带回了详尽的地图，从而使得中央帝国第一次窥破了匈奴及其背后的秘密，而且带回了大量的西域见闻。苜蓿、核桃、葡萄等等都是张骞和他的勇士们从中亚带回来的，最重要的是，张骞看到了一个别样的新世界和另一种人类文明。这个信息在当时的长安肯定类似于神话，但由于张骞，那些长期萦绕在传说和零星典籍中的"神话"由此被证实为现实存在。

正是张骞对匈奴的详尽了解与实地勘察，使西汉对匈奴的反击战有了切实的把握。汉匈战争之马邑之谋失利之后，再度开启。这一次，张骞也加入到了对匈奴的作战队伍当中，他和名将李广一起出征。汉元光六年

（公元前129年），卫青任大将军，兵分六路与匈奴决战。匈奴大败，其单于庭帐所在地茏城陷落，匈奴大部被迫迁徙到漠北、漠南地区。此时的匈奴单于是伊稚斜。因为战争的失败，匈奴断绝了与西汉的和亲传统及一切贸易往来。两年后，伊稚斜单于再次出兵攻打西汉之上谷和渔阳等地，大胜，掳掠也较多。汉武帝再派卫青出征。卫青大军不日攻克河套地区，并将之收入西汉版图。在这一次战争中，李广不甘受辱，自刎于军中。

因为太史公司马迁的神鬼之笔，李广成了一位千古悲情人物。他武艺精湛，一生对匈奴七十余战，所带兵马不是老弱病残，就是途中迷路，仅有的几次直接对垒，还以险胜而闻名，其中一次他被匈奴俘获，但机智逃回。他木讷、不善言，早年因"受梁王印"而终生未能被封侯。司马迁说："余睹李将军，悛悛如鄙人，口不能道辞。及死之日，天下知与不知，皆为尽哀。彼其忠实心诚信于士大夫也。"

每读《李将军列传》，不由潸然泪下，痛惜之心，宛若刀扎。李广一家，除李敢封关内侯不久便被霍去病故意射死（原因是李广自杀后，李敢冲撞了卫青）之外，儿子李椒也战死沙场。李敢侄子李陵于汉天汉二年（公元前99年），带兵出居延，在今阿尔泰山中段遭遇匈奴主力，苦战八昼夜。尤其是李陵独挡敌军，让属下突围返回这一作为，已经足够令人钦佩的了。正如钱穆在其《秦汉史》中所说："杀伤过当，及陵降，军士脱归者四百余人。李陵之勇气及其全军之勇决，令千载之下读史者想慕不已。"

《秦汉史》书中还说："卫霍李广利之属，名位虽盛，豪杰从军者贱之如粪土。李广父子愈摈抑，而豪杰愈宗之。"但豪杰是无法与庙堂公器相比的。李陵投降匈奴后，汉武帝不仅杀了他全族，且把劝谏的司马迁弄残，李家一门惨烈和悲情，古来诸多将军皆如此。

河南之战后的匈奴，由于内部分裂，内斗严重，实力大不如前。汉元狩二年（公元前121年），远在河西地区的浑邪王作战失利，伊稚斜单于召他回单于庭。浑邪王知道伊稚斜单于要杀了他以增强威慑力，转而向西汉投降。汉武帝派霍去病带兵接应。投降之时，浑邪王部下有万余兵众不愿，被霍去病和浑邪王当场斩杀。也就是说，流传甚久的霍去病收复河西、开四郡是凭其一军之力的说法是不准确的，他应当是在匈奴浑邪王的配合下，取得了河西地区的胜利。

汉元狩四年（公元前119年），汉武帝再派卫青、霍去病各自率领十万大军北击匈奴，双方在漠北展开大战，匈奴单于并其左焉耆王败逃，汉军大捷。后又分别五次对匈奴进行了较为沉重的打击。早在冒顿时代，匈奴就借驱逐大月氏的时机，收服了西域城郭诸国，以作为自己的战略纵深。李广利先后首次远征大宛，途经这些国家和部落，各国王侯均采取不予合作的态度。直到第二次，匈奴势力在西域逐渐式微，李广利大军沿途才得到补充。

自此之后，匈奴的军事渐渐失利，内部矛盾突出。最终导致了九王争立、相互攻伐，唯有稽侯姗的南匈奴和呼图吾斯的北匈奴胜出。起初，两者都依附于西汉，但西汉为彻底分解匈奴，对双方的态度和礼遇不同，从而导致了北匈奴郅支单于呼图吾斯暴怒而斩杀汉使，由此开始了悲壮的西征——逃亡生活。南匈奴呼韩邪单于稽侯姗一味屈就于中央帝国，北匈奴孤军在中亚奋战。

但从人的角度来说，呼图吾斯是一个孤绝的英雄，一匹不妥协的战狼。他以三千人横行西域和中亚，并收编东征失散的十字军，在锡尔河流域创造了血腥的傲人战绩。但因为杀戮无度，又极端残忍，西域都护府都护陈汤和甘延寿矫诏起三十六国兵马，在郅支城将呼图吾斯斩杀，并焚烧了他历时八年修筑而成的木质城郭。历史进行到这一节点，西汉才完全解除了匈奴的威胁，并使之成为俯首帖耳的附属国。冒顿所创造的匈奴东方传奇也在这里画上了句号。

匈奴自行溃散，西汉没有了外在的敌人。但像匈奴一样，西汉的内部也产生了根本性的问题，即汉武帝为筹集战争物资，卖官鬻爵成风，生产力也遭到破坏，其统治内部也时有摩擦爆发。到汉武帝驾崩之时，这个国家已经在与匈奴的战争中耗尽了积攒上百年的元气和能量。为了拉拢南匈奴，使其更为听话，汉元帝又将王昭君下嫁给呼韩邪单于。但王昭君的和亲效果并没有传说中或是诸多人所说的那样好。首先，王昭君嫁给呼韩邪单于三年，呼韩邪单于就病死了。依照匈奴"父死妻其后母，兄亡弟妻其兄妻"的风俗，继任的匈奴单于雕陶莫皋（复株累若鞮单于）要求王昭君再嫁给他做阏氏。王昭君不允，上书汉哀帝请归，被拒绝不说，汉哀帝还把王昭君的哥哥一家送到了匈奴去陪伴她。

再嫁给雕陶莫皋后，王昭君又生了两个女儿。几年后，雕陶莫皋死。汉鸿嘉二年（公元前 19 年），王昭君长期郁郁，悲怀不散，作《怨词》。不久死，年三十三岁。从这首诗歌来看，王昭君在匈奴的生活并不幸福，尽管她被封为宁胡阏氏，极为尊贵，匈奴贵族也不敢轻视，但一个女人，在一个陌生的族群当中，她能发挥的影响力也是非常有限的。

所有这些，不论西汉帝国还是匈奴帝国，都是张骞"凿空"的丝绸之路上两个实力最强的军事集团。相比较张骞探索出的丝绸之路，这些都不足为重，尽管它们是具体的事件和引发的根由。从张骞开始，到霍去病收复河西走廊，西汉设立安西都护府、西域都护府等军镇之后，移民屯边、输出生产工具、各种技术，包括意识形态、政治体制、文化交流等等便成了常态。尤其是汉太始二年（公元前 95 年）之后，丝绸之路便第一次以官方的、有历史记载的方式进入到人类的文明视野，并由此而诞生了名动千古且光华万丈的陆上"丝绸之路"。

具体来说，西汉时期的丝绸之路主干线就是张骞当年探访西域时走过的那条路线，即长安—咸阳—天水—陇西—兰州—武威—张掖—酒泉—敦煌，再出阳关分为南北两道。南道出阳关西行，经鄯善，沿昆仑山北麓，经过于阗、莎东、蒲犁，越葱岭（帕米尔），至大月氏，再西行到安息和地中海的大秦（罗马），或由大月氏向南入身毒（印度）；北道是自玉门关西行，经车师前国，沿天山南麓继续西行，经焉耆、疏勒，翻过葱岭（帕米尔），至大宛（费尔干纳）。由此再往南北方向，可到康居（锡尔河下游，吉尔吉斯斯坦平原）、奄蔡（阿兰聊）；西南方向到大月氏（贵霜帝国）、安息（伊朗）等地。

这是一条旷古烁今的道路，一条在汉帝国——历史蒙昧时期沟通中西的文化、技术和商品之路，也是各种宗教、思想、文明的碰撞与交流通道。正因为这条路，早期中国人才知道除东方帝国之外，还有更广阔的人类存在与灿若星辰的文明、文化灿烂在另一些地方。取得对河西乃至整个西域的控制权后，西汉先后多次移民，人数达数百万。其中有戍卒、犯人、农民、手工艺者和养蚕、瓷器、铁器、丝绸织染等方面的技术人才。其中，粮食生产更为丰富，李陵远征匈奴之前，就在敦煌、张掖、酒泉等地组织屯田，同时兼任骑射教官。路博德不仅修筑了河西走廊西端到今蒙古国境内的大量烽燧和关城，且在居延等地组织军屯。自敦煌以西的吐鲁番、高昌、龟兹、交河、焉耆、吉木萨尔等地的情况也是如此。

贸易由此拓展，由长安至敦煌，各种物资贸易一度呈现出繁忙的景象。从已有的考古资料看，西汉时期，养蚕、丝绸、锦缎及各种农业灌溉、水利设施、生产工具已经蔓延并覆盖了今新疆全境和中亚部分地区。同时，西汉政府还在沿途建立了相应数量的过所驿馆和军事保障设施，用以保障丝绸之路的安全与畅通。斯时，东来西往的货物主要有樟脑、骨器、各种农作物果实、钻石、漆器、铁器、大宛马、胡瓜、胡萝卜、核桃、玉器和青金石、绸缎等等，累计达上百种。这一景象，是早期中国与世界的亲密接触与频繁致意。正是张骞及汉武帝的将军们，使得民间化已久的丝绸之路正式被纳入帝国的经略范围之内。尽管汉哀帝之后，西汉政府越发衰弱、自顾不暇，使得兴盛一时的丝绸之路逐渐凋敝，但也无法抹杀他们的功绩。

这一现象，充分说明了政府参与的重要性，在重农抑商的早期时代，对于这样一条具有多重意义和作用的中西大动脉，沿途民族众多，各种势力此消彼长，没有一个强大而统一的政权和军事力量做保障，要想维持其畅通是难乎其难的。但张骞和他的汉帝国在当时环境和条件下的无上勇气与切实作为，无疑是彼时人类文明之中一幅极为灿烂的图景，更重要的是，它使人们自长安出发，穿过雪山大河、绿洲草原、沙漠戈壁之后，看到世界是如此的深邃与辽阔，人类的文明和创造力是如此的丰富和驳杂。夸张一些说，深处内陆的长安在彼时已经瞭望到了遥远的欧洲板块与剧烈激荡的世界风云。

沿着弱水河：悲情英雄李陵

1992年1月5日，当我得知部队驻地在酒泉某个地方之后，第一个不自觉想起的古人竟然是李陵。当时，正是清晨，在月台上列队时，我看到祁连山黝黑色的根部漾着一大片淡黄日光，冷风从西边沿着铁轨汹涌而来。带兵的干部说，这是酒泉。我惊异了一下，脑子里忽然就弹出"李陵"这个名字，还有一幅头戴铁盔、神情肃穆的画像。心里还想，在这个地方，说不定还能看到李陵碑。

几年后，再次想起当年那一刹那所想，竟然源于少小时候听刘兰芳演播的评书《杨家将》。因为，评书里说杨令公是撞死在李陵碑上的。对于杨家将这个吃水很深的多半以演绎为主的民间故事，我曾经给予了无限同情，也有过无限的悲伤。因为，我爷爷那一代人坚持说，我们这一脉杨姓，也是杨令公之后。一个少年，有如此先祖，当然觉得无上荣光。

英雄梦和英雄崇拜，对男人来说，是一种与生俱来的天性。成为一名军人之后，我愈发觉得，在任何时代，英雄都诞生于军旅。铁血兵戈与硝烟疆场是英雄拔节与崛起的最佳土壤。起初，我以为李陵碑应当在河西走廊与新疆交界的地方，一直想去拜谒。查过资料后才知道，李陵碑在山西怀仁县境内，与苏武庙一起。这使我有一些莫名的失望。在我想象中，李陵及其坟墓应当在浩荡沙漠戈壁或者绿洲的边缘。天风长驱，千古横贯，漠北荒芜，瀚海泽卤，以此为李陵碑的背景，才符合李陵的生前遭际。

汉元和元年（公元前84年），汉武帝刘彻病死于长安未央宫。其年仅八岁的幼子刘弗陵继位，由霍光、桑弘羊、上官桀辅政。霍光是霍去病同母异父的弟弟。上官桀和李广同为陇西人，其孙女为汉哀帝皇后。二人与李陵交好。被任命为顾命大臣后，想起在漠北多年的李陵，便派李陵的老乡兼老友任立政等人出使匈奴。此时的匈奴，在西汉帝国的连番打击下，已元气尽失，投降者达十多万人。再加上内部纷争，已经没有多少精力谋划和组织对西汉的反击战了。且醍侯单于改变先前对抗策略，主动向西汉示好，中断多年的两国交往重启。此时，李陵在匈奴已经十多年了。任立政等人到匈奴之后，且醍侯单于亲自设宴款待，李陵也受邀参加。席间，说话当然不便，任立政便以长时间目视李陵来吸引他的注意力，进而以眼神示意。李陵可能没看到，也可能看到了而不方便回视，因此没有回应任立政的眼神。任立政受人之托，又与李陵同乡并早年关系不错，于是又以抚摸刀环、抚摸自己双脚的方式，暗示李陵现在可还归故国。

这时候的李陵，已经是匈奴的右校王，而且娶了且醍侯单于的女儿为妻子，驻牧地在坚昆，即今天西伯利亚平原上游的叶塞尼河流域。将女儿嫁给一个降将，又让他带兵独当一面，由此可以看出，且醍侯单于对李陵是赞赏的。这是游牧民族"以力为雄"天性的一个例证。在他们看来，暴力英雄才是真的英雄，一个男人，独带五千军马，深入匈奴腹地并独挡敌人八万大军，苦战八昼夜，且杀伤敌方成倍的军卒，这是何等的勇决之人与铁血猛士？

任立政等人在匈奴数日，作为老友，李陵和同样在西汉长大、于匈奴深受单于器重的丁零王卫律一同宴请了任立政一行。席间，任立政趁着其他人专心观看匈奴猛士饮酒摔跤的空当，对李陵说："先皇已经死了，大赦天下，新皇帝年少，由霍光、上官桀、桑弘羊等人辅政，你现在回去，不仅可以得到赦免，而且还有富贵在。"李陵听后久久不语，喝了一碗酒后，仰头看着庭帐顶说："吾已胡服矣！"任立政不禁叹息，又对李陵说了一些还归故国的种种可行性和好处。

但有铁心为匈奴贡献心力的丁零王卫律在场，很多话不便说。等卫律起身出去上厕所的时候，任立政等人又劝李陵，并传达了霍光、上官桀等人派他出使匈奴的真正目的。李陵沉思良久，脸露悲色，凄凉地说："丈夫不能再辱。"其意思是说，大丈夫不能再次受人侮辱，也直接向任立政等人表明了态度，即这一生，他再也不回汉室了。

这一种决绝，令千载之下书写他的人，也不由潸然泪下。

汉天汉二年（公元前99年），李陵以教射骑都尉的身份，在张掖、酒泉、敦煌等地教射军，并兼屯田事。骑马射箭是李家的绝技，唐代诗人卢纶有《塞下曲》："林暗草惊风，将军夜引弓。平明寻白羽，没在石棱中。"这首诗便是夸赞飞将军李广之高超箭术的。可见，李广这个人，因了司马迁之笔，尽管他一生不得志，但死后的尊荣却是无限的。

李广有三个儿子，即李当户、李椒和李敢。长子和次子先后在对匈奴战争中阵亡。李广在军中愤恨自杀后，李敢冲撞了卫青。尽管他不久以军功被封关内侯，但不过一年，便在甘泉宫陪汉武帝狩猎的时候，被卫青的外甥、骠骑将军霍去病故意射杀。至此，名将李广一家男丁寥落。李陵作为李当户的遗腹子，十多岁时，祖父和叔叔先后死去。他长大后，以名将之后入宫成为侍中建章制，也就是皇帝卫队的一个首领。

汉匈战争进行了二十多年后，匈奴虽然连遭痛击，大部退到了漠北地区，但战斗力尚在，且不断派出军队，对汉之边疆城镇进行袭扰和抢掠。汉武帝一生最大的梦想便是彻底击败匈奴，为其先祖刘邦"白登之围"洗刷耻辱。在筹划漠北之战中，李陵自告奋勇，独带八百骑兵，深入匈奴腹地打探军情，沿途标记并绘图，同时不断派人将情况报告给汉武帝。

不久，汉武帝晋升李陵为骑都尉，也就相当于一个郎中的官职。与此同时，李陵的孝顺、正直也得到了同僚的称赞，更可贵的是，他之所以统御士兵有方，显然也继承了他祖父李广的作风，即爱兵如子，与部属共进退和患难享乐。但这样的将军往往没有好下场，如赵国时期的将军李牧、唐时的河西节度使王忠嗣、宋时的岳飞和明末的袁崇焕。那些对部属不爱护的将军和带兵统帅，反而能获得更大利益并得以安然谢世。这是一个非常奇怪的"现象"，将军爱士兵，当是激励斗志和鼓舞军心的一个重要方面，也是将士合力同心、取得战争胜利的根本保证。但历史上的事总是如此奇怪，倒是那些以钱财、物质作为目标的将领，不仅在战场上屡获胜绩，且在个人仕途和命运上没有什么太大的起伏。

河西走廊西段，雪山横贯，向北大漠，向西瀚海，处在汉匈战争的前沿，也是张骞凿空的丝绸之路的蜂腰部位。对于李陵这样一个有着炫目之英雄背景与铁血血统的年轻将军来说，教射、屯田绝对不是他理想的人生状态。他梦想的是横刀疆场，血染战袍，用自己的谋略，建立不二武功。

汉太初元年（公元前104年），汉武帝决定远征大宛。此前，张骞第二次出使西域时，曾带回几匹传说中的汗血马。汉武帝爱之，并作《西极天马歌》表达欣喜之情。进而，汉武帝向大宛传话索要更多。大宛即今乌兹别克斯坦费尔干纳盆地的一个国家，以出产汗血马而闻名。大宛国王毋寡听从将军煎靡等人建议，不向西汉进贡汗血马，以免西汉以汗血马而灭汗血马之国。

汉武帝恼怒，决定派自己的宠妃李夫人的弟弟李广利带兵远征大宛。这是一个充满了皇帝个人私欲的一场战争。李广利是河北定兴人，以其姐姐的受宠而拜将军。其军事才能可能还不及路博德、公孙敖等人。皇帝以宠信之人为将军，目的无非有两个，犒赏自己喜欢的女人，再以实际战功作为更好地犒赏自己女人的家族人员更合适的理由。

李广利带兵出长安，过玉门关、罗布泊的同时，西汉也与曾是匈奴合作伙伴的乌孙成了战略伙伴，细君公主出嫁乌孙，进一步密切了双方关系。可是，李广利大军到楼兰时，人马乏困，所带物资基本耗尽。他派人通知楼兰王开城迎接，并提供物资补给，楼兰王却不予理睬，紧闭城门；高昌和车师前国等也是如此。他们还没走到帕米尔，三万军队已经损失了两万多。无奈只好返回，到玉门关外时，接到汉武帝命令说："有胆敢入玉门关者，立斩！"李广利只能在玉门关外休整。

次年，卫青、路博德等人在漠北对匈奴的战争中又取得了胜利，西域城郭诸国为保全自己，纷纷抛弃了旧主匈奴，投靠西汉。李广利大军再度出征，沿途各国和部落均夹道欢迎并给予物资补充。这使得李广利大军深入中亚，一举击败了大宛，运载了上千匹汗血马东归。

汉武帝欣喜，加封李广利官爵。进而，以李广利为主要将帅，再次对匈奴进行反击。汉武帝起初让李陵为李广利押运物资。李陵可能真的不屑于为人做粮草官，上书说，他有五千荆楚弟子，皆为奇才剑客。所谓的荆楚，彼时为江苏丹阳一带。事实上，李陵所招募的这些丹阳人，个个都是骑射高手。另外，他想的是，与其为人作副官押运粮草，不如自己带兵杀入战场，以军功获得更多的名望与现实功利。

无独有偶，我当年从军的驻地，正是李陵出击匈奴时经过的地方。发源于祁连山东段莺落峡的弱水河是中国第三大内陆河，也是国内唯一一条向西流的"倒淌河"。从今青海祁连县至甘肃民乐、肃南、张掖、酒泉的清水镇附近，转而向北，进入巴丹吉林沙漠后，称为弱水河，其终点是今内蒙古的额济纳旗。额济纳旗是阿拉善高原的南大门，处在巴丹吉林沙漠腹心，今之策克口岸和马鬃山一带就是与蒙古国的边界。当年李陵大致是沿着弱水河进入额济纳（居延）后，转而进入阿尔泰山一带寻击匈奴主力的。

巴丹吉林沙漠面积四万多平方公里，是中国第三大沙漠。但在西汉时期，居延地区先是乌孙驻牧地，再被大月氏驱赶，匈奴又击败了大月氏迫使他们西迁。汉军与河西四郡同时收服。路博德曾在此修筑了十里一座的烽火台、边墙和各种军事设施。2000多年过去了，这些军事防御设施还在，只是有些残毁。其中多座遗址，我曾经多次去探访过。漠风浩荡，时间摧枯拉朽，不容不留，唯有建筑他们的人，以及在这里建立功勋、留下动人痕迹的人，才得以"长生"和口碑流传。

从居延出塞，戈壁迎面，朔风劲吹。尽管是九月天气，塞北已经开始荒寒，尤其是夜晚的清冷与白天正午的灼热，常使人有一日两个季节的感觉。李陵和他的副将韩延年并五千将士，可能知道自己正在进入一个孤绝之境，难以生还之地。数天后，他们在阿尔泰山中段与匈奴单于所属部队遭遇。

作为一个长期游牧于大漠塞北、草原雪山之地的剽悍民族，严酷的生存环境使得这些人有着苍狼般的品性与耐力，还有"猎人头"为军功和奖赏的传统。法国历史学家F.B.于格和E.于格在《海市蜃楼中的帝国》一书中说："他们每一个战士的坟堆上，围着的石头数量与其生前斩杀的敌人数目成正比。"匈奴以军卒猎杀的人头多少进行奖赏。在战场上，谁带回了死难者的尸体，就可以将死者的妻儿、奴隶和财产据为己有。西汉时期的农耕帝国军队虽然没有这类规定，但猎人头以为军功也是长期不衰的，至清末也如是。这是人类战争史上最为残忍和不可思议的一个污点。作为《孙子兵法》的产出国，战争最高法则"不战而屈人之兵，善之善者也"，并没有被更多的军事家和谋略家所践行。

至阿尔泰山中段，不分昼夜行军寻敌的李陵终于在一天早上与匈奴部队遭遇。战斗拉开之后，李陵才意识到自己面对的敌人是匈奴单于所率的主力部队。此时的匈奴单于就是恩遇李陵的且醒侯。

敌我双方遭遇，旋即展开激烈战斗。李陵所率部虽然是汉地人，但骑射功夫并不比擅长此技的匈奴差多少。在冷兵器年代，人数多少也是战斗胜负的主要因素，虽然李陵及其将士也非常勇敢善战，可总有死伤。史书上说，李陵部队对敌军的战斗力也是令人惊叹和佩服的。

经过数天的战斗，匈奴军队在这场战斗中死伤的人数比李陵高一倍以上。

而李陵面对的现实问题是，尽管自己的军卒作战勇猛，但人员和战斗工具却在逐渐减少，而对方的补充力量则源源不断。

一场突击战后来变成了消耗战。李陵所部射完了携带的五十万支铁箭，再加上负伤的兵士增多，战斗工具短缺，李陵只能边战边退。这时候，他肯定渴望得到路博德的接应，可是，路博德此时尽管失去了侯爵，但也不屑于为一个年轻的后辈将军作策应，于是一直按兵不动。李陵也可能会想到，以军功取得侯爵，并且与自己祖父李广同为将领的路博德肯定不会出兵接应。

对敌作战时，同一阵营的友军不予配合，甚至明知道对方陷入绝境却稳坐钓鱼台，这种作为，实际上是人性的偏狭、自私等恶的思想在起作用。路博德、卫青、霍去病、公孙敖、田广明、赵破奴、韩安国等将领之所以没有李广之后世口碑与影响，不唯是司马迁在书写时偏向（假如有的话），可能是他们当时确实做得不够好，不足以使太史公像对李广那样，给予他们相应的赞誉、富有同情和敬意的书写。

与此同时，匈奴主力也放弃了对南线李广利大军的战斗，转而集中精力，全力围剿比自己少之又少的李陵所部。这其中原因，当然有匈奴怕西汉人说他们几万军队竟连一个五千人的军队都消灭不了，从而越发觉得匈奴不堪一击。说到底，这是一个面子问题。按照司马迁记述，匈奴人"无文书，不知礼义，苟利所在。胜则进，败则退，不羞遁走"，面子的事情是西汉所强调的。由此可以断定，建议且鞮侯单于全力剿灭李陵所部的，当是一个投降匈奴的汉人。

这其中，最大的可能有两个。一是与李陵在匈奴同朝为官的丁零王卫律从中作梗。卫律在西汉国内长大，先前因受协律都尉、李广利之兄李延年引荐而出使匈奴。可他还没返回，李延年便被夷灭九族。卫律害怕回来自己也被牵连，因而转投匈奴。因其对西汉情况了如指掌，又情愿为匈奴出谋划策，且醒侯单于对他异常器重。二是早先投降匈奴的塞外都尉李绪为讨好匈奴而如此建言。李绪这个人生卒年月均不详。被汉武帝派去接应李陵的公孙敖半途遭到匈奴左焉耆王截击，无功而返，怕汉武帝治罪，于是撒谎说李陵在匈奴指挥军队对付他，因而自己才没有成功，致使汉武帝斩杀李陵全族，为李陵说情的司马迁也因此被处以宫刑而得以留命。

若按照常规，匈奴定然会全力对付李广利、路博德大军，但这一次，李陵第一次带兵出战，就遭到了多方原因的辖制与逼迫。三四天后，李陵到了距离居延不远的地方。当夜，李陵对将士说，他要单枪匹马行刺匈奴单于。他这样做的理由是，杀了匈奴单于之后，匈奴必定大乱，他的这些兄弟们就可趁机突围。但这只是李陵个人的凭空设想，匈奴有八万大军，单于庭帐又习惯扎在高处，四周都是各个王侯的兵马，一个人，再怎么勇猛，也难以接近单于庭帐。

他的计划果真失败了。这时候的李陵，也不免绝望，在随后的作战中，尽管兵士们勇猛如初，但败象已经昭然。再次作战一天后，李陵把剩余人马集中在一个山头上，与韩延年决定分别带兵突围。

困兽犹斗，当两人分别突围时，韩延年战死，得到消息后，李陵悲愤莫名，却又不忍心剩余军士与自己同样葬身大漠。于是决定与几个决死之士抵挡匈奴军队，其他人寻机突出重围。这一次，李陵战斗到只剩下自己一个人，面对重重包围的匈奴军队，他也没有了作战力气。

这是他艰难抉择的时刻，从李陵家风来看，他绝对不是一个贪生怕死之人；从他勇武杀戮匈奴军士的战斗表现看，他绝不会想到为自己留一条后路，以求匈奴不杀。李陵之所以选择投降，我想有三个方面的原因。一是如他自己所说，他没有脸面再回去见汉武帝。出战之时，李陵主动要求，并且放弃了为李广利作粮草官这一风险相对较小的差事，而是自告奋勇，深入漠北千余里，配合李广利大军与匈奴作战。起初，他信誓旦旦，现在却全军覆没。将军是有尊严的，一如当年因不忿于卫青问责而自杀的李广。二是李陵确实想效仿赵破奴，即被匈奴捕获，扣押多年，最终寻机逃回，还受到了汉武帝重用。三是李陵肯定想到了他的家族，他再一死，陇西成纪李氏家族就算断了根。

最终，李陵选择了投降。

此消息传到汉武帝耳朵里，这个刚愎的皇帝震怒不已。曾因推荐李陵而升为郎中令的陈步乐怕被汉武帝问责而自杀了。满朝文武之中，竟然只有司马迁为李陵说情。千载之下想象那种情景，全身泛起寒意。

司马迁是一个博学书生，一个地位和名望都不显赫的书记官，也就相当于现在一个元首的秘书之一。可以想象，在黑压压的朝堂上，震怒的汉武帝痛斥李陵的背叛，大家低头不语，甚至附和汉武帝咒骂李陵的可耻。在这样一个充满诡异和卑劣色彩的氛围中，一个书生站出来说："李陵这个人平常很孝顺，和周围的同僚也处得很好，对于国家的事，他常常表示，哪怕葬身沙场，也要为皇帝分忧。他平常的言行，很有国士之风。现在，他出征失利，没有舍生取义，这是非常令人沉痛的。然而，李陵带不足五千的士兵，深入匈奴腹地，一军独挡数万匈奴，并且勇猛非常，使得敌军死伤的军士都来不及补充，而后匈奴单于举全国之军，围攻他区区五千人。即便如此，李陵还是带领士兵战斗不懈，武器都打没了，赤手空拳还在战斗。这样的英勇作为，即使古代的名将也不过如此。虽然打了败仗，但也可以向天下人交代了。李陵不肯马上去死，准有他的主意。他一定还想将功赎罪，来报答皇上的。"

这一番陈词，即使现在看，也合情合理。可是，因为匈奴全力对付李陵，李广利大军战果寥寥。司马迁的这番话，被汉武帝认为有讥讽李广利的成分在。汉武帝再怒，将司马迁下狱，并很快对他处以宫刑。

公元前 99 年，应是一个伟大而不朽的年份。汉武帝以特别的方法，成就了两个千古男人。前一个，是汉武帝无意中成就的凿空西域、开拓丝绸之路的张骞。这一次，他不仅使得李陵成为历史上第一个伤心将军，而且李陵在匈奴时间虽短，但他对坚昆人（黠戛斯）的影响是巨大的。李世民时期，黑发黑瞳的黠戛斯人（柯尔克孜族）曾向李世民要求认祖归宗，声称他们是李陵与匈奴公主的后代。当然，李陵也是中国历史上一个具有丰富意义的文学典型人物。他的家世背景、个人遭际、在匈奴的生活与难以考察的后裔，都为文学创作提供了多种想象空间。

司马迁就更不用说了，他是中国文学史和史学史上，甚至文化精神上的一座高峰，套用他说屈原的一句话："虽与日月争光可也。"李长之在评价司马迁及其《史记》时说："单即文章论，他也是可以不朽了！试想在中国的诗人（广义的诗人，但也是真正意义上的诗人）中，有谁能像司马迁那样有着广博的学识、深刻的眼光、丰富的体验、雄伟的气魄呢？试问又有谁像司马迁那样具有大量的同情，却又有那样有力的讽刺，以压抑的情感的洪流，而使用着最具造型的史诗性的笔锋，出之以唱叹的抒情诗的旋律呢？在中国的文学史上，再没有第二人！司马迁使中国散文永远不朽了，司马迁可以没有史诗为遗憾的中国古代文坛已然令人觉得灿烂而可以自傲了！司马迁笔下的人类的活动永远常新，笔下的人类的情感，特别是寂寞和不平，永远带有生命，司马迁使可以和亚历山大相比的具有雄才大略的汉武帝也显得平凡而暗淡无光了。"（《司马迁之人格和风格》）

男人如司马迁者，万世之幸也。如李陵者，千古不遇。

盖汉武帝一朝，人才辈出，而真正的人才，却是那些受其冷落和排斥的人，如李广、司马迁、李陵、张骞（曾因作战失利而失掉博望侯）等。这四个人，在当时不能和汉武帝刘彻平起平坐，但千年之后，他们的光芒甚至超越了汉武帝。这也充分说明，一个人的功业并不在于当世，尽管中国有不少现实功利主义者，要求现世现报及"活着"时的红极一时与荣华富贵。这种没有理想与希望的民族精神状态，表面上看起来很风光，但实际上更虚妄。

汉征和二年（公元前91年），匈奴再度出击，袭击了今河北怀来、内蒙古托克托、甘肃酒泉等地，杀当地汉官吏。汉武帝再派李广利统军七万，御史大夫商丘成出西河，重合侯莽通出酒泉，与匈奴作战。

此时的匈奴单于是狐鹿姑。汉军倾巢而动，狐鹿姑单于下令转移王庭，由赵信城迁往郅居水。与左焉耆王分两路，采取坚壁清野的方式，对付李广利大军。李广利大军劳而无获，只得班师回朝。匈奴抓住时机，用三万精锐部队追击汉军，在阿尔泰山与商丘成所部大战九昼夜。汉军作战英勇，匈奴军损失过半。

有人说，在这一次战斗中，李陵也参与了追击汉军的行动。但从李陵的个性来看，这个说法有待商榷。不久，汉匈之间又开始和好。李陵从汉朝使者口中得知了汉武帝杀他全家的真实原因，即前面提到的塞外都尉李绪。随后，李陵派人袭杀了李绪。这时候，李陵的内心肯定也是极为复杂的。世上最可怕的事情就是，当你遭受大难时，才得知害你的人是自己人，而且同在一个阵营。本来，对于李陵和李绪而言，同是在匈奴的西汉人，本应当更加亲密，相互依傍，在瀚海大漠相互取暖。可他万万没有想到，致使自己全族被杀的人，竟然是李绪。

闻听李陵私自袭杀了李绪，单于并没有震怒，但单于的夫人——大阏氏则要求治罪。狐鹿姑单于只好把李陵送到外地去。直到大阏氏死，才回到单于庭内。

这一期间，李陵在贝加尔湖见到了苏武。苏武是将军苏建的儿子，曾奉命出使匈奴，其副手张胜和匈奴一位缑王与虞常（降匈奴的汉人）密谋劫持且鞮侯单于的母亲返回西汉，并谋算杀掉丁零王卫律。不料，事情败露，几个人被杀，张胜投降，苏武却绝不失节，被流放至贝加尔湖牧羊。

李陵做了匈奴单于的女婿之后，对苏武的心情也极其复杂。对于早一年流落匈奴的苏武，尤其是他的节操，李陵可能心有羞愧。但单于命令不可违，李陵只能硬着头皮去贝加尔湖劝降苏武。

关于二人见面的场景，完全可以做如下情境复原。

大雪落满帐篷，李陵和苏武坐下，两人你一樽我一樽地喝酒，你一言我一语地说起旧年往事。苏武道："将军之所以委身，乃是不得已而为之。倘若皇帝听从司马迁劝谏，数日以观，将军定会复归于我大汉。"

李陵长叹一声，道："苏中郎居匈奴而持节不辱，忠心大汉。我李陵诈降，却使得亲人无端蒙难。今汉地，已无李陵血脉，何以复归？于此之时，唯羡大人。数年之后归汉，仍自儿孙满堂，血脉留存，且位至公侯，英名万世。"

苏武闻听李陵此言，蓦然想起自己刚才的那些想法，觉得心里很不是滋味。他干咳一声，清了清嗓子，道："将军之言确也，然苏武不事于贼，盖因汉节不可失，犹如弓箭不可离、刀锋不向背，皆乃个人秉性志向。"李陵道："大人有家，归汉之心决也，而李陵无家，胡地惶栖，埋骨何处，万世凄凉。"

苏武道："将军与我，同乃将军之后，辱及祖宗，便为不耻，而将军家国尽丧，苦状之甚，尤过于某。"李陵听了，猛然大哭起来，站在低矮帐篷中，像个委屈的孩子。苏武近前，拍了拍李陵的肩膀，道："将军莫要悲戚，数百年之后，后人自有评说。"

李陵哭得更加厉害了，肩膀一耸一耸，全身颤抖。

李陵猛然冲出帐篷,站在大雪中仰天喊道:"苍天无心,汉皇无眼,盖古之悲,莫过李陵!"

说完,又哈哈大笑起来,声音粗粝而又悲怆,像是苍狼夜嚎。

天色渐暗,风雪愈加湍急。

李陵站在雪地,涕泪横流,吟咏道:"良时不再至,离别在须臾。屏营衢路侧,执手野踟蹰。仰视浮云驰,奄忽交相逾。风波一失路,各在天一隅。长当从此别,且复去斯须。欲因晨风发,送子以贱躯。"

李陵神情悲戚,嗓音沙哑,看着苏武道:"中郎大人,李陵有一事相求。"苏武抱拳说:"将军尽请吩咐。"李陵站直身子,看着远处浓郁夜色道:"李陵沦落,无颜宗亲,将军归汉之后,可否代陵于陇西祭扫李氏宗亲?"

苏武道:"将军放心,苏武此生有归,必前往吊唁将军宗亲,禀明因果,以慰祖宗也。"李陵向苏武深深躬身道:"陵拜将军之仁义恩孝。"

苏武扶起李陵,趁着酒意,想起故国家园,兀自吟道:"骨肉缘枝叶,结交亦相因。四海皆兄弟,谁为行路人。况我连枝树,与子同一身。昔为鸳与鸯,今为参与辰。昔者常相近,邈若胡与秦。惟念当离别,思情日以新。鹿鸣思野草,可以喻嘉宾。我有一樽酒,欲以赠远人。愿子留斟酌,慰我平生亲。"

吟诵酬答之间,苏武李陵,都涕泪横流,泣不成声,抱作一团,俨然生死离别。

李陵随行奴仆看到了,也忍不住为之感动,扭头抹泪。

在傍晚风雪中,李陵拜别苏武,他转身离开的时候,忽然觉得,与苏武之叙,有一种许久没有的畅快之意;拜别的时候,也像是在拜别整个汉室。

李陵走出好远的路程,苏武仍手持节杖,站在原地,心中悲苦莫名,也深为李陵之命运而不住叹息,时而抬起头来,眺望一下逐渐与大雪融为一体的李陵。李陵也是,走出了好远路程,还时时回头张望,脸上的凄苦与内心的煎熬，使得李陵像是一个于风雪中枯干的老翁，毫无血色。

汉始元六年（公元前81年），汉匈再度修好。

汉昭帝念及苏武，派人出使匈奴，并特意交代要打听苏武下落，并尽量把他带回。汉使者常惠问及，匈奴先说苏武已死。翌年，汉昭帝再派常惠出使匈奴，这次常惠见到了已经老迈的苏武。后来汉昭帝再派使者出使匈奴，常惠交代他们说，面见单于时，就说："我们皇上在上林苑射猎的时候，射得一只大雁，其脚上绑有帛书，帛书上写：苏武还没死，在你们北海牧羊。"汉使照办。单于只好承认苏武还活着，并允许他回国。

回国，是苏武至为高兴的时刻，可对于李陵来说，却是最悲伤与绝望的时刻。但他不得不向苏武表示祝贺，并特意置酒为苏武送行。席间，李陵泪眼蒙眬，哽咽不已。对苏武说："将军马上就要回到故国，在匈奴，你被人尊重；回到汉室，必定封侯，光耀祖宗。你的德行和功业，即使古代的那些贤哲、画像上的功臣，也都不如你。可是我李陵，虽然无能和胆怯，可假如先皇能够宽恕我，不杀我老母，我必定实现长期积蓄的志愿，就像曹沫在柯邑订盟那样。可是先皇不容我这样做，逮捕并杀戮我全家，堪称当世大辱。事情到了这个份上，我还能再顾念什么呢？如今，我已成异国之人，你我这一别，就是永世的隔绝了！"

说罢，李陵弹身而起，冲到屋外。

大雪纷扬，铺天盖地，朔风如雷，天地低昂。

李陵边舞剑边悲声唱道：

径万里兮度沙幕，为君将兮奋匈奴。
路穷绝兮矢刃摧，士众灭兮名已溃。
老母已死，虽欲报恩将安归！

开拓河西走廊：杨坚与隋时西域

1

陕西武功县杨凌村外，莽苍平原上，一座土丘在旷野隆起，于时代不断转换的天空下，树木荒草，阡陌村舍，给人一种极度衰败与凄凉之感。或许没有人相信，这就是隋朝开国皇帝文帝杨坚的陵墓。从外形看，杨坚的泰陵显然年久失修，且在历朝之中被冷落的时间最长。这种境遇，和其他王朝开国皇帝陵墓的宏伟和保护完好，形成了鲜明对比。就此而言，杨坚及其子杨广在历史上屡被冷落、被忽视甚至被惋惜唾骂的尴尬境遇，与他们在5世纪末和6世纪初的实际作为是极不相称的。公正地说，杨坚和杨广也是有为的皇帝，尽管他们有自己的缺点和过失。隋朝短暂，如奠定郡县制、尊崇儒术、统一乱世、为后世封建帝国楷模的秦朝。在历史上，杨隋政权结束了自东汉末年以来的乱世纷争局面，再一次使得中国统一。他们根据当时社会的历史实际，对封建政治体制、选官用人机制、经济和军事制度等方面进行了一系列卓有成效的改革与实施，特别是持续不断的疆土扩张、兴修通达南北的交通体系、对汉族主体地位的再度确认和巩固，都是值得一书的历史功绩。

杨坚出身将门，原籍陕西华阴，其父亲杨忠是北周建立者宇文护麾下一名猛将，在北周建立的过程中，战功卓著，后晋位八大柱国之一、仪同三司，被封为隋国公，成为北周最显赫的士族之一。《隋书·高祖本纪》载，杨坚的先祖是东汉名臣杨震，其后有在北魏时期镇守武川镇的杨元寿，杨元寿生子杨惠嘏，任太原太守；杨惠嘏生子杨烈，任平原太守；杨烈又生子杨祯，当过宁远将军；杨祯又生杨坚父亲杨忠。

由此可见，杨忠与独孤、宇文家族早年间同在武川镇。其中，一个是汉化了的鲜卑族军人世家，一个是汉族的地方行政长官，两家有着深厚的渊源。

但杨隋、李唐家族并非出自在北魏前期有着广泛影响力的六镇武将集团。

所谓六镇武将集团，即北魏前期在他们的都城平城，即今大同以北边境设置了六个军镇，自西而东分别为怀荒、柔玄、抚冥、武川、怀朔、沃野；至道武帝时开始在内蒙古河套地区以东、阴山山脉以南地区，设置沃野等六镇，用以防御来自北方边疆民族的侵扰，拱卫首都平城。后随着北魏孝文帝东迁洛阳，推行汉化政策，军事上又注重对南方的开拓利用，六镇败落。北魏正光四年（523年），匈奴后裔破六韩拔陵起义，但被北魏联合柔然镇压之后，又分迁各地。

陈寅恪先生考证认为，杨忠出自山东贫寒之家，主要依据有二：一是杨忠妻子吕苦桃（杨坚母亲）为山东济南人，且是一个破落贵族；二是杨坚灭掉北齐后，在山东一带寻找其母族人，后来做了皇帝，也还在寻找。济南郡上书说有一个叫吕永吉的人的姑妈叫吕苦桃，杨坚派人勘验确认无误，并追赠其外祖父吕双周为太尉、齐郡公，并定谥号为"敬"。

诸如此类的伪冒家族行为层出不穷，几乎每个皇帝都会为自己的家族找到显赫的渊源。就连李唐，也硬要和李耳（老子）、西凉国创始人李暠拉上关系。这是历史上的一个普遍现象，不唯独杨隋、李唐。这种风气当然是一种恶习，是封建统治者借以抬高出身门庭，彰显其统治正确合法的一种惯用方式。虽然在世俗上无可非议，但这种做法流毒甚深。

杨坚父亲杨忠为军人，《周书》中说："忠美髭髯，身长七尺八寸，状貌瑰伟，武艺绝伦，识量沉深，有将帅之略。"杨忠生于北魏正始四年（507年），小名奴奴。其父亲杨祯在讨伐六镇起义中战死，杨忠跟随其母，随难民漂泊到齐国,后又投身尔朱荣(契胡,也称羯胡)。与之不和,杨忠带兵投奔梁朝,后随自立魏国的元颢(北魏宗室)与旧主尔朱荣的作战中,与贺拔胜、独孤信一起被尔朱荣的同族兄弟尔朱度律俘虏。尔朱度律见杨忠等三人长相魁伟,且作战英勇,舍不得杀掉,就收在旗下为统军。

也就是说,杨忠又落在了尔朱荣手中。因为尔朱度律的赏识,他不仅没被杀掉,还在这里遇到了他在武川镇时的旧友独孤信(鲜卑望族,本名独孤如愿)。两人本来是老乡,还曾相识,多年后再见,关系自然又加深了一层。此后,杨忠便有了体己之人和臂膀。这可以看作杨忠命运的一个转折点。按照民间的话说,独孤信就是杨忠一家的贵人和福星。

不料想,在随后的"荆州之战"中,独孤信、杨忠等不敌,于是暂时投奔梁朝。梁武帝应贺拔胜的请求,将贺拔胜、独孤信、杨忠三人放回,并亲自为他们送行。自此,贺拔胜、独孤信、杨忠等人对梁武帝感恩戴德,看到南飞的鸟儿都不舍得射下。回到长安,三人非但没有受到处罚,反而加官晋爵,更受重用,贺拔胜官居太师,独孤信为骠骑大将军、加侍中、开府等。杨忠也受到了当时西魏权势人物宇文泰的喜爱,留在自己帐下听用。杨忠半生,可以说都是在离乱之中度过,他投错过主公,也有过失败。直到与独孤信、贺拔胜回到西魏宇文泰手下,才结束了这种颠沛流离的生活。

2

宇文泰,小字黑獭,一作黑泰。其先出于匈奴,自后燕归魏后,徙居武川,是北周王朝的实际创建者,也是当时西魏权倾朝野的核心人物。在士族风胜的年代,官吏和军人相互依附是常事,也是加官晋爵、施展个人才能的必由之路。但杨忠不是一个仅有人身依附就知足的人。当然,权势者喜欢某人，用其所长、为我所用才是其真正目的。

史书载，某日，杨忠随宇文泰到龙门狩猎，杨坚独自捕捉猛兽，左臂夹住兽腰，左手拔掉兽舌。在场的宇文泰对其连连赞叹。后在关系到西魏存亡的"小关之战"和"河桥之战"中，杨忠作战勇敢，升为征西将军、金紫光禄大夫。在"邙山大战"中，杨忠一马当先，冲锋陷阵，杀退敌军，再被擢升为车骑大将军，任都督，领朔州、燕国、显、蔚四州诸军事、朔州刺史，加侍中、骠骑大将军、开府仪同三司，并赐鲜卑姓为普六茹氏。

普六茹氏是皇族之姓，可见宇文泰对杨忠的赏识。也难怪，宇文泰有雄心，杨忠也有真本事，一主一仆，两人配合得非常默契，在战场上创造了不少骄人战绩。梁朝南豫州牧侯景率诸军在寿阳起兵反叛，在台城击败梁武帝萧衍的军队，南朝力量削弱，宇文泰趁机用兵，以杨忠为都督，杨忠连战连克，一举攻取了梁朝的齐兴郡和昌州。

杨忠不仅以勇猛著称，且尤长谋略，深受宇文觉喜爱。在南北朝动荡之际，只要稍微有些实力者，就会觊觎更大的政治权利。有一次，杨忠发觉归附西魏不久的梁朝雍州刺史、岳阳王萧詧怀有二心。为彻底打消萧詧铤而走险的念头，杨忠组织了一场军事演习，组织两千多名骑兵不断变换旗帜纵马奔驰，尘土飞扬，杀声震天。萧詧以为杨忠军队众多，实力强大，再行反叛的话，肯定讨不到便宜，就此打消了这个念头。不久，梁朝司州刺史柳仲礼率军攻打襄阳，留其部下马岫守城。宇文泰探得实情后，派杨忠南伐。杨忠果真不辱使命，不日便攻克随郡，将安陆城包围。柳仲礼回师安陆，杨忠手下一些将领担心说，一旦柳仲礼援军到达，安陆就再难以攻下，应当立即攻城。

杨忠却说："对方以城固守，一时难以得手。我军也容易腹背受敌，不是良策；再说，南人擅长水战，不善野战，柳仲礼回援安陆，我们可以半道袭击他们，敌人赶路疲惫，我军士气正旺，到那时，一鼓作气，必定会一举拿下安陆。其他诸城守军，也必定会望风降服。"

为进一步鼓舞士气，杨忠抽选了两千骑兵，带着弓箭连夜出击，在漴头与柳仲礼军队遭遇。杨忠第一个杀入军阵，活捉柳仲礼。梁军顿失斗志，纷纷投降。马岫闻知柳仲礼被擒，也急忙开城投降。

杨忠深知一鼓作气、再而衰、三而竭的道理，趁着士气正旺，连续发动进攻，数日之内，把梁朝的汉东之地尽数收入囊中。班师回朝后，他自然得到了很多的封赏，进爵陈留郡公。

西魏大统三年（537年），杨忠、韦孝宽、王杰等人随柱国大将军于谨（字思敬，小名巨弥）和中山公宇文护远征江陵。眼看大兵压境，梁元帝萧绎急忙向在南京的将军王僧辨求援。王僧辨意图围魏救赵，但没能成功，江陵失陷。宇文护和杨忠占据江津，切断了江陵与梁朝东部的联系。交战中，梁军在大象鼻子上绑上长刀，多次冲垮西魏军队。在众人纷纷躲避之际，杨忠立马张弓，射中大象。大象疼痛且畏惧，掉头跑散。西魏大军趁机掩杀过去，梁军溃败。

北朝北齐天宝七年（556年）12月，宇文护逼西魏恭帝禅位于宇文觉。次年正月，宇文觉代西魏为大周。杨忠出任蒲阪最高军事长官。北齐司马消难派人请降。杨忠和大将军达奚武带着为数不多的军队接应。二人深入北齐境内五百里，又先后三次派使者与司马消难联络都没有回音。达奚武怀疑事情有变，建议撤军回师，杨忠却说："继续前进才是生路，退怯必定死路一条。"（《周书·卷十一》）他们继续率兵向前，终于迎得司马消难。杨忠自领三千精干骑兵殿后，掩护司马消难西退。军队来到洛水以南，杨忠下令将士解鞍而卧。北齐军队追到洛水以北，隔河而望。士兵们很紧张，杨忠却安慰说："且把饭吃饱，我们所在的地方毫无回旋余地，贼兵必然知道困兽犹斗这个道理，一定不敢渡河来和我们决战。"而当对岸齐兵作势要渡河之时，杨忠独身上马，在河岸上来回奔驰，并向齐军做出进攻姿态。齐军畏惧，转身撤离。

到北周保定二年（561年），北周的主要对手就是兵强马壮的北齐。

北齐是由鲜卑化的高欢奠定基业，其子高洋建立的一个割据政权，其疆域包括黄河以北，今河北、河南、山东、山西、苏北、皖北等大部分地区。高欢是汉化程度较深的鲜卑人，原名叫贺六浑，祖籍渤海郡蓨县，世居怀朔镇。北魏正光四年（523年），六镇爆发起义，高欢趁机扩充势力，后又投靠契胡酋长尔朱荣，参与了镇压破六韩拔陵、杜洛周、葛荣等起义队伍的战争。

北魏永安三年（530年），魏孝庄帝元子攸诱杀尔朱荣，高欢乘尔朱氏混乱之机，率众进据冀州，笼络当地世族地主，利用民族隔阂，联合了一定力量之后，再次反叛尔朱氏。此后，与尔朱兆二十万大军进行生死决战并取得胜利，进驻帝都洛阳，成为北魏政权的实际控制者。高欢攻克晋阳，铲除尔朱氏势力，建立大丞相府，遥控朝政。

北魏永熙三年（534年），高欢废北魏孝武帝元脩，另立元善见为帝，迁都邺城，是为东魏孝静帝。与此同时，宇文泰西入潼关，拥立元宝炬为帝，史称西魏。北魏就此消亡，北方政权再度分裂。

斯时，突厥是继鲜卑和柔然（又称蠕蠕、芮芮、茹茹、蝚蠕）之后，漠北地区最大的一个游牧部落，其疆域东至辽海，西濒西海，北至北海，南临阿姆河南。时任可汗名叫木杆，小名俟斤，一名燕都，《周书·异域》中描述他："面广尺余，其色甚赤，眼若琉璃。性刚暴，务于征伐。"木杆可汗先是率兵击灭了柔然后主邓叔子，又西破嚈哒①之后，东走契丹、北并契骨，威服塞外诸国，占据了今辽河上游、青海湖、腾格里沙漠以北，

---

① 古西域国名。又名挹怛、挹寞，初名滑国，一般认为是和大月氏混血的匈奴人，东罗马史家称为"白匈奴"。木杆可汗击败波斯建国，都拔延底城，即今阿富汗北伐济纳巴德。

以及贝加尔湖等广大地区，面积五六千里。

这又是一个强大的游牧民族，或者称之为以突厥民族为主题的大部落联盟更为恰当一些。木杆可汗的征讨，使得蒙古高原的其他民族皆臣服其下。而在中原，北齐兵多将广，国家富裕，自然占强势地位。宇文觉刚刚篡权，千头万绪，既要摆平各种矛盾，又缺乏相应的经济支持，实力自然要比北齐差一些。

当时，北齐与吐谷浑关系尚好，而与突厥交恶。北周曾以联姻的方式，请突厥共同夹击北齐。当时，群臣都说，现在还不是攻伐北齐的时候，即使打过去，难度也非常大。杨忠却说："取得作战胜利的基本要素，在于人和而不在于人多。给我三万骑兵，就能灭齐！即使斛律明月亲自指挥，也不在话下！"

斛律明月是高车人，名光，号称"落雕都督"，性情刚直，深有韬略，治军严格，每逢作战，斛律明月总是靠前指挥，其部队战斗力极强。尤其是在与北周的频繁战争中，斛律明月从没有打过败仗，北周将士都很怕他。

北周保定四年（564年），杨忠统辖杨纂、李穆、王杰、田弘、慕容延等，由北路伐齐。达奚武率马步军三万，由南路伐齐。沿途，杨忠攻陷北齐二十多座军镇，次年正月，与十万突厥兵会攻晋阳，正值大雪纷飞，寒风凛冽，北齐集中精锐部队展开反击战。突厥突然引兵不战，站在一边看热闹。周军兵少，不少人担心。杨忠却说："凡事自有天命，不在于人数。"说完即跨马，亲带七百人，与北齐军队步战，部属多半损伤。

这一次战争，互有损伤，但还是以北齐占上。次年，宇文护再派杨忠出沃野镇，接应突厥木杆可汗一同伐齐。走到半途，他们带的军粮所剩无几。为鼓舞士兵，杨忠用计，让王杰假装擂鼓，并说是来了援兵，又让人假传宇文护攻克洛阳、突厥拿下太原的胜利捷报。原本不想为北周做炮灰的稽胡（匈奴部落中的一支杂交种族）首领闻听，积极筹集粮草，效忠于北周。

3

15世纪40年代初年6月,一个月明星稀的晚上,杨忠正随着独孤信在疆场上厮杀。五胡十六国的天空下,到处都是兵戈战火。这时,一个男孩在陕西冯翊般若寺(现已不存在)内出生。按照当地风俗,贵族子女出生时,必须到寺院分娩。杨坚一出世,本来霉暗的天空充满了某种灵异现象。史书上说,"紫气充庭,神光满室",展现的是一派"天将降大任于斯人也"的宏大气象。

一个仙风道骨的尼姑见到杨坚,便开口说了一番令人振奋的话。这位尼姑说:"此儿所从来甚异,不可于俗间处之。"意思是说,我从来没见过这么神异的孩子,不能和一般俗人一起相处。说完,尼姑立即放弃云游生涯,把杨坚带到她的别馆亲自侍养。年岁稍长,杨坚确实异于常人,长着一副骊龙的下巴,额头上有五道形似柱子的暗纹盘旋冲上脑颅,眼睛特别有神,左手掌中的纹路自然形成一个"王"字。某一日,杨坚母亲吕苦桃正抱着杨坚喂奶,忽见杨坚头上长出了角,遍体(龙)鳞起,她顿时吓了一跳,把杨坚摔在了地上。这时那位神尼惋惜地说:"你已经惊吓了这孩子,他得天下的时间要晚一些了!"(《隋书》)

此时,西魏文帝元宝炬与东魏孝静帝元善见同时在位,各路士族拥兵自重,各个自立王朝之间战火频仍。杨坚的出生,并不算是什么重要事件。在此之前,从三皇五帝到汉武光武,甚至包括沮渠蒙逊、秃发乌孤、慕容跳等人在内,大小皇帝们在出生时的某些现象都是极其诡异。这种神授其权的刻意渲染和文学笔调宣传,在正史上绵延不绝,且只能皇帝专有。直到现在,还有一些被老百姓口口相传。

可彼时年月,在尼姑身边,杨坚对外界可能一无所知。若不是有因军功不断获得政治和社会地位的父亲杨忠,杨坚日后出头的可能几乎是没有的。长到十二岁时，杨坚回到父母身边。此时的杨忠，已经是都督朔、辽、显（已无可考）、蔚诸军事，进爵为陈留郡公的当世贵族和名将了。

几年后，西魏文帝驾崩，魏废帝继位，宇文泰集团控制了西魏朝政。杨坚被送入太学。这可不是一般人可以进入的学校，这其中自然有杨忠地位显赫之原因，这进一步为其日后发展奠定了基础。

可杨坚在太学的成绩并不理想。杨坚是个性格内向的人，少言寡语，举止还特别庄重。所有这些表现，盖因其天生容貌特别，后终为开国皇帝之故。对此，后来成为杨坚主要智囊之一的李德林在其《天命论》中说："皇帝体型和相貌有很多奇异之处，他的脸上方分别有太阳月亮江河湖海，赤龙自通，额头宏大，两边是高耸的颧骨，代表极权，弯回抱目，嘴巴像是一个四字，声音就像钏鼓，手心有王者的纹路，这是受天称帝的象征。这是上天的命令，是不可更改的。其眼神闲雅，看起来就像神灵一样明澈，这也是气通诸神、括囊宇宙的表现。看起来又威仪规范，还很可敬，慈爱也可亲。"

关于相术，五胡十六国时期貌似十分流行，几乎每个臣子都很在意，也都了解，且许多说法颇与事实吻合。这可能是一种风气，也与当时的教育有关。因为相貌特异，尽管学习成绩很不好，杨坚还是颇受人尊重。史书上还说，即使是他最好的朋友，也不敢随意和杨坚开玩笑。这其中，一定有着某种虚构的成分，想借此说明杨坚有皇帝相，即不怒自威的皇帝貌相。

杨坚十六岁那年 10 月，宇文泰死，西魏恭帝被宇文护所逼，禅位于宇文泰之子宇文觉，改国号为周。

北周年代开始，杨坚也因父亲之功被朝廷封为骠骑大将军，加开府。一个十六岁的孩子得此官职，在以关陇武将集团为主要政治和军事力量支撑的年代，这种封赏自然是合理的。这也是北周宇文家族为笼络武将采取的必要手段。

宇文泰第一次见到杨坚，就认为这小子不同凡响，感叹说："此小儿有如此非凡样貌，不像是寻常之人。"杨坚十七岁时，宇文护专断，北周孝闵帝不甘屈于其下，密谋除掉宇文护。结果事不凑巧，其计划被宇文护提前获知，旋即逼他退位，不久又派人将之杀死。

宇文泰长子宇文毓被拥立为皇帝。宇文毓继位后，为拉拢人才、扩大势力，封杨坚为右小宫伯，进封大兴郡公。功高遭嫉，朝中权臣、内臣等对杨坚的猜忌较多，原因就在于他与众不同的相貌和沉着的性格。为了消除疑虑，宇文毓派经常穿梭于王侯官宦门厅的术士赵昭（北周时期有名的星相家）去杨坚家探看虚实。赵昭一进门，见到杨坚的一刹那，就大惊："你这不是凡人的相貌，乃是万人之中第一大贵相。"然后他又谨慎地对杨坚说："你将来肯定是皇帝，但必须大诛杀之后，才能定天下。"（唐·令狐德棻、长孙无忌、魏征等著《隋书·文帝》）

赵昭回去复命，却没有对宇文毓说实话，只是说，我看杨坚最大的福相也不过是一个柱国而已。赵昭显然是在为自己留后路。

宇文护毒死宇文毓，立宇文邕为皇帝，是为周武皇帝。杨坚再一次升职，出任随州刺史。再回来时，其母亲得病，三年卧床不起，杨坚昼夜侍候。世人听说后，都夸杨坚"纯孝"。对此，有两种猜测：一是杨坚果真纯孝，毕竟，他幼时父亲杨忠不在身边，母亲吕苦桃又出身寒微，在最初的日子里，肯定也吃了一些苦，对母亲孝顺，也可能出自其真心；二是杨坚借此来掩盖朝内对自己的猜疑，躲避随时都有可能发生的杀身灭门之祸。

在宇文护和皇帝身边，也有不少人坚持趁早杀死杨坚，以绝后患。其中，齐王宇文宪老早就对周武帝说，普六茹坚相貌非常，"臣每见之，不觉自失。恐非人下，请早除之"。内史王轨也曾冒失地对宇文邕说："我看您所立的皇太子没有当皇帝的相貌，而普六茹坚有反相。"宇文邕听了王轨一番话，很不高兴，但也没有责罚王轨。此外，周武帝宇文邕还说了一句非常出人意料的话："必天命有在，将之若何？"（《周书》）他的意思是说，倘若杨坚命中注定为皇帝，或者宇文赟（皇太子）没有当皇帝的命，人力又能如何呢？宇文邕这句话和大多数非要把江山传于本家子嗣的皇帝不一样，有一种听天由命的无奈感，也有一种顺其自然的超脱意味。

4

因为父亲杨忠勇敢有谋、屡建功勋，杨坚仕途通顺，可在险象环生、瞬息万变的北周王朝政治环境中，再大的官职也难保不遭遇飞来之横祸。由此可见，官场实际上是一种更深刻的江湖，这个江湖水之深、暗涛之多、风向之繁复，是任何江湖都无法比拟的。特别是在绵延三百多年的你代我篡的乱世政治当中，若是各种条件具备，臣子与皇帝易位只是瞬间之事。

而杨坚也因此受到了某种鼓舞，这种流言在皇帝看来是大忌，在杨坚心里，却可能是一种激励。术士可以看出杨坚可成一代帝王，怎么没看出他苦心建立起来的王朝二世而亡呢？从这一点上说，关于某人有天相的说法，可能也是一种古老又有效的激励教育法。

就在此时，独孤信及时向他伸出了援手。独孤信也和其他人一样，认为杨坚这个人前途无量，将来可能会开朝立国，成为一代雄主。思量之下，就将他的七女儿许配给杨坚为妻子。独孤信是北周政权中六镇武将集团中与宇文护军事集团并驾齐驱的核心人物，在北周建国初期，受命镇守陇右。所谓陇右，王仲荦《北周地理志》说："谓陇山之西为陇右，秦州总管府且称为陇右府符焉。"

陇右之地，是北周政权门户。北周初期，其力量本来就弱于北齐及塞外大漠的柔然和突厥。《周书》本传称："太祖宇文泰初启霸业，唯有观众之地，以陇右形胜，故委信镇之。即为百姓所怀，声震邻国。"因为独孤信功勋至高，北周初期，由西魏柱国大将军、尚书令、大司空转任北周太保、大宗伯，封为卫国公。独孤信不仅地位显赫，其长女还是周明帝的皇后。杨坚结上了这门姻亲，其地位和权势自然也跟着上升。

有了这层关系，杨坚在北周的政治地位愈加牢固。后来，周武帝又将杨坚和独孤信七女所生的长女聘为皇太子妃。宇文邕对杨坚"益加礼重"。与此同时，宇文宪、王轨等人对杨坚的猜忌之言也接踵而来。但杨坚却命大，先有术士来和（字弘顺，少好相术，所言多验，著有《相书》四十卷）及赵昭为其开脱之后，又有了独孤信的庇护，自然是一般人难动他分毫。

周武帝也是一个有作为的皇帝，他铲除了权臣宇文护，又进行了一系列"静在宁民"的政策，使国内矛盾趋于缓和。周武帝亲自上阵，开疆拓土。这对于杨坚而言，也是一个摆脱猜忌与危险的大好时机。北周建德四年（575年），周武帝亲自统帅大军进击北齐。杨坚与广宁侯薛勋率水军三万，自渭水（发源于甘肃渭源县鸟鼠山，黄河第一大支流，由陕西潼关汇入黄河）入黄河，在河阴击败齐军，晋位上柱国。

北周建德六年（577年），周武王再次伐齐，至邺城围城，齐军死守，北周军队奋起，数日破城。北周乘势前进，北齐幼主高恒禅位于任城王高湝（今河北景县人，北齐政权奠基者高欢之第十子，此次禅位，是名义上的北齐皇帝）追至青州，俘获北齐太上皇高纬、幼帝高恒。同年二月，杨坚与宇文宪带兵截击任城王高湝南下的军队，并一举击败，俘获高湝。北齐灭亡，其所属50州、162个郡、380县尽入北周版图。

杨坚与宇文宪马不停蹄，又接连攻下冀州，被任命为定州总管，后转任亳州总管。北周第四代皇帝，年仅36岁的周武帝因病重从前线返京，死在半路上。

周宣帝宇文赟继位，杨坚虽然是他的老丈人，可宇文赟对杨坚的猜忌比周武帝更加深切。他公开扬言说:"终有一天,我会杀光你的全家。"后来,为了验证虚实,宇文赟预先在皇宫埋伏杀手,召杨坚进宫。若是杨坚神色紧张的话,立即将其斩杀;若是泰然自若的话,就暂且放他一马。果不其然,杨坚进宫后,问答之间神色不乱,因此,免于罹难。

周宣帝宇文赟为人刻毒残暴,他当上皇帝后,接连诛杀了王轨、宇文孝伯、宇文宪等人,并连坐了与宇文宪极为亲近的上将军王兴、上开府仪同大将军独孤熊、开府仪同大将军斗卢绍等人。就连杨坚家里也不得安宁。宇文赟要废掉平素不好争风吃醋、贤淑端庄的杨皇后,即杨坚的女儿。

杨坚隐忍、郁闷之余,也私下对人说,看皇帝那样貌,也不像是一个长寿之人,他死了,我们该怎么办呢?此话虽有些刻毒,但身在险境,杨坚的忧虑可想而知。为避开一切祸端,杨坚再次找到他在太学时候的老同学内史郑译。郑译是荥阳开封人,幼聪颖,博览群书,工骑射,尤善音律。在北周以给事中士起家,累迁至内史上大夫,封沛国公。杨坚找他的目的,是请他帮忙给自己找一个到外地任职的机会。郑译知道杨坚将来不是池中之物,自己虽然跟着宇文赟干了不少坏事,但也想给自己留一条活路。便找了一个机会,让杨坚出藩,也就是到外地任职。

杨坚一边拉拢皇帝身边的人,一边与朝中望族、贵人搞好团结,既用来自保,也用来积攒力量。其中有骠骑将军庞晃(字元显)。杨坚在任定州总管时,有一次,庞晃对杨坚说:"你一副异于常人的相貌,一定有帝王之命。要是发达了,一定不要忘记我。"杨坚听了,笑着说:"这是什么话!怎么能有这样的想法呢?大逆不道啊!"但他的心里却美滋滋的。后有一只斑鸠飞过,杨坚以开玩笑的口吻对庞晃说,"你要是射中了这只鸟,日后我真的做了皇帝,你可以带上这鸟儿前去领赏。"

杨坚去亳州赴任时,庞晃劝他此时起兵,夺取天下。杨坚也非常高兴,握着庞晃的手说:"兄弟,时机不成熟啊!再等等吧!"从这件事上,可看出杨坚的志向，并时时刻刻为实现代周的最终目标做着各种准备。事有凑巧，宇文赟这个荒诞好淫的皇帝在残杀忠臣良将之后，另出新招玩乐。《周书》说："宣帝初立，即逞奢欲。"这个宇文赟也确实不像话，北周武帝死了还没安葬，宇文赟不仅毫不悲伤，还抚摸着自己脚上被周武帝打的伤痕，对着父亲的尸首大骂："你死得太迟了！"然后下令将先帝的嫔妃宫女们列队由他逐一察看，其相中者即纳入后宫自己享用。又别出心裁，分封五大皇后，杨坚的长女杨丽华位列第一，叫天元大皇后，剩下的分别为天大、天中、天右、天左大皇后。

杨丽华虽为杨坚之女，位列五大皇后之首，但性情温和，从不嫉妒，也不在后宫闹事。可能是因为宇文赟看不上杨坚并一直想借机杀掉杨坚的缘故，时常找些茬子，责骂杨丽华，杨丽华力争，宇文赟就逼她自杀。杨坚妻子独孤氏闻听，亲自到宫中求情，直到把额头磕出血，宇文赟这才饶了杨丽华。

性情残暴再加淫乱无度，不到一年，宇文赟便暴病而哑，不能开口说话，濒死之相昭然。这是杨坚的转运时刻。郑译、刘昉等人以杨坚乃是皇后之父，皇帝马上就要完蛋了，杨坚理应在场为由，坚持请杨坚进宫服侍。

这当然是杨坚事先工作做得扎实的结果。不然，宇文赟其他几位皇后也是出自名门望族，何来杨坚一人入宫陪侍？这也是杨坚一番苦心多年经营的结果，当然也离不开他的智囊。郑译、刘昉遂派人叫来杨坚。当晚，宇文赟死。杨坚与郑译等商议，决定秘不发丧，并篡改遗诏，以杨坚"总知中外兵马事"（《资治通鉴·高宗宣皇帝下》）。十天之内，把军政人事安排妥当后，才对外宣布皇帝驾崩。

年仅8岁的宇文衍（后改名为阐）继位，杨坚总揽大权，"假黄钺，左大丞相，百官总己而听"。（《隋书·高祖》）至此，受尽猜忌、百般逃脱诛杀的杨坚，谋取了北周政权的最高权力，将宇文阐作为一个傀儡摆在台上,并借北周的名义,对地方反叛和朝内异己势力进行清洗,为顺利以隋代周开启道路。

5

谋逆上位,取而代之,是五胡十六国最常见的一种政治景观。在彼时周朝,有此想法的可能不仅是杨坚。杨坚成功的原因有三:一是地位,这当中既有其父杨忠积攒的功勋,也有他自己在军事方面的才能及战果;二是他攀上了独孤信,尽管独孤信后来遭到诛杀,但其女儿成为皇后之后,又使得杨坚凭空多了一个成功的阶梯,若不是皇帝的老丈人,郑译、刘昉等人也不会让他参与皇帝临死前的大事决断;三是杨坚的"深自晦匿"策略,成了他出奇制胜的手段,若不是他能够审时度势,弱时藏匿收敛,强时凌厉风行,他的谋逆也不会成功。

由柱国晋位左丞相后,杨坚大权在握,迅速摆脱了实际上并无多少才能的郑译和刘昉等人,转而重用李德林。李德林这个人很不简单,原籍河北安平县(博陵),幼时极聪敏,六岁能背诵左思《蜀都赋》。高隆之(本姓徐,字延兴,后人尊称其为"冶炼老祖")有一次见到李德林,也十分称奇。见人就说,这孩子以后肯定是朝中"伟器"。因为他这句话,很多人也跟着好奇,使得去李德林家看李德林的人络绎不绝。长到十五岁,李德林遍习五经及古今文集,还热衷于阴阳五行。

李德林十六岁时,他父亲死了,当时有名的大臣都来吊唁,且不敢带更多的随从。可见时人对李德林的尊重程度。可李德林却无心当官(抑或他早已预料到当朝之短命),任城王高湝(时任北齐定州刺史)看重他,把他招入州立学校,朝夕同游。后又将他推荐给尚书令杨遵彦,杨遵彦为了验证李德林的才能,让他现场写了一篇《让尚书令表》,李德林不假思索，当场写就，且不需修改。杨遵彦又把李德林的文章拿给当时北齐俊杰之一礼部郎中陆卬（字云驹，少机悟，美风神），他当即夸赞说："我看李德林的文笔，浩浩如长河向东奔流，和我以前看到的相比，包括后来人写的，在他面前不过是小河小溪罢了。"（《隋书·李德林传》）后在杨遵彦的主持下，李德林参加了朝廷组织的考试，当然也以优异表现得高分，授殿中将军之职。

但李德林对此官职却不满意，于是称病还乡，闭门守道。杨坚总理朝政时，杨惠专门找到李德林，请他出来效力杨坚。李德林回答得很干脆，愿意效忠致死。杨坚接到回告非常高兴，立即请李德林到内宫密谈。李德林出主意说："你还是当大丞相吧，不要当大冢宰。大丞相能够凌驾于郑译和刘昉之上，朝廷一切事物，全由你一人决断。大冢宰只是一个虚名，没有实权。"

杨坚当即按照李德林所言实施，任命李德林为他的丞相府附属，加仪同大将军的礼遇。为了消除异己势力，李德林参与了谋划。第一步借皇帝驾崩之际，召当时宇文家族最有名望的尉迟迥（山西大同人，鲜卑族，宇文觉外甥，能征善战，好施爱士，位望崇重）回朝参加葬礼。尉迟迥知道这是杨坚扫除异己之计，于是引兵群起讨伐杨坚，一时间应者云集，兵马达到三十多万。可见尉迟迥在当时的名望。

杨坚将藩王收复后，命韦孝宽为行军元帅，郕公梁士彦、乐安公元谐、化政公宇文忻、濮阳公宇文述、武乡公崔弘度、清河公杨素、陇西公李询等人为行军总管，率领大军讨伐尉迟迥。尉迟迥也四处联络，策反了不少地方。但他在太原李穆那里遭到拒绝，徐州总管源雄、东郡太守于仲文也不服从。

与此同时，杨坚分派于仲文为河南道行军总管讨伐檀让，派太原总管李穆讨伐宇文胄。不久，鄖州总管司马消难、益州总管王谦也起兵响应尉迟迥。一时间，北周之内迅速形成了杨坚和尉迟迥两大阵营。

尽管尉迟迥兵强马壮、响应者众，但还是败在了韦孝宽（名叔裕，字孝宽，京兆杜陵，即今陕西西安南人）大军手下，尉迟迥在城头自杀。司马消难带大军及属地投奔陈国，王谦将新任命的益州总管梁睿拒在汉中。杨坚任命梁睿为行军元帅，讨伐王谦。

在北周朝廷当中，杨坚也差点遭到赵王宇文招的谋害，幸亏有元胄（魏昭成帝之六代孙）死命保护，才得以脱险。半年后，在韦孝宽、王谊、梁睿等人的全力帮助下，杨坚基本上平定了各方的叛乱，全面掌握了北周王朝的最高权力，为其实现以隋代周的最终目的扫平了障碍。

杨坚通往皇帝的道路并不平坦。在纷乱的北周朝臣中，有可以被收买的，有政治投机者，有的人则宁死不屈。不仅是杨坚时代如此，在漫长的封建时代，几乎每个朝代的臣子都由这三部分人构成。于此期间，对杨坚贡献最大的将军应当是韦孝宽。他带兵出征时，已是六旬以上高龄，这位征战一生且屡建功勋的老将军，至今还受人尊敬。但讨伐尉迟迥胜利不久，韦孝宽就因病去世了。另外，还有一位将军高颎，也是杨坚以隋代周乃至隋初，谋略深远战功卓著的将军，为杨氏家族的皇朝立下了汗马功劳。

高颎之父高宾，渤海人，后自称河北景县人，原是北齐龙骧将军，《周书》上记载说："宾少聪颖，有文武干用。仕东魏，历官至龙骧将军、谏议大夫、立义都督。同列有忌其能者，谮之于齐神武。宾惧及于难，大统六年，乃弃家属，间行归阙。太祖嘉之，授安东将军、银青光禄大夫。"时任大司马的独孤信识其才，也很重用他，常问计于高宾，并赐姓独孤氏。后独孤信被宇文护毒杀，高宾也受到牵连，被发配至四川。

《隋书·高颎列传》上记载说，高颎"少明敏，有器局，略涉书史，尤善词令"。高颎年幼时候在四川度过。有传说曰，高家有柳树，高达百尺，犹如巨大的冠盖，村中的老人们便说："此家当出贵人。"十七岁时，高颎被北周齐王宇文宪引为记室。武帝时,袭爵武阳县伯,除内史上士,不久又迁下大夫,以平齐之功拜开府。北周宣帝继位后,高颎随越王宇文盛平定了稽胡叛乱。

杨坚掌控北周大权,深知高颎精明强干,又通晓军事、多计略,便想得其辅佐。他先是派邗国公杨惠前往示意,高颎也知杨坚今后必成大业,欣然承命说:"非常愿意为你效劳,即使你的事情不能成功,我就是被灭族也心甘情愿!"(《隋书·高颎列传》)。杨坚遂引高颎为相府司录,自此之后,高颎便成为杨坚的心腹之臣。及至杨坚受禅登基,成为隋代的开国皇帝,高颎仍是他属下建树最多、功勋至高的名臣之一。

6

北周大定元年(581年)二月,北方仍旧阴冷,风吹着长安,也吹着附近的阡陌村舍,而城中则是热闹的。宇文阐虽然少不更事,但也从宫中的纷乱中觉察到了什么,这对于一个只有九岁的孩子来说,是有些残酷的。而另一方,大丞相杨坚则踌躇满志,属下人马正在打制皇家器皿,赶制皇帝服装及一应用品。杨坚的心自然是蓬勃犹如江河,多年的处心积虑、深自晦匿的忍让与辛苦终于拨云见日,少小时候的谶语与伴随不断的臣子预言得到了证实。但不可小看的敌人还有偏安江东的陈朝(由平定"侯景乱梁"的陈霸先代梁自立)、北方边疆的突厥两大军事势力。杨坚听从李德林、高颎等谋臣的建议,暂时与突厥、吐谷浑维持好关系,全力对付陈国。

杨坚篡权成功,恢复汉制,从一定程度上挽救了汉族倾颓、匈奴和鲜卑后裔占领北方的危险。为收拾残局、积蓄实力,杨坚进行了一系列的改革,如推行均田制和租调力役制、建立三省六部制,在地方推行州、县制，改革府兵制等措施，根据实际情况，制定《开皇律》等，以确保加快社会经济发展，巩固中央集权，提高军队战斗力。为尽快实现全国统一，杨坚费了一番心机，也有一些切实作为。一是加强对南方的经略，为伐陈提供支持。二是用三年时间，动员数十万人力，在北部边塞如朔方、灵武一带加固长城，修建军事要塞。以防在伐陈时，突厥趁机南下。

杨坚问计于高颎。高颎不愧是战略家，他向杨坚进言说，待江南收获时，我军扬言进军伐陈，陈必然慌张收割储藏，这样一来，陈国虚耗，于我有利。杨坚听从，征召已经是隋朝附庸的西梁皇帝萧琮（西梁后主，即惠宗靖皇帝）来朝。萧琮带着二百多名朝官前来。杨坚又派崔弘度带兵戍守江陵。萧琮叔父萧岩、弟弟萧献投奔陈国。

隋文帝开皇八年（588年）十一月，杨坚令介州刺史李衍在襄州道、杨素于巴东郡分别建造"五牙"（装有拍竿的大型战舰）、"黄龙"战船，着力加强水师建设。为消磨陈国军人斗志，建造船只时，隋军故意在江中扔下一堆废料。

另一名将贺若弼见酬父愿的时机已到，卖掉老马，大量购买旧船，藏匿起来，又买破旧船只五六十艘，泊于小河，使陈军以为隋军没有战船。贺若弼的父亲贺若敦也是北周将领，素以武猛而闻名，任金州刺史。北周保定五年十月，贺若敦因口出怨言，为北周晋王宇文护所不容，被逼自杀。贺若敦临死前，嘱咐贺若弼说："我一生的志向是平灭江南陈国，现在看来，这个愿望完不成了，心有不甘，你应当继承我的遗愿。我也是被人构陷致死的，这一点，你也要有所警惕和思考。"说完，用锥子刺破贺若弼额头，令其谨记。

隋开皇九年（589年）三月，隋文帝杨坚下诏，列举陈后主罪行，又送玺书给陈朝，暴其罪恶二十条，并将诏书在江南散发三十万份，争取人心。杨坚陈列北齐罪行，其实自己也是罪人。胜王败寇法则不仅可以使得胜者信口雌黄，在有些时候还可以作为一种悦耳动听的说辞。不过，陈朝也是确实不得人心，境内有人作《桃叶》诗云："桃叶复桃叶，渡江不用楫。但渡无所苦，我自迎接汝。"以表达盼望南北统一，厌恶腐朽的陈王朝统治的心情。

同年，杨坚设立淮南道行台省，以晋王杨广为尚书令，主管灭陈之事。山南道行台尚书令杨俊、清河公杨素为行军元帅，高颎为晋王元帅长史，右仆射王韶为司马，集中五十二万的水陆两军，统由杨广节度，分八路攻陈。

其中，杨素指挥水军主力，出巴东郡，顺流东下，与荆州刺史刘仁恩军相配合，一举袭占狼尾滩，继而攻克岐亭、延洲，击破上游陈军防御，消灭长江及沿岸陈水陆军；杨俊指挥上游三路进攻江夏，以扼控长江，在汉口以西阻止上游陈军东援，为下游隋军主力进攻陈都建康，创造了有利形势；晋王杨广指挥下游五路，渡江进攻陈都建康。十一月，文帝至定城誓师，准备渡江的各路隋军进抵长江北岸，完成进攻准备。

杨广攻陈主要分三步走：一是占领长江上游，对陈形成巨大的军事压势；二是趁敌不备，分路渡江；三是水陆并进，内外策应。在这次战役中，杨广的军事才能得到了充分展现，其主要将领贺若弼、韩擒虎、宇文述、杨素、王世积、燕荣等同心合力，在进攻路途上接连胜利，并成功包围南京，且不日攻克，陈朝自此灭亡。

解决了陈的问题，实现了北方和南方的统一，这只是杨坚实现其理想的第一步。在西梁和陈两个政权还存在的时候，北周对北疆的突厥采取的是忍让和出钱出物保平安的策略。在北周末期与北齐时期，两个中原王朝都畏惧突厥的势力，于是争相拉拢讨好突厥，每年给突厥大量的钱物，以维持边境安全。

其中，北周还与突厥结为姻亲，周武帝迎娶了木杆可汗的女儿，并将其立为皇后。

两者相争，他者得利。一边享受两个王朝的供奉，一边随意劫掠边境，突厥得到的实惠更多，使得突厥时任可汗佗钵（木杆可汗弟）愈发不可一世，公开宣称说："南朝有我两个儿子，都非常孝顺，何患贫也！"

可惜好景不长，堡垒最容易从内部被攻破。北魏废帝元年（552年），突厥内部发生分裂后分成东西突厥。北周大定元年（581年），佗钵可汗死，突厥内部又经过一番内部猜忌和斗争，再次分裂成五个部落。"佗钵之子庵罗被迫让位于佗钵之子摄图，称为伊利可汗。牙帐设在于都斤山，庵罗被封于独洛水，称为第二可汗。木杆之子大罗便被封于金山，称为阿波可汗。室点密之子达头可汗原驻牧于乌孙故地，沙钵略之弟处罗侯则管辖东面奚、霫、契丹、鞑靼等分布地区，称为突利可汗。"（林干《突厥与回纥史》）。

所谓的奚，本称库莫奚，后简称奚，南北朝时自号库莫奚，隋唐简称为奚。库莫奚为鲜卑语音译，为今蒙古语"沙""沙粒""沙漠"之意。霫，隋唐时居潢水，今西拉木伦河以北，东接靺鞨，西至突厥，南邻契丹，北接乌洛侯。以射猎为生，以赤皮为衣缘，妇女衣襟上下悬小铜铃，习俗与契丹相近。其都伦纥斤部落有牧民四万户，兵万余名。契丹于中古时期出现在东北地区，活动在辽河上游一带。北并契骨，又作结骨、纥骨，今柯尔克孜族先祖。鞑靼，原名为TATAR，是居住在呼伦贝尔地区的蒙古语族部落之一。最早记载见于732年突厥文《阙特勤碑》，称OTUZ-TATAR（三十姓鞑靼），概称突厥东面、契丹之北的蒙古语族诸部，当因其中TATAR部最强故有此名，大抵相当于汉籍中的室韦。

这几个可汗当中，沙伯略的人口最多，力量也最大。早在北周时期，杨坚就对当局对突厥的忍让颇有怨言。以隋代周后，他的这种态度更加强烈。在陈没被灭之前，杨坚就对突厥进行了大规模的攻伐，突厥由于内部权利纷争，自相残杀，再加上隋军的进击，很快被隋朝降服。与此同时，杨坚也效仿赵武灵王和蒙恬，一边打仗一边修建长城。

在杨坚看来，唯有隋朝是天下宗主，突厥、柔然、吐谷浑、稽胡、靺鞨等北部边疆少数民族都应当是天朝治下的子嗣与奴仆。杨坚曾说："普天之下，皆是朕臣妾。"他的要求并不高，就是这些民族也是自己的臣民，只要这些民族向隋称藩，岁岁纳贡，与中央政权始终保持依附与被依附的关系，服从命令，听从征调就可以了。

因此，杨坚为这些民族起名为"大突厥""赤子""纯民""臣妾""儿""贡奴"等，不一而足。以正统汉族自居的杨坚，对北方民族的态度是很明确的，也将孔子的君臣纲常引入到民族关系上。这一思想不仅是杨坚，即使他的后世杨广及李唐、赵宋、忽必烈后代和明清，都如此这般。而往往不如愿的是，政治有时候受制于军事力量大小。隋灭陈、废西梁，也是靠着其军事力量和政治优势而做到的。

边疆诸民族也是一样，你强大我依附，你衰弱我起哄，你力量不支我就打过去，你力量大了我再退回来。这样的一种民族性格，其实和匈奴的"利则进，不利则退，不羞遁走"在本质上是一致的。因为，在生存权和政治权上，无论是哪个民族都喜欢把自己推向前台，做号令天下的至尊王者。杨坚和杨广父子投入了这种雄心大业。而偏偏在这时候，西突厥的达头可汗凶悍好斗，与东突厥相互攻伐，自相削弱，给隋带来了难得的时机。裴矩和长孙晟的分化策略取得了实际效果。

7

大风如雷，人站立不稳，几欲扑倒。两边悬崖高山，岩石深嵌，草木锐响。一条由北向南的河流在乱石之间穿梭激荡。朋友告诉我，这里是甘青交界的扁都口，隋称大斗拔谷。隋大业元年（605年）六月，隋炀帝杨广亲自带兵出洛阳，由今宁夏、青海境内进入甘肃焉支山和张掖境内。大军途经大斗拔谷（属祁连山南麓）时，突遇六月飞雪、狂风怒吼，不少将士冻死，杨广最爱的一个妃子也在这里丢了性命，其坟茔至今仍存。

在西北二十年，我先后去过大斗拔谷，即今甘肃民乐县境内扁都口两次。第一次是由张掖再民乐进入，与当地的朋友只是在那里看了看。一进入谷口，耳边尽是大风，呼啸之声令耳膜发颤。谷中有一座山，形状酷似端坐的佛陀。山谷一侧石壁上，有一尊自然显现的佛像。第二次是穿越，乘坐班车，由民乐向下奔行，山路曲折，悬崖壁立，窄路如刀，如临深渊。到青海祁连县内，沿途都有山地草原，青草披拂，浩浩荡荡。

当时我心想，至今褒贬不一的杨广，竟然也深入边塞，行开疆拓土之功业，这是很少听说的。对这位皇帝，后世人们总喜欢把他的事迹框定在"弑父""烹母"、开凿大运河、修筑洛阳宫殿及残杀开国将军等极为不堪的事情上，而对于杨广在任时不遗余力开拓疆土、威服四夷等功业出言吝啬或者干脆闭口不提。

究其原因，不外乎有二。一是在中国历史上历来是后朝否定前朝，借以说明其取而代之的合法性，李唐王朝对隋朝父子的诋毁或者说写史者的有意误导，使得杨广某些恶劣事迹深入人心，从而忽略了杨广在位时的诸多功绩。二是百姓历来对某些蹊跷恶劣之事抱有浓烈兴趣。人是善于忘恩的，记人好处总是很短暂，想人坏处却总是很经常。这就注定了杨广至今难以有为之君的面目出现。甚至，在帝王影视盛行、并有着相当一批铁杆观众的今天，就连下嫁匈奴，三年后呼韩邪单于死，再连嫁三代单于，实际上并不幸福最终郁郁而死的王昭君，也被艺术加工成为一个十全十美的和平使者。

北周末年至隋炀帝终了，突厥、吐谷浑、铁勒、朝鲜始终是王朝的边疆隐患与潜在威胁。杨坚取代北周后，立即对当时势力庞大的突厥进行了痛击。杨坚以为，这些边疆军事武装集团，必须无条件地服从"天可汗"，否则，就要给他们以沉重打击。杨坚如此想，也如此做。突厥沙伯略可汗在其北周籍皇后（可敦）千金公主（北周赵王宇文招之女）的怂恿下，决心要替宇文皇后娘家宇文家族讨还公道，于是联合北齐营州太守高宝宁（代人也，无稽可考）倾兵入寇，在甘肃、山西、河北和辽宁等地大肆掳掠，并扬言说要替宇文氏夺回江山。

杨坚刚刚以隋代周，国内矛盾多，又面对江南陈朝等军事力量，北部边疆地区也不稳定，对自己的政权也构成了严重威胁。杨坚在与谋臣商议后，审慎地对北部边疆做了一番战略部署。以上柱国阴寿（字罗云）镇守幽州，京兆尹虞庆镇守并州，主要防御突厥。

正在用人之际，杨坚时代一个反突厥的能人出现了，那就是当年送千金公主至突厥成婚的长孙晟。这个人了不起的地方有两个，一是善射，二是善察。因为善射，把千金公主送到后，突厥佗钵可汗强行留长孙晟在突厥一年，让自己的亲属和军士想着办法亲近长孙晟，以便学好箭术。也正因为如此，长孙晟在突厥一年时间内，几乎走遍了突厥领地，对突厥国内的山川地理及民族习性有了深刻又全面的了解。

虽然国势安定，但突厥时常骚扰边境，对此当然不能不管，但是也不能操之过急，建议要秘密运筹。隋文帝杨坚决定以武力慑服突厥时，长孙晟献策说，突厥的摄图可汗和达头可汗实际上有矛盾，瞅准时机，从中挑动，他们自家肯定会相互打起来。另外的处罗侯可汗，性情奸诈但势力较弱。为了扩大势力，他费尽心思拉拢人心，得到了大多数突厥人的拥护。阿波可汗对势力较强的其他可汗都很畏惧，立场游弋于多者之间，最后要依附于哪一方，一时还拿不定主意。长孙晟建议杨坚远交近攻，这也是当年秦帝国统一中国的策略。对于杨坚时代的突厥形势，也是适合的。长孙晟的意见是，对突厥强者采取离间的方式，让他们内讧，而对突厥中弱的势力，则采取联合的方式，使他们和隋站在同一立场上。第一步，向达头可汗所领导的突厥派出使者，沙伯略（摄图可汗）肯定会分派兵马守卫他和达头可汗的边界地带，其力量必然分散。这样一来，也会使得突厥内部离心离德，相互猜疑，自己打起来。等他们打得差不多的时候，我天朝再率兵出击，一战可定突厥。

杨坚觉得长孙晟的策略非常切合实际，全部采纳。长孙晟对隋破突厥之功绩，虽没有汉张骞通西域的功绩至伟，但对于刚刚建立又急需要快速稳定边疆、发展社会经济的隋而言，也是非常及时且非常重要的。同年，杨坚派太仆元晖（字叔平，河南洛阳人）出伊吾，去达头可汗所在的伊犁河以北地区，代表杨坚赐给达头可汗狼头旗。这就说明，隋代承认了达头可汗在突厥的正统地位。

突厥的狼头旗，是他们民族的一种象征。从这方面看，突厥肯定是匈奴的后裔或者其中一个重要分支者的后裔。匈奴民族以狼为图腾崇拜，性格中也有嗜杀好血的成分。《魏书·高车传》中记载了这样一则故事：单于生二女，美丽异常，单于以为其是上天赐予，不可嫁与凡人。后来其大女儿嫁给了一个贵族，小女儿却不肯嫁，与她父亲一样，她坚信会有奇迹出现。单于顺应二女儿，建了一座高台，叫两个女儿待在上面。可一年多过去了，仍没奇迹出现，倒是有一匹公狼，对着单于二女儿日夜嚎叫。二女儿以为这是天意，"遂将下就之。"后与狼繁衍成国，是为匈奴。

如果这个传说属实，那么，丁零、突厥、吐谷浑等民族应当都与匈奴有着深远的关系。特别是东方匈奴冒顿及七单于争立年代，都可以看到丁零在匈奴大部落联盟中活动的记录，最典型的就是颛渠阏氏当政时期的丁零王卫律。房玄龄等人所著《隋书》应当是距离隋代最近的一部正史，对那个朝代发生的事情应当有着确凿的掌握。突厥以狼为图腾崇拜，有狼之习性，应当与匈奴民族有着深长渊源。或许，突厥民族就是匈奴民族的直接后代之一。

善于计谋者，必定深谙人心人性。长孙晟奉命实施，杨坚也全力配合。达头可汗的使者到隋朝觐见，杨坚也把他们的地位抬高到沙伯略使者之上。这种做法释放的信号再明确不过，是对长孙晟计谋的呼应。随后，杨坚又以长孙晟为车骑将军出黄龙道，给分散在那里奚、霫、契丹等附属于突厥的民族带去了厚重礼物，并派人到处罗侯可汗处，为其分析形势，晓明厉害，说服其归附大隋的诸多好处。他又派出使者去见阿波可汗，正说一套，到沙伯略那里，再另说一套，中间来回撺掇。突厥果然自相猜疑起来。

8

隋朝的计谋顺利实现，有杨坚及长孙晟精心谋划的原因，也是突厥内部不能同心同德的缘故，但归根结底，还是人心人性。在突厥五部当中，每一个可汗都想像木杆、佗钵那样成为至高无上、左右无人分享其权势的大汗王，而绝不甘心屈尊别人之下，哪怕这些人是自己的亲兄弟。

这正是杨坚想要的结果。

可突厥还没有那么听话，北周千金公主枕边风一阵吹，沙伯略被鼓动起来，再加上北齐遗将高宝宁的蛊惑，沙伯略终于按捺不住，以自己的威势，征调五部突厥兵马，号称四十万，驰马越过长城，挥鞭长安，大有一举摧毁隋帝国的冲天气势。

大兵压境，杨坚积极应对。四月，着令大将军韩僧寿率部队到鸡头山阻击南下突厥，韩僧寿不辱使命，率部将突厥击退。与此同时，上柱国李允在河北蔚县一带也成功击败了另一支进犯的突厥部队。六月，上柱国李光在马邑一带对突厥作战，也取得了胜利。

突厥见自己连连失利，便派出军队，进击兰州，意图撕开一条口子，再乘胜杀向长安。杨坚见形势危急，命令太子杨勇率领重兵驻守咸阳，以防突厥入寇。同年底，杨坚又派沁源公虞庆带兵驻守弘化。某一日，行军总管达奚长儒带着两千骑兵，在周槃与沙伯略十万军队遭遇。隋军寡不敌众，可这个达奚长儒可是一个大将之才，面对百倍于己的突厥主力，竟然心不跳神不慌，镇定地对部下说："有什么可怕的呢？我自有退敌妙计。"

在冷兵器年代，敌我双方遭遇，有时候是避不开的。特别是强者遇到弱者，肯定会一口吃掉。交战中，达奚长儒带着属下且战且退。不一会儿两千人就被突厥大军冲了个稀里哗啦。达奚长儒又令身边军士摇旗聚合，散军再次聚拢，继续恶战。打到最后，兵器打光了，达奚长儒就和士兵们赤手对敌，把手骨都打出来了，仍旧不肯投降，多数战士战死，达奚长儒也浑身是伤，退回本部后，只剩下几百人。达奚长儒及其两千军士之勇决、之彻底，这在战场上是不多见的，且还是以少对多的孤军作战。这一战斗是可歌可泣的，也完全可以与李陵率五千军士与匈奴主力恶战七昼夜相提并论。

杨坚闻报，应当是非常感动的。这样的将军，这样的军士，简直就是一支铁军，其顽强决绝，无疑就是全军楷模。达奚长儒晋位上柱国，他的儿子也因此受到了封赏。但这一场恶战只是一个开始。失败了的突厥再次聚集兵马，对隋进行第二次大规模作战。驻守乙弗泊的上柱国冯昱与驻守幽州的上柱国李崇先后失利。突厥大军乘胜前进，从今宁夏固原分成两路，深入隋朝北疆。其他地方也不断遭到突厥侵扰，其中，武威、天水、安定、金城、上郡、弘化、延安等地被抢掠一空，数千里之内，一片赤地，民不聊生。

隋朝忍无可忍，决定对突厥大举用兵。杨坚发诏书说："突厥恶贼犯边多年，烧杀抢掠，无恶不作，北魏时期是，前朝更是。我隋朝意欲靖边安民，让双方百姓都能过上好日子，可是，突厥不识抬举，如不剿灭，天理难容。今我大军出发，凡归附者一律不杀，顽抗者绝不姑息。让那些胆敢冒犯天朝的人，从此以后再也不敢觊觎我大隋疆土，世世代代，永服天朝威刑。"

这样的讨贼诏书，无非是要来个名正言顺，师出有名而已。而最根本的，还是要以武力说话。杨坚任命卫王杨爽为行军元帅，亲自带李充等四路大军，从山西朔州道出，数日后，在呼和浩特北与沙伯略大军相遇。李充向杨爽建言说，今我大军新到，沙伯略必然以为我军会稍做休整，不做防备。若以精兵趁夜袭击，必能大获全胜。

杨爽却很谨慎，不愿意冒这个风险。其他将领也只有长史李彻以为李充计策好。杨爽在二人劝说下，同意拨给其五千人马。当晚夜半，李充和李彻引兵突然袭击，突厥军果然没做防备，隋军猛然杀入，突厥军大乱。正在酣睡中的沙伯略惊醒后，连盔甲都不敢穿，连夜逃走。

突厥军的粮秣大都靠掳掠得来，隋军出动，断了其粮源。到最后，突厥军只能靠粉碎骨头来充饥。这还不算，其又遇上了瘟疫，军士感染者众。这样一来，沙伯略军队大受损伤。

与此同时，幽州总管阴寿奉命引军从卢龙进军，对高宝宁部队进行打击。高宝宁急忙向突厥求救。这时候，突厥忙于与隋军作战，根本顾不上他。高宝宁不敌，带少数人马逃亡漠北，投奔契丹，后被部下所杀。阴寿得胜不久，捷报也从河西走廊传来，李晃大军在摩那渡口大败突厥军队，秦州总管窦荣定出兵武威，在高越原与阿波可汗短兵相接，并取得胜利。

在窦荣定的阵营里，又添了一个叫史万岁的猛士。这个人早年因罪被发配敦煌充过军。窦荣定引兵与阿波可汗作战，史万岁自告奋勇，愿在马前效命，刀斩突厥。窦荣定十分欢喜，令史万岁单身与突厥猛士较量。史万岁不辱使命，几个会合，就一刀斩下了突厥猛士的头颅。阿波可汗震惊不已，不战而退。

这时候，长孙晟再次起到了关键性作用。阿波可汗撤军后，长孙晟及时派出使者入其境，再次使用离间和攻心之计，替阿波可汗分析失败原因，又拿阿波可汗与突利可汗比较：突利可汗以战争在突厥赢得尊敬，而你，却因为失败而令其他人以为是突厥民族的耻辱。不管突利可汗战胜还是战败，为了安抚其他可汗及属下将士，肯定会找一个人开刀。再加上突利可汗一直嫉妒你兵强马壮、英勇剽悍，威胁到了他的统治。说不定哪一天，他会随便找个罪名，把你除掉。

阿波可汗觉得长孙晟说的有道理，便派使者入隋，向隋示好，愿从此后，不再与隋朝为敌，永世纳贡，甘做"臣妾"！

长孙晟这一计谋得逞，直接把战火引到了突厥内部。突利可汗本来就和阿波可汗有怨隙，又见他归附隋朝，气不打一处来，决定采取"攘外必先安内"之策，先消灭阿波可汗再说。可突利可汗万万没想到，一旦他调转马头，就成了内战。突厥人打突厥人，自相损耗，正中隋朝下怀。

凑巧的是，突利可汗比隋朝想象的更绝。他先派兵趁夜袭击并占领了阿波可汗的牙帐，杀掉阿波可汗母亲。阿波可汗无家可归，只好投奔西可汗达头。达头引军从驻牧地伊犁河一带向南进军，阿波可汗自然跟随。沿途不少部落归附西可汗达头，其实力不断壮大，沙伯略（突利可汗）异常恼怒，引兵与达头可汗争战不休，双方实力均有消耗。

9

至此，长孙晟对突厥的谋略全部实现，使分立五个方向、各自占有领土的突厥因为自身利益冲突而自相残杀起来。杨坚做得更绝的是，一些弱势突厥部落遣使到长安表示降服，杨坚一一驳回，不予接纳。这显然是一种更残酷的政治：当他们团结的时候，去分化离间；当他们内乱的时候，拒绝他们的降服。杨坚及其谋臣盘算得十分精到，若是接受了处罗侯、阿波可汗的投降书，让他们成为隋朝的子民，那么，就意味着隋朝必须派兵帮助他们平定内乱。

杨坚当然不想介入突厥内部的战争，一则损耗兵力与国库，二则一旦出兵，就没了后退余地。突厥疆域之大，内部族别、派系林立，说不定其中哪一支会在什么时候临阵倒戈。

尽管突厥内乱，但沙伯略军队仍不时骚扰隋边。这也符合游牧汗国一贯的"以战养生，以战止战"传统。隋开皇四年（584年）六月，沙伯略军再次侵略幽州。幽州总管李崇率步兵三千人出击，转战多日，死伤过半，只好退守砂城顽抗。可因为城池残破，难以固守，再加上供给特别困难，只能靠夜半外出袭击突厥军获得粮食，由于突厥军防范严密，隋军饿死不少。

前是突厥，后无援兵。突厥又围而不攻，意在诱使李崇投降。李崇自忖此次难逃一死，在突围前，嘱托部下说，"我带兵出征，今军队丧失殆尽，自知有罪，也不打算求生，你们可以暂时投降突厥，日后要趁机会逃走。若能见到皇上，能把我的心意带到就行了"。李崇说完，独入突厥军中，砍杀多名突厥军士，身中数箭，血溅沙场。

这又是一个以身殉国的将军。可能此次作战李崇有失误，也可能是隋朝兵力分散而难以及时增援。但不管怎么说，李崇的壮烈与勇敢，体现了军人战死沙场、马革裹尸的铁血精神。此后不久，杨坚又派出名将高颎从今甘肃泾川出兵打击突厥突利可汗，接连取得胜利。

高颎应是隋帝国第一军事家和战略家，作战无不得胜。突厥内部见大势已去，纷纷归附。杨坚看时机成熟，一一接受。突利可汗审时度势，见自己身单力薄，又连遭失败，只好屈膝向隋朝求和。此前极力怂恿突利可汗倾全族之力进犯隋朝的千金公主也跟着妥协了，请求由宇文氏改为杨氏，并以杨隋宗亲的名义，与突厥和亲。这一次，杨坚爽快答应，并令人将千金公主编入杨氏宗谱,赐名大义公主。

隋又派虞庆和长孙晟出使沙伯略。沙伯略托病,对隋之诏书不予答拜。长孙晟上前说,"大突厥与隋均是大国,应平等相待。你的可敬敦(即皇后)已为隋帝之女,哪有女婿不拜翁丈的"。沙伯略这才起床,"跪受玺书,以戴于首。既而大惭,其群下相聚恸哭"。由此情景可以看出,沙伯略及其臣下对归附隋朝还是不甘心的。对他们来说,接受了隋之诏书玺绶,是万不得已的羞愧之事。这也比较合乎游牧民族的习性,他们虽然不以胜败为耻,却以家国成为他人附属为辱。

没过多久,沙伯略在与阿波可汗、达头可汗的战争中失利,于是向隋求救。隋不仅给予沙伯略物质上的帮助,且派晋王杨广率兵救援,并将俘获的人、物全部交由沙伯略。几个月后,沙伯略取得了内乱的最终胜利,对杨隋帝国感恩戴德,主动与隋朝勘定边界,甘愿"永为藩附"。之后,沙伯略病死,杨坚闻知,"废朝三日",并派太常长孙晟前往吊祭。

可以看出,隋文帝杨坚在处理突厥问题上,是颇有手段的。其一个显著特点是,能够随机而变,不囿于一种方式。在长孙晟"离强合弱"的前提之下,每个阶段都采取相应方式来应对。先是离间突厥五部,尔后又扶持阿波和达头可汗,而当突厥势力最强的沙伯略归附后,又与之联合起来,帮助沙伯略击败了内部的敌人。

千金公主也不是那种没心没肺的人。隋开皇十三年(593年),隋朝灭掉陈,将缴获的一幅屏风赐予大义公主(即北周千金公主),大义公主在屏风上写下了这样一首诗:

盛衰等朝暮,世道若浮萍。
荣华实难守,池台终自平。
富贵今何在?空事写丹青。

> 杯酒恒无乐，弦歌讵有声。
> 余本皇家子，飘流入虏廷。
> 一朝睹成败，怀抱忽纵横。
> 古来共如此，非我独申名。
> 唯有明君曲，偏伤远嫁情。

千金公主的这首诗歌堪与王昭君在呼韩邪单于死后，再嫁呼韩邪之子复株累若鞮单于（姓挛鞮，名雕陶莫皋）后所作的《怨词》相媲美：

> 秋木萋萋，其叶萎黄，有鸟处山，集于苞桑。
> 养育毛羽，形容生光，既得行云，上游曲房。
> 离宫绝旷，身体摧藏，志念没沉，不得颉颃。
> 虽得委禽，心有徊惶，我独伊何，来往变常。
> 翩翩之燕，远集西羌，高山峨峨，河水泱泱。
> 父兮母兮，进阻且长，呜呼哀哉！忧心恻伤。

尽管千金公主在文采上略输于王昭君，但其比王昭君更为通透，尤其是对王朝兴衰、世事嬗变体味之深刻，令人动容。杨坚闻听千金公主作此诗后，颇为不满，慢慢地，对她的赏赐也少了。

这又是一出悲剧，如西汉时期远嫁乌孙的细君公主、解忧公主，以及被南匈奴呼韩邪单于封为宁胡阏氏的王昭君。

而对于杨坚大隋政权来说，在边疆问题上，突厥只是其中一个势力较大的集团，两者隔长城相望，多个地区接壤，倾兵入寇或者纵马撤离都很方便。再加上游牧民族生产力落后，耕种与织造工艺匮乏，诸多生活、调味品，如盐等，必须从生产力较发达的中原地区获得，一方不予，一方必需，争夺和战争就不可避免。

此外，与隋帝国边疆接壤的还有其他一些少数民族，他们都是在中国历史上不断演进的游牧与渔猎族群，几乎在中原的每个朝代都出现过。到隋初，除突厥外，其他实力较强的民族还有吐谷浑、铁勒、靺鞨、契丹等。其中，吐谷浑亦称吐浑，原为辽东鲜卑慕容部一支。其先祖徒河涉归，生二子，一为吐谷浑，二为若洛廆，因名而族。其后世仍以慕容为姓。统治地区大致为今青海、甘南、新疆南部和四川西北地区，其中还包含了羌、氐部落。

铁勒又称狄历、丁零、敕勒、高车。自隋代起被作为除突厥以外的突厥系民族的通称。语言、习俗均与突厥相同。靺鞨在周秦时称肃慎，世居东北长白山，以渔猎为业。两汉至魏晋时，称挹娄，曾长期役属于夫余。北魏时期，改称勿吉。隋唐时期，又称靺鞨，有粟末、白山、伯咄、安车骨、号室、拂涅、黑水七大部落。其中以居住在粟末水，即第二松花江而得名的粟末靺鞨最为强大，有战士数千。粟末靺鞨败于高句丽，其首领突地稽乃率八部大众自今吉林四平西北内附于隋，被安置于今辽宁朝阳一带，逐渐同当地汉人融合。留在故地的粟末人则与白山、伯咄、安车骨、号室诸部靺鞨人后逐渐沦为高句丽附庸。

这几个游牧民族中，吐谷浑势力最大，与隋朝摩擦也最多。隋开皇元年（581年），突厥倾兵入寇，吐谷浑也趁火打劫，寇掠弘州。因弘州地僻人稀，杨坚下令废弃此郡治，后派上柱国元谐率兵出击吐谷浑。吐谷浑王夸吕倾全国之力迎战，但谋略不足，用兵不当，连遭元谐痛击，大为惊惧。

夸吕此人生性多疑且残暴，废太子后杀之。再立的太子疑惧不安，害怕再被父王废杀，权衡利弊，决定向隋请求支援。杨坚不予理睬，夸吕察知，再杀太子。夸吕再立太子诃惧谋划率部下向隋投降，遭到隋文帝痛斥："吐谷浑的伦理和其他人不一样，父亲不仁慈，儿子不尽孝，我大隋要是收了诃惧，不是助长他的恶逆吗？"诃惧接到回书，随即打消了投降隋朝的念头。隋开皇八年（588年），吐谷浑名王拓跋木弥与吐谷浑太子等归降隋朝。

隋开皇十二年（592年），夸吕病死，其子伏立继位，派无素奉表，并方物特产、美貌公主觐见隋文帝，表示愿意藩附，献女以充实文帝后宫。但杨坚没有答应吐谷浑献女充实后宫的请求，还说了一番仁义道德的话。此后不久，吐谷浑内部发生矛盾，伏立被杀，其弟伏允成为新王。伏允派人至隋朝，说明内乱原因，并请求文帝赐女为可敦，以为翁婿。文帝从本族王公之中择女下嫁吐谷浑。

10

突厥也好，吐谷浑也好，其失败和被削弱固然是隋王朝的原因，但更多是自身内乱所致。杨坚对边疆民族"离强合弱"的政策对唐帝国有着持续的影响。杨勇、杨广二人在对陈和突厥作战中也功勋卓著，其军事才能可见一斑。但是，封建王朝最大的失败之处常常不是因外敌入侵、自身腐败和不能适应历史演进之规律不断兴亡等表面原因，其本质在于：统治者只是把人当成工具，而不关照人本身，只是把人作为一种为自家王朝服务的专用人才，而不是对每个人的尊严、自身生活和精神要求都予以保护。因此，"其兴也勃焉，其亡也速焉"的铁律不仅适用于生产力及政治体制较为落后的少数民族，同样也适合于正统的封建帝制王朝。

解决了上述两个实力较为强大民族的问题，隋朝开始了一系列的励精图治。就杨坚本人而言，他可能是继汉武帝、汉光武帝、魏孝文帝之后最伟大的一个皇帝，也可以说是5世纪到9世纪初世界上有为的皇帝之一。他早期的隐忍晦匿、处心积虑，与后来的躬履俭约、勤政恤民，形成了鲜明比照，这也是众多成功政治家经常重复的一条人生道路。但在当时北周朝内，若不是杨坚取而代之，其他人也有可能做得比杨坚更甚，其中的赵王宇文招、齐王宇文宪等人都是有条件的。

杨坚能成功以隋代周的原因包括五个方面：一是得益于他做皇后的女儿；二是得益于李德林的从旁运筹；三是得益于其知人善任；四是得益于其善于针对不同现实，躬行实践，不以无妄之为，行逆民倒悬之事；五是其善纳忠言，并予以臣子行使职权的余地。

若要论及杨坚的主要功绩，统一全国是其一，实行多项改革，制定开皇律等也是其中一部分。但归根结底，这些功绩起初都是为了"家之天下"服务的，当然也有力地促进了社会进步和生产力提高。此外，杨坚及其隋王朝另一个伟大的功绩，就是再次打通了自东汉末大部分时间处在断裂状态的丝绸之路。

所谓丝绸之路，至今仍沿用德国地质学家李希霍芬所称。关于这条道路的起源，一般认为起自于张骞、甘英，另据考古及史学证实，至少在公元前8世纪左右，中原与西域诸国已经有了文化和物质交流之行为，佐证为1980年在陕西周原发现的两件西周时期的蚌雕人头像，其特征为高鼻深目、头戴高帽，应当是居住在中亚地区的塞种人像。

但不管怎么说，中西通过陆地大规模碰撞和交流的时期，应当从西汉开始。击逐匈奴，控制西域后，西汉政府设立了大鸿胪，专门负责此类事务。并在敦煌以西、新疆伊犁河等地先后设立西域都护府，负责调停西域诸国之间的事宜，监督本地区国家和部落的政治和军事行为，收受供奉。东汉时期，丝绸之路一度被中断，但又有班超、班固、班昭等人对西域诸国乃至中亚的探访和开拓。特别是班超，曾率三千人独战北匈奴使其败走，收服鄯善、精绝、且末、于阗、焉耆等城郭诸国，一时间，西域五十多个国家慑于汉威，归附于东汉。《后汉纪卷二三》记载，东汉最强盛时，曾有三十多个国家的质子长期居住在长安，经略西域，班超之功勋自东汉至天下一统的大隋以来无人可及。

陈寿《三国志·魏志》也有关于"龟兹、于阗、康居、乌孙、疏勒、月氏、鄯善、车师之属,无岁不事朝贡"的记载。2000年2月18日《光明日报》载李并成《古丝绸路上的大海道》一文说:"右道出柳中县界,东南向沙州一千三百六十里,常流沙,人行迷误,有泉井咸苦,无草,行旅负水担粮,履践沙石,往来困弊。其开辟可上溯至曹魏时期。为右道。《魏略·西戎传》:'从敦煌玉门关入西域,前有二道,今有三道。……从玉门关西出,发都护井,回三陇沙北头,经居庐仓,从沙西井转西北,过龙堆,到故楼兰,转西到龟兹,到葱岭,为中道。从玉门关西北出,经横坑,壁三陇沙及沙堆,出五船北,到车师界戊己校尉所治高昌,转西与中道合龟兹,为新道。'龟兹即今库车,葱岭就是今之帕米尔高原,戊己校尉治所设在高昌。在汉代已有的'中道'基础上开辟出的敦煌至高昌的'新道'即为大海道。"

《北史·吐谷浑》中有西魏凉州刺史史宁觇截击吐谷浑使齐的使团,俘获商胡、将军及其财务的记载,其中的商胡,应当是丝绸之路上的主要流动者。即使战乱年代,这些以逐利为主要目的的商人也甘冒凶险,从丝绸之路某一处出发,到彼时的中原王朝核心或富庶之地,以买低卖高、奇货可居为主要手段,为自己或者部落积累财富。

这些官方、宗教、商旅于丝绸之路上的往行记录充分说明,自古以来的丝绸之路并没有因为王朝更替、民族战争而中止,即使在纷乱的战火与铁蹄中,这条源自洛阳、长安,直通西域,穿越中亚,直达古罗马帝国、波斯和拜占庭帝国的伟大道路上,始终蹒跚着满面尘沙的行人,马蹄不断撩起黄尘,驼铃敲打着空旷大漠。

杨坚以隋代周,其卓有成效的政治运作机制,敢为国家赴生死的将军们,使得杨隋王朝在较短时间内完成了统一。当政治、经济和军事力量足够威慑四夷，北疆和西域的大门自然也随之敞开。说杨坚的另一个功绩是再次使得丝绸之路畅通，并不是溢美之词。因此，不论是杨坚对北疆诸民族的征伐和安抚，还是杨广毕生致力于帝国疆土开拓的实际作为，都可以被看作汉武雄风的再造和盛唐风度的前奏。如陈寅恪言："李唐传世将三百年，而杨隋享国为日至短，两朝之典章制度传授因袭几无不同，故可视为一体。"

西行千里：杨广巡行张掖

在巴丹吉林沙漠工作的时候，张掖是我常去的地方。年少时，只知道张掖与汉武帝及其干将霍去病有关。没想到，连历来被人唾骂不休的隋炀帝杨广也曾在张掖上演一场堪称宏伟壮观的精彩大戏——"万国博览会"。在读他的史料的时候，我忽然觉得，杨广也是一个狂妄梦想的实践者。尽管他因此而功勋后世、名垂千古，但也因此而不得好死，葬送隋朝不说，还被人唾骂至今。但在这个世界上，除了杨广，谁还能在奢靡中不忘天下，醉心于开拓疆土，梦想将王朝的边疆延伸到自己想要的地方呢？也还有哪个亡国之君，在明确无误的失败与死亡面前，对镜自嘲，且始终优雅从容，没有半点怨艾与歇斯底里呢？

隋仁寿二年（602年），与杨坚恩爱一生的独孤皇后（独孤信第七女，名伽罗）病死，杨坚深为悲痛，自此无意于其他姬妾。杨坚为此自我标榜说："前朝的许多皇帝王侯，都失败于溺爱不好的女人之上，特别是在王储废立这件事上，都坏在了女人身上。我身边没有其他嫔妃，五个孩子都是一个母亲所生，可真都是亲兄弟。前朝那些女人尤其多且孩子一大堆的君王，因为女人争宠，亲生和庶出的孩子们之间相互不服气，为皇位争斗甚或残杀，这都是亡国的主要原因和兆头。"

可惜，他说此话的时候，眼皮底下，孽子怨诤已经如火如荼了。他本人也绝对没有想到，这些话竟成了一种谶语和暗示。

因为出生得早，北周时期，杨勇就因杨坚之功，就像杨坚得益于父亲杨忠一样，很早就获得了封赏，先后拜大将军、左司卫并封长宁郡公，出任洛州总管、东京小冢宰、上柱国、大司马，领内史御正等职。这当然是杨坚荫蔽的结果，更是和当时关陇武将集团在朝中的势力，乃至当时政体性质有关系。

开国之初，自军国政事及尚书所奏死罪以下，杨坚都要杨勇参与决断。这是着力培养接班人的步骤，让杨勇参与政事决断，其意思是，我来做，你要看；你不仅要参与，还要学习实践，日后成为皇帝，就可以更好地统领天下，使杨氏大隋传之久远。

杨勇也确实有才干，如安置山东流民的问题，就显示出其性情宽厚、体恤安民的性格。杨坚本想把这些流民充实到北方，以巩固边防，但杨勇进谏说："恋土怀旧，乃是人之常情。生民颠沛流离，本就是情非得已的事情。今天下初定，疮痍未复，应使百姓安居乐业，沐浴皇恩。如今边塞虽然蛮夷猖獗，但有坚固的城墙，将军镇守，没必要迫使民众流徙。"

杨坚深以为然，遂罢此议。

杨勇"好学，喜词赋"，但有三个缺点：一是喜好奢侈浪费，且不知掩饰；二是多内宠，男女皆有，也不低调；三是行事不避嫌，不知隐忍成事。正是这三点，导致了他被废再而致死的命运。

先说第一个，喜好奢侈是杨坚所厌恶的。杨坚一生简朴，当了皇帝后，更恨臣子贪污、奢华。杨勇正好与之相悖。经人添油加醋后，杨坚由喜欢杨勇渐而疏远之。

第二个，年轻人或者贵族喜好声色，选储内宠及姬妾是一个方面。偏偏其母亲独孤皇后又生性狭隘，好嫉妒，甚至有点变态。别说杨勇如此，就是杨坚看上宇文迥的孙女，陪侍没多久，就被独孤皇后"阴杀之"。更可怕的是，独孤皇后也见不得他的臣子们纳妾、再娶。如果有人那样做，独孤皇后必定要杨坚罢了那人官职，或者给予惩罚才行。

第三个，杨勇直率，待人笃实，不拐弯抹角。被立为皇储之后，某日，百官觐见杨勇，杨勇设鼓乐接受，搞得很是热闹排场，杨坚对此心中不悦。这老头子想，这不是在提前继位吗？你杨勇这么做，把我老头子放在何等位置？由此，对杨勇也有了看法。

某一日，杨坚要选一些强健侍卫入宫听用。众臣皆不言，偏偏功高震主的高颎出来说了一番话，不仅使得自己受到了杨坚的猜疑，且无意中连累了太子杨勇。高颎对杨坚说："陛下抽调侍卫入宫，东宫（太子居东宫）的侍卫就很差了。"杨坚怀疑高颎别有用心，甚至图谋不轨。为什么呢？因为高颎的儿子娶了杨勇的女儿为妻。

杨坚生性多疑，史书上说他"天性沉猜"，意思就是与生俱来地喜欢琢磨人、猜疑其他人。这和他在北周前期凶险的政治生活不无关系，以致当了皇帝后，也生怕臣下如他一般，再来个取而代之。高颎这个人的谋略、武功和文采，在隋初是独一无二的，平定北齐，伐陈兴国，远征突厥，修章建制，几乎样样在行。可惜的是，他遇到了杨坚这样一位得天下后即令烹走狗的君主，也算是不幸的。

但古来名将勋臣，鲜有好下场。高颎此后不得信用。几天后，杨坚就把功臣高颎贬为庶民。此前，高颎也生怕遭到猜忌，一再辞官，杨坚怕其他臣子说他不够仁义，没答应高颎要求。这一次，他终于找到借口，将高颎免去官职，杜绝了高颎与杨勇联合谋逆的可能。

但比他处境更惨的则是太子杨勇，不仅父亲杨坚猜忌他，母亲独孤氏也做得非常离谱。杨勇有两个比较宠爱的女人，一个是其母亲给他撮合的元妃，一个是云氏。元妃端庄稳重一些，也常劝杨勇要懂得隐忍，以便在杨坚百年之后顺利继位。也可能是元妃的劝诫方法有问题，杨勇不大喜欢听从。云氏则年轻俏丽，也深谙风月之事，但不大关心政治。二人相比，杨勇更喜欢云氏。而独孤皇后却认为云氏不够稳重，日后难当皇后大任，要杨勇立元氏为妃子，以后少接触云氏。

这样的做法似乎有些过分，儿子和哪个女人相处得好，那是儿子的事情，只要不乱了纲常，做母亲的最好还是尊重当事人意见。可独孤皇后偏不，非要从中插一杠子。这时候，杨广出马了。这个善于伪装的人，本来比杨勇更声色犬马，喜好淫玩，可他是铁了心要扳倒杨勇，其目的只有一个，就是把太子之位夺过来。

至于杨广这个人，当然是一个不简单的主。"美姿仪，少聪敏，高祖及后于诸子中特所最爱。"十三岁时，杨广就写得一手好文章，且对朝中每一个臣子都十分敬重，赢得了大片人心。和杨勇行事嚣张不同，杨广极会察言观色，投其所好。凡是杨坚和独孤皇后喜欢什么，他一准喜欢什么；凡是父皇和母后厌恶的，他一定要厌恶。如杨坚喜欢简朴，杨广就故意弄断琴弦，并使之蒙尘。杨坚和独孤皇后看到后，更对杨广好感颇多。

独孤皇后不喜欢男人用情不专，杨广就守着一个萧妃，再不另选姬妾。这萧妃也是一个颇有政治头脑的女中豪杰，与杨广一唱一和，天生的夫妻相。杨勇受到杨坚和独孤的厌弃，这其中当然有杨广的"功劳"。事不凑巧，杨勇的元妃得心脏病死了。独孤皇后认为，这里面定有蹊跷，便派人盯着杨勇。此后云氏独占东宫，一人之下，万人之上。接二连三地生孩子，先后有宁王杨俨、平原王杨裕、安成王杨筠。不仅如此，杨勇的其他妃子如高良娣生安平王杨嶷、襄城王杨恪，王良媛生高阳王杨该、建阳王杨韶，成姬生荣川王杨煚。这还不算，杨勇还和宫女生了杨孝实、杨孝范。儿子一个接一个生，而且不是出自同一个妃子，性好妒忌且狭隘的独孤皇后为此而痛责杨勇，因此下诏说："后庭有之，皆不育之，示无私宠。"

偏妃生子成了太子杨勇的罪孽，使独孤皇后大为不满。更要命的是，独孤皇后还在枕边吹风，把杨勇说得一无是处。正当此时，杨勇仍不收敛，在父皇母后心中的地位一再下落。杨广呢，则加大戏码和逼真度。

女人耳根子软，传闻多了，说杨广好话的多了，独孤皇后就信以为真了。她对杨坚说："杨广是个大孝子，你派出的官员去他处，他出城迎接，每次谈起自己远离朝廷，不能随侍父母，就非常伤感。他的王妃也很可怜，广儿忙于公务，根本没空理睬她。哪像勇儿那样，终日宴乐，不务公事，亲近小人，远离贤德。"

正当这时，杨广由守地扬州回京，见到母亲时，他装作一脸慌张和谨慎，对独孤皇后说："太子对儿存有异心，屡次派人刺杀为儿，让儿十分惊恐。"独孤皇后听后，不假思索，对杨广说："我看你大哥已不成器，抛开正室，专宠云氏，有我在他尚且敢欺负你们兄弟，倘若他成天子之后，太子庶出，你们兄弟还得向云氏那样一个女人俯首称臣！"

隋开皇十二年（600年）十月，隋文帝在独孤皇后主张下，以太子"情溺宠爱，失于至理，仁孝无闻，昵近小人"之罪名将其废为庶人。一个月后，在独孤皇后的授意下，晋王杨广被立为太子。

这是一条步步为营的屠杀之路，也是生死之路。得胜者只待文帝杨坚驾崩，好君临天下，统御四方。杨勇被废，其实是独孤皇后一人之力，杨坚只不过是有力的推手和实际执行者，当然，还有杨素、元胄等人推波助澜，诬害构陷。废太子杨勇时，朝中大臣大都闭口不言。其中一部分人是被杨广收买了的，一部分人是不想掺和杨家私事，还有一部分人害怕杨坚将自己脑袋砍掉。唯有作为左卫大将军、五原公元旻上书说，逸言听不得，一旦废除了太子，要后悔也来不及了。

赋闲在家的裴肃（今山西闻喜人）也上书请杨坚三思。杨坚对此均不理睬，而是令东宫姬威陈述太子罪行。这个姬威，原是杨勇的幸臣，后被杨素收买。在大殿之上，他莫须有地对杨勇进行了指证，使得杨勇及其儿子全部被囚禁，后废为庶人。元旻、唐令则及杨勇东宫所属邹文腾、左卫率司马夏侯福、典膳监元淹、吏部侍郎萧子宝前主玺何竦被处斩，与杨勇亲近的诸多将军臣子受牵连，或被赐死，或被贬为庶民。文林郎杨孝政劝说杨坚三思，杨坚令人猛捶他的胸脯。李纲（字文纪）也曾痛哭流涕劝谏杨坚，杨坚看他确实出自于忠心，没有治他的罪。

这一场风暴，在隋朝内部刮得异常猛烈，其结果是诸大臣们早就料到的。杨广晋位太子，杨勇及其党羽花果凋零。这种人身依附关系，向来是皇权官场的一个特点。因为依附，才会得势；因为依附，也才会受到株连。废杨勇后，不知道杨坚自己有没有觉得此事不妥，是否有过反悔之心。但有他在，杨勇是不会死的，他囚禁杨勇后，还给予杨勇以五品官的待遇。杨素、元胄等人，因为构陷杨勇有功，得到了赏赐。而杨坚自己怎么也没想到，置他于死地的不是杨广，而是杨素。

杨素是陕西华阴人，士族出身，祖父杨暄，当过北魏辅国将军、谏议大夫。父亲杨敷为北周汾州刺史。《隋书·杨素列传》说他："少落拓，有大志，不拘小节。"时任北魏丞相（尚书仆射）的杨宽说他："做事和谈论学问逸群绝伦，必定是非常之器，不是我等所能比得了的。"杨素也确实很优秀，知识渊博，文章和书法都很好。北周将亡时，杨素见杨坚权倾天下，便逢迎投靠，后在隋灭陈时有功。构陷杨勇，极力撺掇杨坚废除太子杨勇的是他，促使杨坚诛杀孙子杨秀之子的元凶是他，平定杨谅反叛的也是他。但杨素最大的功绩，似乎就是促使杨广登上帝位这件事了。

从内心讲，杨广是不讨人喜欢的。他最讨人厌的并不是他动用全国之力开凿运河、修筑宫殿、劳民伤财三征高句丽、南巡北狩这些事情，而是他把杨坚一手建立起来的隋朝给弄丢了。杨坚的隋朝是备受鼓舞的，他的功业并不比唐太宗李世民逊色，只是在屠戮功臣、生性猜忌方面，不尽如人意，且导致了他的王朝也和秦朝一样，不过三十年就转手易人。同情者为之哀叹，妒恨者为之庆幸。其实，盛唐也是以短隋为其根基的。

杨坚颇具才干的三子杨俊在外任之地病死。不久，因为逸言，杨坚又把他的第四个儿子杨秀废为庶人。隋仁寿二年（602年）十月，与杨坚恩爱并相辅一生的独孤伽罗皇后死去，杨坚为此十分悲伤。其原因有两个：一，两人确实情义笃深，恩爱半生，尤其是在北周时期，想来独孤伽罗在政治上和身心上给予了杨坚不少安慰和激励；二，独孤伽罗皇后不仅是杨坚的爱妻和皇后，还是其重要的政治同盟和智囊。也因此，在宫中孤独多年的宣华夫人（陈宣帝陈顼之女）才过上了两年比较充实的生活。因为宣华夫人逐渐受宠，宫中诸事也可以全由自己做主并支配其他人。此外还有一个荣华夫人蔡氏。二人可能是杨坚人生最后时光中的伴侣，甚或只是独孤皇后的情感替代品。

隋仁寿四年（604年）正月，杨坚照常临幸仁寿宫，这是宣华夫人住的地方。当他处理完政事，正要摆驾仁寿宫时，身边的章仇太翼劝他说："皇上还是别去了，要去，可能就再也出不来了。"杨坚大怒，将章仇太翼投入监狱，说是从仁寿宫返回后便杀之。几天后，大概是鬼使神差，杨坚下诏说，凡是赏赐、财政之类政事，全部交与杨广处理。四月，杨坚觉得身体大为不适。六月，杨坚大赦天下。七月，杨坚病情有所加重，时尚书左仆射杨素、兵部尚书柳述、黄门侍郎元岩及宣华夫人陈氏、荣华夫人蔡氏等人被召入内，后又召杨广进宫司药。

当日，杨坚驾崩。

这是一个谜团，至今众说纷纭。综合起来，说法主要有三个。一是杨广进宫司药，见宣华夫人，即调戏并强奸之。宣华夫人告诉杨坚，杨坚怒，召杨勇。杨广、杨素和张衡在万分危急之时，急中生智，将杨坚毒死。二是杨坚虽病，但仍旧与宣华夫人、荣华夫人亲密过度，可能因为过度兴奋而至暴亡。三是杨广见杨坚病危，随时都有可能"驭龙宾天"，为防止因皇帝死亡发生变故，就写了一封信给杨素。结果，送信的人把信件送到了文帝杨坚手中，杨坚怒极，说："独孤误我！"遂令杨素等人传杨勇。杨素急告杨广，杨广入内，将其他人赶出后，杨坚即死。

这是历史的谜团，其实也是政治的和人性的谜团。杨坚的死，只能代表一个人在其王朝和那段历史中的作用力完全消亡，世界如旧，隋朝如旧。但隋朝最终灭亡，其祸根还是杨坚亲身种下的，杨广不过是推波助澜而已。但若从整个历史轨迹来考察，杨坚固然有屠戮功臣、好血嗜杀，废学校、轻教育，生性沉猜、所托非人等等弱点和失误，但每个人都不是完美的，杨坚也不能例外。

隋灭南陈后，许多人盲目地认为从此以后便天下大同了，房玄龄的父亲房彦谦却私下对人说："杨坚那个人太好猜疑，不怎么听从正确的建议，他立的太子是一个小人，其他王子又争权夺利、耀武扬威；制定的政策都是十分苛刻和严酷的，没有实行什么安抚人心、稳定天下的措施。全国看起来稳定了，实际上已经有了很多的危机和乱局。"（《旧唐书·房彦谦传》）。当时，房玄龄还年幼，也对他父亲说："杨坚本来没什么功德，篡位为帝，就知道欺骗老百姓，而且，他还不想国家长治久安的方法，几个王子亲生庶出混淆不分，一个个争着奢侈和淫乐，最后只能导致相互算计和诛杀，虽然现在看起来举国承平，但他的灭亡也指日可待。"

房家祖孙三代，历三朝，皆为显赫人物，至房玄龄子嗣房遗直、房遗爱、房遗则三兄弟时，却因为一个皇室成员——高阳公主，闹得鸡犬不宁，最终被手腕高明的长孙无忌一并杀害。人生真是奇诡，房家三代皆通透睿智，后代却因此而自相残杀。房玄龄生前也曾嘱咐其子，并将古来贤训亲手写于屏风上，交与三个儿子，嘱咐其一定要时刻牢记，善自珍重。可还是没有避免因内讧而被他人戏弄屠戮的下场。作为臣子，房玄龄之后，未必如杨坚之后更好。

杨坚驾崩以后，杨广理所当然君临天下。除了杨谅之外，其他几个兄弟在杨坚时代就都倒下了。不是被废，就是病死，再也无法对杨广构成威胁。所以，隋朝的皇帝非杨广莫属，尽管其中有一些悬念，但杨坚眼睛一闭，世界上所有的东西都与他无关了。办完了皇帝丧事，杨广就如愿登上了皇帝宝座，开始了他为期十五年的皇帝生涯。

杨广因这十五年的皇帝生活而不朽，也因此备受唾骂。从实而论，杨广功大于过，他继续的是一个伟大时代，与后来的盛唐至今还在人间镌刻有浓重的痕迹。这其中不仅有开凿大运河、开设科举制、创立天朝体系、发展教育和文学艺术等方面，还有至今留存于人类文明当中的那些与其他朝代迥然有别的时代痕迹。唯有这些，才是永恒的。除此之外，杨广应当是上百位皇帝之中最有个性的一位。他工于心计，但又不乏率真；他穷兵黩武，却有着实际的作为和超越时代的雄心；他自掘坟墓，但至临死前都是清醒的；他有着狂大的梦想，却在失败面前始终不肯妥协。这是一个极其复杂的皇帝，一个多面体的人。只是，对于历朝历代的人而言，或许只是借鉴了他的失败经验，而没有真正地把杨广作为一个有意思的人来看待和研究。

直到今天，读史者于此，仍忍不住为他这样一个人感叹，无论从哪个方向看，隋炀帝杨广，成也是他，败也是他。除此之外，在中国历史上，恐怕再难找出与之雷同的另一个王朝皇帝。

杨广可能是千古以来最伟大的失败者之一，他狡黠而率真，暴虐而隐忍，狂妄而清醒。在他那个时代，每个出身贵族的人似乎都聪明绝顶，且"美姿仪，少敏慧"，博通古今，文采出众，谋略与武功样样都好。最大的因由可能是，在民族大融合的年代，种族之间的联姻成为一种常态化的生活习俗。那个时代，不管哪个民族，都没有预设的藩篱与某种信仰的禁忌。杨广母亲独孤伽罗是鲜卑族，杨坚虽然被宇文护赐鲜卑姓，但在以隋代周之后，以正宗汉族人自居。有史学家说，杨坚在关键时刻挽救了汉族，这种说法显然狭隘了一些，但站在民族的立场来考察，其是可以站住脚的。

再后来，我还从史书上看到，杨广也和他的父亲杨坚一样，在对西域乃至丝绸之路的开拓和维护上，都是不遗余力的。相比之下，杨广比其父更甚，目光更加长远。刚刚上台的杨广在下令修建东都洛阳的同时，就先后派出官员，对日本、高句丽、西域乃至中亚进行探访。其中，李昱、杜行满、韦节等出使中亚，这是继张骞、甘英、班氏家族、法显之后，东方帝国再一次对丝绸之路的开拓，是隋帝国的眼光和胸襟的另一种体现。杜行满、韦节等人先后到达克什米尔、阿姆河流域和波斯帝国。这一次探查，使得隋帝国再次证实了自洛阳和长安向西，翻越帕尔米高原后，确实有更广阔的世界存在。

杨广的军事才能在先前的平陈战争中已经得到充分证实。杨广二十岁拜兵马都讨大元帅，带五十一万大军南下，并贺若弼、韩擒虎等著名将领，在苻坚遭遇失败的长江天堑，杨广顺势渡江，一路奔去，势如破竹，且律下严格，秋毫无犯，时人"皆称广以为贤"。迁都洛阳，大兴土木之举，也被后世拿来作为证实杨广骄奢淫逸的证据之一。而在那个儒教教育并不十分牢固的年代，道术及风水也有着自己的受众与信奉者。杨广自然是，后世的李唐、赵宋、元、朱明、爱新觉罗氏也都是。杨广以为洛阳是"自古之都，王畿之内，天地之所合，阴阳之所合，控以三河，固以四塞"（《隋书·帝本纪》），这会有利于王朝统治。遂令尚书左仆射杨素、将作大监宇文恺等人役使民众营建东都，"发大江以南五岭以北奇材异石，输之洛阳，又求海内嘉木异草，珍禽奇兽，以实园苑"（《资治通鉴·隋纪》）。

同年，杨广下令开挖大运河，以人力将钱塘江、长江、淮河、黄河、海河连接起来，使彼时至今的中国因为一条人工运河而实现了血脉流通、结为一体，打破了黄河和长江两个文明界限。这一作为，除了始皇帝营建的长城，再也没有哪一朝的皇帝有此奇思妙想和壮丽气魄。这一工程设计之先进，迄今仍被世人叹为奇迹。

"狭殷周之制度，尚秦汉之规摹。"（《隋书·炀帝纪》）这可能是杨广此一系列作为的真实评价。杨广肯定也想效仿周王朝，崇尚始皇帝嬴政之强力作为，甚至有过之而无不及。其开创的科举制、创立的天朝制，对后世封建统治有着决定性的影响。

除此之外，杨广最大的功绩就是对边疆不遗余力、近乎痴迷的拓展，尤其是再度平定西突厥，收服吐谷浑，击败契丹，建西州（吐鲁番）郡等作为，这在东汉之后也是第一人，唯有他的朝代敢如此作为，尽管他的时机不对。可能杨广的内心始终有一种"只争朝夕"的紧迫感，他想要把一切至伟功业在自己手中完成，容不得以后和他人来做。

杨广继位之初，西部的突厥大部分降服，但西突厥、契丹和吐谷浑还不驯服，时常骚扰边境。尤其是东西突厥之间，虽然沙伯略已死，但两者之间的军事斗争仍不间断发生。

边疆民族性格桀骜，弱时退，强时进。早在隋开皇二十年（600年），东突厥大乱，都蓝可汗被部下所杀，西突厥达头可汗趁机占领漠北地区，改称步迦可汗。之后，西突厥步伽可汗派其侄子思力俟斤越过黄河，袭击启民可汗所部，掳走六千多人口、两千多牲畜。启民可汗染干向隋求援，杨坚即令杨素带兵出云州道追击。

杨素这个人也是大奸大忠，军事才能也很了不起，长期对突厥作战，摸索积累了一套经验。再向西追击西突厥军队时，以一鼓作气之势，迫使思力俟斤不敢回头迎战。一场大战，思力俟斤大败。杨素也没有孤军深入，将被掳的东突厥人口和牲畜追回后，即刻返程。

隋大业元年（605年），正值隋炀帝大兴土木、开凿运河之时，契丹（居辽河一带）不时侵扰营州。隋炀帝诏令通事谒者韦云起（今陕西周至人），独自一人去东突厥向启民借两万骑兵。启民可汗依附于隋，不敢不听，遂派出两万骑兵，由韦云起节制。为解决突厥兵不听汉将军命令、军心容易散漫的问题，韦云起带兵出发前，即命令军士无公事不得骑马驰骋。其中一位突厥兵并没有当回事，在途中违犯此令。韦云起即刻将之斩首，自此以后，突厥兵见到韦云起，都不敢抬头看他。

韦云起将两万突厥骑兵分成二十个营，共分四道，每营相距一里，不得交杂。教令士兵闻鼓而行，闻角则止。契丹原依附于突厥，见来者是突厥军，也没有防范。韦云起令军士诈称借道去柳城和高句丽人做一笔生意，契丹军信以为真。当天夜里，已经深入契丹境内百余里的韦云起突然挥军返回，契丹军大败，"尽获其男女四万口，女子及畜产以半赐突厥，余将入朝，男子皆杀之"。杨广大喜，褒奖说："云起用突厥而平契丹，行师奇谲，才兼文武，又立朝謇谔，朕今亲自举之。"破契丹之后，突厥与隋朝的关系一度紧密无间。

为了加强边疆防御能力，杨广下诏，在全国征发男丁一百多万人，修筑西距榆林、东至紫河之间的长城。东突厥启民可汗染干（处罗侯之子）带安义公主觐见杨广，杨广盛情款待，安排了内容丰富的歌舞和杂技演出，并赐以"绫罗丝绸"，尽显天朝之繁荣富裕。启民可汗很是感动，对天朝的仰慕之情无以复加，当场要除去自己民族服装，从此以后穿戴杨广赐给他的冠带。这并不是虚假表演，启民可汗便经常穿戴汉服。

隋大业四年（608年），隋将薛世雄带兵进驻伊吾，负责商贸事务。薛世雄很迅速地在伊吾建造了一座新城。这种威慑和归附，自北魏以来，是绝少见到的。其中最大的砝码和慑服力就是综合国力的强盛。但7世纪初的强盛和富裕也给杨广造成了某种心理假象，他以为国内已经平安无事，只需要加强政治改革、兴办教育与做好经济建设就可以了。也许杨广也总是以为，国力民财是取之不尽的，无论再怎么挥霍，穷兵黩武，也不至于官逼民反，毁掉基业。

再说西突厥，这时候，他们居住在都斤山、越金山等地，龟兹、铁勒、伊吾及西域部落纷纷归附，内部的变化也很大。早年间，阿波可汗被隋擒杀后，部众推举族人鞅素特勤为泥利可汗。泥利可汗实力弱，只好依附于势力较大的达头可汗。不过几年，泥利可汗之子处罗可汗又强大起来。达头可汗死，他的孙子射匮反过来又依附于处罗可汗。处罗可汗为了防备、牵制周边各个民族部落，在石国（乌兹别克斯坦塔什干）、应娑（鹰娑川）又分立了两个小可汗，"分统各部"。

这时候的铁勒，是一个以主要契苾、薛延陀二部建立起来的部落联盟，分别附属于东西突厥，处罗可汗对他们进行残酷压榨，"厚敛其物"。铁勒部对此早已不满，酝酿反叛，恰巧处罗可汗又借故杀了薛延陀的一个渠帅及其部下数百人。铁勒各部气愤不过，联合起来反抗处罗可汗，并大获全胜。

隋帝国知道这一情况后，遣崔君肃前往，以东突厥归附隋帝国为例，进行劝降。处罗可汗因思念其汉族母亲向氏而归附隋朝。在这一系列的作为中，起主导作用的人物就是裴矩。裴矩是一位睿智、博学、善谋、善为的臣子，在隋帝国，裴矩肯定是独一无二的西域通。不仅如此，他还对东南、西南和东北等地的地理和民族了如指掌。

裴矩先前被派遣到张掖，总督当地事务，联络胡商，以利于帝国贸易。裴矩这个人不偷懒，恪尽职守，在张掖几年，他走遍了丝绸之路所有的贸易站点，掌握了一些珍贵的资料和一手情况，他还深入敦煌、伊吾一带，对通商、民族、风俗、地理等情况进行了深入且全面的勘察了解，撰写了《西域图记》三卷本，上奏杨广。

裴矩对杨广说："皇上您顺天应人，恩泽众生，不分中国还是外族，所以，凡天下人，不管是内地子民还是游牧之众，没有不被感化的。凡是能够知道的地方，都会派人来我天朝朝贡，即使最远的地方，也都会来。"这明显是奉承，也有投其所好、鼓励其为的嫌疑。不仅如此，裴矩还历数秦汉、先人功绩。最后讲了他在张掖的作为以及西域和中亚诸国的详细情况。裴矩的这种作为，对隋炀帝决心开拓西域，再度拓展其疆域，保障丝绸之路通畅方面的决策，提供了至关重要的信息支持。

反过来看，若是以此作为促使隋灭的一个因素也不为过，毕竟经略西域要大动干戈、耗费财力和人力，这对于刚刚营建东都、开凿运河、征伐东南和北疆的新生隋帝国来说，压力是足够大的。听了裴矩的一番话，杨广很高兴，赐给他绸缎五百段，每次上朝，都让裴矩和自己一起坐在龙榻上，亲自询问西域诸国的事情。裴矩说，那些部落和国家盛产宝物，吐谷浑也很想把他们占据。杨广遂下定决心，把开通西域，与外部落和国家的一切事宜，都交给裴矩来办理。

杨广本来就是一个有雄心的皇帝，对未知世界总是充满好奇。这可能与他诗人、文章家、冒险家的品性有关。裴矩的奏言，不仅说明了当时西域今新疆境内的一些民族基本情况，同时还对由中亚通往西方的道路进行了描绘。他不是要杨广使用武力手段，而是运用帝国的财富和威望，使之影响更远。裴矩的这一主张，是和中国古丝绸在中亚和欧洲所起的实际作用是一致的。而司马光等人编著的《资治通鉴》中斥责裴矩："都是裴矩让隋朝四处用兵，连续打仗，致使国家疲敝，不久就因此而亡国了。"然而，北宋是一个军事保守的时代，司马光本人也更保守，他的评价放在历史长河中是不足为观的。

正如裴矩对杨广所言，隋帝国时期，商业贸易已经开始红火的丝绸之路上还有许多不安全因素。由于西突厥、铁勒和吐谷浑的威胁，许多商贾只能绕道，多走冤枉路。若是要确保这条道路畅通，就必须全面控制，不能让商贾在途中受到威胁，以致无形中减少帝国贸易的收益以及声威。

隋大业三年（607年），隋炀帝西巡至榆林，受到了东突厥启民可汗的盛情款待。杨广当然也不会吝啬，一次性宴请东突厥各部首领多达三千五百人，并赐予启民可汗绸缎一万二千段。这可能是有史以来最大的一次中原帝国与边疆民族的宴会。时名将高颎、贺若弼劝谏说，这样做过于奢侈了。杨广恼怒，将他们处死。从这一点看，杨广是地道的昏君，杀人随性，不辨好坏，其亡无可怜悯。但从杨广性格来看，他就像是一个时下流行的富二代、官二代，炫耀成分多，而正当他在被赐予者面前炫耀得意的时候，高颎和贺若弼不分场合出来劝谏，致使杨广的这小脸上挂不住，为了面子，就令人将二位名将忠臣斩首。

而裴矩则是一个会生存、保位置的高手，杨广令他做什么，他尽心，且做得非常卖力和到位。归附唐后，转脸就是诤臣，深受李世民的信赖。从现在早已散失的《西域图记》及相关历史记述来看，裴矩还是一个不错的地理学家和人种学家。

再次回到张掖后，裴矩立即着手杨广西巡的准备工作。

吐谷浑再次犯边，侵入平凉、天水、武威和敦煌一带。吐谷浑先前与隋朝修好，后内部发生叛乱，与隋关系再次破裂。裴矩建议隋炀帝派人说服铁勒攻击吐谷浑。吐谷浑不知内情，反而向隋求救。隋炀帝派遣军队不帮吐谷浑且攻击之，吐谷浑王伏允腹背受敌，败走雪山。这一次，吐谷浑东起青海湖东岸，西至塔里木盆地，北起库鲁克塔格山脉，南至昆仑山脉等领地，都被隋帝国控制。

于是杨广决定西巡，率大军从京都长安出发，到甘肃陇西，又绕道青海，以大军围困吐谷浑于覆袁山。突围之后，伏允派手下一个名王冒充自己去保住我真山。次年，杨广再下令右屯卫将军张定和击杀伏允。张定和身先士卒，战死。副将柳武建整顿兵马，再战伏允，斩杀敌军数百。吐谷浑的仙头王穷蹙带十余万口投降隋朝。之后，杨广再派左光禄大夫梁默、右翊卫将军李琼率军追击伏允，中途误入包围圈，全军覆没。

同年六月，杨广继续西巡，至今青海祁连县，在鄂博岭设置军营，以防吐谷浑卷土重来（此军营名为四方城，现遗址仍存，在祁连山阿柔乡附近，祁连山南麓下）横穿祁连山，经大斗拔谷，途中，因为大斗拔谷道路狭窄又很险峻，大军蜂拥而入，天又不作美，先是阴暗，又是暴风雪，以至于杨广和他所带的后宫人马走失，士卒也冻死了一大半。至今甘肃民乐，顺势而下，至霍去病驱逐匈奴而设置的河西四郡之一——张掖。

杨广这一次远行，大致是历代皇帝走得最远的。不同于他南巡扬州，劳民伤财，全是淫乐，他至张掖，纯粹是为了击败吐谷浑，畅通帝国西段的贸易之路，努力把边疆拓展得更远一些。这是他作为皇帝和冒险家的梦想之一。杨广也切切实实地做到了。到张掖之后，他就下诏给各个地方，让他们挑选才艺俱佳的各类人员，还有臂力超强、为人骁勇、武艺超群，以及在任时用心理政、品行正直、敢于反对上级错误决策的官员和参加过乡试、会试和殿试的举人。次月，高昌王曲伯雅前来觐见，伊吾（吐鲁番）的突厥地方官也把下辖的数千里土地献给了隋朝。杨广很高兴，下令在今青海湖、青海的门源县和新疆的鄯善、且末四地建立州郡，又视察了张掖的观风行殿（现已不存），查看了其中陈列的各类文物。择日，叫随行乐队奏九部乐，令各类艺人登台献艺，宴请高昌王和突厥的吐屯设等人，对他们非常恩宠。一同参加宴会的，还有其他三十多个国家和部落的首领。杨广高兴之余，又下令大赦天下，凡杨坚时期被流放至此的，都可以返回家乡。但当年在晋阳反叛的逆贼及其后代，不在此列。同时又下令陇右各地方，免三年赋税。

杨广可能是历史上中原帝王西巡最远的一个帝王，也是最高统治者。他到张掖，一是为声张帝国声威，二是来巡视裴矩经略西域的成果，三是招抚和慰安。这在张掖历史上可能是绝无仅有的一次。在这里，杨广不仅宴请了降服汗国和部落的首领，还组织了大型的商品贸易活动。此外，还进行了一次地区性的人才选拔活动。

据说，杨广的诗作名篇《饮马长城窟行》即写于此时，全诗如下：

> 肃肃秋风起，悠悠行万里。
> 万里何所行，横漠筑长城。
> 岂合小子智，先圣之所营。
> 树兹万世策，安此亿兆生。
> 讵敢惮焦思，高枕于上京。
> 北河见武节，千里卷戎旌。
> 山川互出没，原野穷超忽。
> 撞金止行阵，鸣鼓兴士卒。
> 千乘万旗动，饮马长城窟。
> 秋昏塞外云，雾暗关山月。
> 缘严驿马上，乘空烽火发。
> 借问长城侯，单于入朝谒。
> 浊气静天山，晨光照高阙。
> 释兵仍振旅，要荒事万举。
> 饮至告言旋，功归清庙前。

其后世帝王李世民评说："朕观《隋炀帝集》，文辞奥博，亦知是尧、舜而非桀、纣。"

在开疆拓土上，杨广的功业比秦始皇、李唐王朝更大更广，时印度支那的安南、占婆、台湾等地都是隋帝国天下。但在对高句丽的战争中，杨广三次出征三次失败，这可能是导致其灭亡的直接原因之一，弄得民不聊生、怨声载道，反叛者风起云涌。隋大业七年（611年），杨广在山东打造战船，征募兵丁，增加赋税，以致民不聊生。邹平人王薄，在今山东章丘、邹平境内聚众起事。后起义不断，刘霸道、孙安祖、高士达、张金称、窦建德、翟让、李密、李渊、王世充、薛举等农民和贵族纷纷起义，虽然其打的口号不同，但目的相同。

杨广知道大势已去，心灰意冷，准备长期住在江都，梦想着做个偏安皇帝。谁也没想到，这么一个狂妄的皇帝，最终会落到这步田地。杨广多次对着镜子中的自己说，这么好的头颅，谁来砍掉呢？这时候，杨广该是怎样的一种心情，悲怆和懊悔都不足以概括。他似乎已经知道了自己的结局。对镜自照，美仪的姿容不过躯壳，俊美的面孔也不过只是虚设。然而，他想到的是，这么好的一截颈子，如此高贵的一颗头颅，普天之下，又有谁有资格砍掉它呢？

杨广是太相信自己身边的人了。沦落到了这步田地，他的卫士们也开始反叛了，有的竟然公开谈论。这些人都是从陕西来的，在江南住不惯，又想家，有的干脆偷偷地溜回了原籍。再加上各地起义风起云涌，杨广的侍卫们反心昭然，甚至毫不避人，谋划抓杀杨广。后由虎贲中郎将元礼、直阁裴虔通等人共谋，推选宇文述儿子宇文化及为首，发动兵变。

反叛的军士抓到杨广后，直陈杨广罪状。杨广说："我是对百姓有罪，但你们哪个没受过我的恩惠？"卫士们被问得无话可说，于是抓住他十二岁的儿子杨杲，挥刀杀死，鲜血溅了杨广和萧皇后一身。就要杀杨广时，杨广却说："皇帝怎么能这样死呢？拿鸩酒来！"可惜，杨广最后的要求也没有被满足。一个叫令狐行达的人抓住杨广，把他往地上一扔。杨广知命必休，把自己脖子上的一条束巾递给令狐行达，令狐行达毫不犹豫，用这条带子，把杨广勒死！跟他多年的萧皇后与宫人一起拆了床板，做了一口棺材，偷偷地把杨广葬在江都宫的流珠堂下。宇文化及率军北上，令原东莱太守陈棱守江都。陈棱知道杨广葬身处后，"集众缟素，为炀帝发丧，备仪卫，改葬于吴公台下，衰杖送丧，恸感行路，论者深义之"。

　　这样的一个结局，也许杨广自己也没有料到。但属下兵士之残忍，也让人匪夷所思。百姓恨杨广，是因为杨广穷兵黩武，大兴土木，为自己的功业从他们口中夺食，杀之也情有可原。但同是杨广统治阶层的受益者，宇文化及也好，亲信裴虔通、元礼也好，他们杀杨广是没有道理的。那个小兵令狐行达也确实过分了，但他也因此而留名于世。人生也真是蹊跷，杨广执政期间，杀人无算，且多是世上所罕见之才，如高颎、贺若弼。这样的皇帝是注定要被灭亡的，不过杨广的死来得早了一些，如他一般的皇帝，比比皆是，只是杨隋王朝的存续时间显得如此短暂。这真是一个悲剧性的王朝，其兴也庞然，其亡也速然。与嬴政的大秦何其相似。

柴达木：唐帝国的胜利与失败

在柴达木盆地四周，最伟大的莫过于俯视大地的昆仑山，这座亚洲最大山系，是中华神话的起始点和诞生地。自古以来的风水地理书籍上，都将昆仑作为万山之母，众神原初。在古代中国，人们以为，昆仑山之外，便是西域和西方，尤其是在丝绸之路正式开通之前，中原帝国的皇帝和仕者们大都在用一种非凡的想象力来构筑昆仑山及其相连的山系。昆仑山由东向西起伏2000多公里，西到帕米尔高原、东临昆仑山口和青藏布尔汗山、巴颜喀拉山和阿尼玛卿雪山之间。其主峰新青峰，最高海拔为6860米，平均海拔为5500米。另一座便是祁连山，这座连通新青甘等地的庞大山系，宛如苍龙。祁连山虽然没有那么多的神话，但与历史上在西部地区活跃的游牧民族有着天然而又深厚的联系。阿尔金山是柴达木盆地和塔里木盆地的界山，一边挑着新疆，一边伸向甘肃。

在莽苍浩瀚的东方历史上，中国的西北乃至西南等地，自古就是游牧民族自相雄长之地，从匈奴、东胡、月氏到后来的突厥、拔汗那、薛延陀，乃至吐谷浑和吐蕃等，十多个世纪以来，他们在那一片地势高纵的高原上生存繁衍，"以战止战，以战养生"，走的是与中原农耕文明截然相反的一条延展之路。唐贞观十五年（641年），吐蕃松赞干布和他的得力大臣禄东赞合力用心，向新生不久的唐帝国发动战争，其目的是促使唐帝国与其和亲。在此之前，李世民和他的帝国完全不知道在人间高处还有这样一支凶悍的军事力量，起初并没有当回事，几番战争之后，李世民觉察到了吐蕃的力量，便在本族当中寻得一女，即其叔侄兄弟，时为江夏王的名将李道宗之女李雪雁。

正式出嫁时候，李世民赐予文成公主李雪雁不少嫁妆，其中包括服侍宫女、太监，擅长医疗、种植、冶炼、纺织、音乐、文学等方面的人，"有'释迦牟尼佛像、各种珍宝玉器、金玉书橱、360卷经典、各种金玉饰物'。并织绘有各种花纹图案的锦缎垫被等，以及卜筮经典300种，识别善恶的明鉴、营造与工技著作600种，治病药方100种，医学论著4种，诊断法4种，医疗器械4种，还携带各种谷物和芜菁种子等。"（《吐蕃王朝世袭明鉴》）

在许多文学和影视作品当中，对于出嫁吐蕃，文成公主很情愿，甚至自告奋勇地为皇帝分忧、为国家出力。但不管怎么说，临行时的文成公主肯定是很伤感的，还有她的父母乃至从小的玩伴，少不了一阵悲戚，相互嘱托。因为这一去，就一辈子回不了中原了，相当于死别。谁能不悲伤呢？

在其中，还有一个可以猜测的根据是，假设文成公主欢天喜地去吐蕃，那么她肯定是一个有心计且志向高远的女孩子。宁做鸡头，不做凤尾，是封建时代留下来的一条富有启示性的经验。文成公主也肯定想到，此去吐蕃，起码是一个王后，虽然是一个偏僻蛮荒所在，又是一个不大熟悉的部落，但贵为王后，也是非常了不起的。总比在中原，找一个门户相当的人家嫁了好。

历史是一面多棱镜，就是要人从各个方向去看，太过溢美不妥当，太过狭隘也非常要不得，太过促狭"说不成"，全面立体地看和评说，方能体味其中真味，也才符合历史之"破鼓乱人捶""横看成岭侧成峰"之本质。十二月，隆冬，长安大雪，沿途冰冻，文成公主在李道宗、禄东赞两人及数千随行人员的护送下，开始了向着逻些人间高处的和亲之行和不朽之旅。文成公主出发的路线应当是和丝绸之路南道相吻合的，即先是由长安、咸阳过秦岭，再天水、陇西，到临夏后，停下来休整。松赞干布听说文成公主已经启程，当然很高兴。此前他一番武力炫耀和拉拢西吐谷浑，再加上在松潘的战争，这一切，似乎都是为了实现与唐帝国发生直接的关系。松赞干布立即决定，亲自到玛多迎接。接到松赞干布回执以后，禄东赞和李道宗护着文成公主，由兰州而临夏，开始了向上的路程。那时候，文成公主所走的这条道路，就是丝绸之路当中一条直接通往阿富汗、巴基斯坦和印度的唐蕃古道。

这条路线大致行程：以长安为起点，过咸阳，沿丝绸之路东段西行，越过秦岭，经天水、陇西、临洮、临夏，在炳灵寺或大河家渡过黄河，进入青海民和官亭，再向上，至古鄯、乐都、西宁、湟源，再登日月山（建有文成公主庙），涉倒淌河（发源于日月山西麓察汗草原，自东向西，流入青海湖），到恰卜恰，然后再经切吉草原、大河坝、温泉、花石峡、黄河沿，绕过扎陵湖、鄂陵湖，翻巴颜喀拉山，过玉树清水河向西，渡通天河，再涉过结古巴塘，沿子曲河上至杂多，沿入藏大道，过当曲，越唐古拉山口，至西藏聂荣、那曲，最后到达拉萨。

而在这里，即昆仑山、祁连山和阿尔金山之间，有一块巨大的高原盆地，当时已经是吐谷浑的主要驻地，现在则被称为柴达木盆地。这是一块旷谷辽远、历史文化积淀相当深厚的地域。《穆天子传》当中，详细记载了周穆公西巡，在昆仑山会见西王母的事迹。而柴达木盆地，则是穆天子的必经之地。随后，在中原漫长的分裂时期，柴达木盆地先后成为羌人和东胡后裔之一吐谷浑的领地。到7世纪初，这一支自辽东半岛节节迁徙而来的部族已经蔚然成国。吐谷浑的发迹或者说强盛，应当是在吐蕃之前。游牧民族共有的一个特点是，强则侵略，弱则遁逃，他们"逐水草而居"，在高寒的青藏和蒙古高原，进行和表演的是一种物竞天择、优胜劣汰的人类生存发展话剧。

而文成公主进藏，大致是有史以来，中原人大规模进入青藏高原的第一次。其前往西藏，必然要途经柴达木盆地，也因此使得柴达木盆地的原居民得以真切地看到了高原以下的同类，以及在它以上的人类存在。不管怎么说，文成公主进藏这一个名动千古的历史瞬间，构成了青藏高原上的一道历久弥新的绝美景观。仅凭这一点，对于文成公主和松赞干布，后人必须心怀敬意。

柴达木盆地总面积为25万平方公里，是中国三大内陆盆地之一。它就像一个巨大的黄色泥盆，深陷在昆仑、祁连和阿尔金山衔接的皱褶里。在地球造山运动之前，柴达木盆地与中华民族的龙脉昆仑山同在巨大的海底，后又演变成一面巨大的湖泊。我们的地球在人类诞生之前，肯定有着一连串的奇异而又巨大的运动与变化。而柴达木盆地及其临近的山川，构成了一个形状不一，但又同气连枝、相互依存的整体。在历史蒙昧时期，这片土地上最古老的民族之一羌族人在这里定居，但后来又被迫迁徙到敦煌、祁连山并现在的四川西北地区。这一种民族流变过程，构成了早期高原上最普遍也最惨烈的一道人文历史风景，同时也是一幕幕精彩铁血与悲怆大戏的排练和上演的舞台。

但时间不过二十年，吐蕃一边与唐帝国进行摩擦，一边向西域拓展疆土。而他们第一个要击败和收复的，就是吐谷浑，这一支驻在柴达木盆地边缘拥有数十万兵众和奴隶的游牧汗国。

唐显庆五年（660年），吐蕃发兵攻击吐谷浑。战火燃起的同时，吐蕃和吐谷浑这两个交战国同时向唐帝国上书请求派兵支援。但唐帝国对此并没有采取任何行动，后召两国使者同入长安就此事进行说明，两国使者也各说各理，最后不了了之。现在来看，倘若唐帝国的统治者有战略眼光，派兵帮助稍微弱小一点的吐谷浑，日后便会避免吐蕃一度占领河西地区，成为唐帝国心头大患的尴尬局面。

历史总是有无限的机会和可能的，在每一个节点都有一系列的偶然和必然。唐帝国的当政者是因为性格懦弱而逃过太子之争，最终袭位为皇帝的李治，时为其主政的显庆五年。

也难怪，此时的唐帝国国威大振，军事上取得决定性胜利，可谓威服四夷、万众归心并且国势强盛。在大食、昭武九姓国等地设立羁縻州府，采取由当地民族首领任都督或者刺史，内政及其他一切事务自理的方式，形成了一个较有约束力的地方自治系统。此外，还与吐火罗、天竺，以及林邑、泥婆罗、骠国、赤土、真腊、室利佛逝、狮子国、波斯、拂菻等国继续和新开战力频繁的遣使朝贡与贸易关系。为了保障交通安全，远播帝国声威，唐帝国征服西域之后，先后设立了安西四镇，由安西都护府管辖。这四镇分别是龟兹、焉耆、于阗和疏勒四个军镇。其管辖范围包括今新疆、哈萨克斯坦东部和东南部、吉尔吉斯斯坦全部、塔吉克斯坦东部、乌孜别克斯坦大部、阿富汗大部、伊朗东北部、土库曼斯坦东半部等大片区域。

唐帝国享有如此广袤的地域，吐蕃并不甘心。不断地扩张是游牧民族的一个共有的天性和特点。原来，吐蕃和吐谷浑都向唐帝国纳税称臣，但吐蕃的日渐强大，必然导致其野心扩张，进而制定了西进战略，即从青藏高原开始，向昆仑山及其四周进军，以获得更大的疆域与利益。唐显庆五年（660年），爆发了吐蕃与吐谷浑的战争，最终以吐谷浑失败而告终。吐谷浑可汗诺曷钵带着唐朝的弘化公主等人仓皇撤离，投奔唐帝国河西节度使驻地凉州。从这个时候开始，吐谷浑被迫离开，柴达木盆地自此成了吐蕃的领地，以及往河西和西域的主要战略通道。

此时，吐蕃的新任赞普名叫芒松芒赞（650年至676年在位），夺取了对吐谷浑战争的胜利，芒松芒赞又故作姿态，上书唐帝国，就此事做了一些似是而非的解释。唐高宗李治则以为，吐蕃未经"天可汗（归附的游牧民族对唐帝国皇帝的尊称）"同意，就擅自与同为藩属国的吐谷浑开战，这是大逆不道的行为。但吐蕃并不在意，甚至觉得正中下怀，并对李治的批评置若罔闻。

不仅如此，借助其强大的军事力量，从吐谷浑和羌人故地，吐蕃的主要战略重点放在了西进上。时隔两年，吐蕃先后征服了大小羊同和今克什米尔地区，并很快与西突厥弓月部（突厥后裔当中一个部落，据说是古粟特民族当中的一支，主要活动在今新疆伊犁九城之地固尔扎，即今新疆哈萨克自治州霍城县塔拉奇城北之阿里马破城。他们的职责是专门为西突厥各部从事祆教祭祀活动，同时又来往于女国与咽麫、西突厥可汗驻跸地之间，贩卖黄金和朱砂及盐和麝香）暗中勾结，不久合兵攻陷于阗。这一次，唐帝国便彻底失去了丝绸之路要道之一瓦罕走廊。瓦罕走廊又称阿富汗走廊、瓦罕帕米尔，是阿富汗巴达赫尚省至中国新疆呈东西向的一块狭长地带，位于帕米尔高原南端和兴都库什山脉北段之间的一个山谷。

从此以后，唐帝国与吐蕃的战争进入高潮，但是并没有取得胜利。这也是丝绸之路西域区段一件影响深远的大事。于阗失守，等于扼住了唐帝国小西域与大西域之间的通道，使得朝贡与商贸活动受阻，且使得散落在对唐帝国与安息帝国之间的众多弱小民族在政治方向上摇摆不定。次年，吐蕃又趁势击破吐谷浑，占领鄯善、且末等地。唐仪凤二年（677年），攻陷诸羌羁縻州府，当时，剑南道设诸羌羁縻州共一百六十八个，分属松州、茂州、巂州、雅州、黎州等都督府，分散在今成都西北。东面是嘉良夷；东北面是党项；西面是女国，即唐旄；南北八百里，东西一千五百里。又有诸羌，散居深山穷谷中，无大君长，风俗与党项相似，有些属吐谷浑，有些附属国，连年出兵在河陇一带及西小西域一带侵扰边疆。唐咸亨元年（670年），禄东赞死，其四个儿子钦陵、赞婆、悉多于、勃论四人控制吐蕃朝政，其间，再次出兵，攻占唐十八个羁縻州府，兵锋直指安西都护府（驻地龟兹）。

至此，唐帝国不过十年前在西域的胜利果实基本上被吐蕃摘净了，丝绸之路的出口和入口基本上控制在吐蕃及归附于他的于阗、高昌、且末等民族手中。在这件事上，李治及其主要臣僚是始料不及的，但主要的错误在于李治对吐蕃乃至西域形势没有清醒的认识，在萧规曹随当中多了依赖性，而没有全局地去看待边疆形势，再加上对吐蕃态度的强硬，对吐谷浑的袒护，使得吐蕃故伎重演，以炫耀武力的方式，向唐帝国表明自己的立场和想法。

当然，吐蕃并吞吐谷浑只是一个借口，其目的是要吐谷浑让出他们最好的草原赤水地（青海共和县西南，时为吐谷浑都城所在地），吐谷浑不答应。吐蕃即以此为借口与之开战。时吐谷浑仍旧分为两部，一部是慕容顺之后，即诺曷钵可汗，早年附唐，居住地在今宁夏灵武与甘肃静宁一带；另一部跟随致使吐谷浑就此次亡国的大臣素和贵留在原地，并与西吐谷浑达延芝波遥遥相望。

吐蕃占领吐谷浑故地后，将之作为附属部落安置。至此，唐帝国失去大片区域，尤其是柴达木盆地及其临近的阿尔金山、昆仑山和祁连山之地，不仅使之开通许久并且持续兴盛的丝绸之路直接被吐蕃阻塞，就连通往中亚和西亚的陆路也被卡住了咽喉。不久，战祸烧至河西地区，安史之乱后，唐帝国彻底失去了对西域的经略能力，自陕西泾阳以西乃至今云贵川大部分地区、甘青宁全境，都陷入了隔绝的境地。

但在吐蕃一系列扩张当中，唐帝国不是没有作为，而是每次出击都不成功。以薛仁贵为逻娑道行军总管，阿史那道真（阿史那社尔之子）、郭待封（郭孝恪之子）为副总管，率军十万，以护送诺曷钵可汗一行回故地的名义，想借机迁回到青海，打击吐蕃，诱使吐蕃西域兵力回撤。大军行至大非川时，为迅速占有利地势，薛仁贵令郭待封率兵两万运送辎重后至，其先带骑兵直奔乌海。后因郭待封行军缓慢，途中被吐蕃二十万大军所困，郭待封逃走。而后吐蕃又围困薛仁贵所部于乌海，"王师败于大非川，举吐谷浑地皆陷，诺曷钵与亲近数千帐才免。"（《新唐书·西域传上》）唐凤仪元年（676年），芒松芒赞死，其子都松芒布结（又名器弩悉弄，676年至704年在位）。其少小继位，国内各种势力因利益冲突而导致动乱，后在大相禄东赞四个儿子左右下，与其弟赞婆以平衡各大势力利益的方式止息，并合四大藏区为二。

唐凤仪三年（678年），李治再派李敬玄、刘审礼带大军出击。可是，唐军又失败了，刘审礼被俘，并死于吐蕃，李敬玄率残部逃回。连续两次失败，使得吐蕃"尽臣羊同、党项诸羌，其地东与松、茂接，南极婆罗门，西取四镇，北抵突厥，幅员万余里，汉魏诸戎无也"。这在唐帝国开国以来的历史上，是不多见的。连续两次惨败，足见吐蕃当时势力之盛。

而在唐朝内部，李治长期头痛，视力不清，虽有御医秦鸣鹤医治，对其脑实施针灸术后，但只短时间奏效，到晚年，其视力尽失。这时候，李治基本上不能亲自批阅奏章，很多都是武则天亲自操刀、拿主意。这种看起来和谐的夫妻政治的另一面是，武则天借李治目视不清、身体不好的机会，垄断朝政，培养自己的亲信和党羽，并且乘人之危，为借机窃国做准备。如《旧唐书·则天皇后》所记："后素多智计，兼涉文史。帝自显庆已后，多苦风疾，百司表奏，皆委天后详决。自此内辅国政数十年，威势与帝无异，当时称为'二圣'。"也就是说，此时，主导朝政的是武则天，而不是李治。但帝国在西域和西南边疆的失败，使李治可能感到耻辱，"上以蕃寇为患，问计于侍臣中书舍人郭正一等，咸以备边不深讨为上策"。这时候，跟着李世民打天下的名将们老的老、死的死，薛仁贵虽然勇猛，但在谋略与战术上，和李世勣、李靖、苏定方那一代人则无法相比，也无法与禄东赞和他的儿子们相比。李治身边多郭正一这样的守成派，想来李治也是颇为无奈的。

那时吐蕃太过强盛，也只是一个方面，其根本在于，唐帝国没有对西域乃至诸羌实行有效的军事管制，如在当地没有驻军，且没有安抚使之类的专职人员。羁縻州府虽名义上隶属于唐帝国，其稳定和政治走向还是决定于其内部的强势者。这是导致羁縻州府一触即溃、随风摇摆的最大原因。当然，唐帝国缺乏战略眼光，早期放任吐蕃在西域的兼并战争，其以击败柴达木盆地的吐谷浑汗国为缺口，在短短的十多年时间内，就取代了唐帝国在西域的地位。

收安西，设北庭：武则天时期的边疆经略

日光浓烈，波涛汹涌，锣鼓声和喊声震天，到近前，才发现，这里正在举行一年一度的"女儿节"。这个节日，可谓全国仅有，其形成及其目的，当然是为了纪念在广元出生的女皇武则天的。广元确实是武则天的出生地，但《新唐书》《旧唐书》并未明确记载，只说其为山西文水人，《旧唐书·艺文志》中载："则天襁褓中，纲来至邸中，谓其母：'此为女，可为天下主也。'"这个"纲"，即有名的预言家袁天罡。女儿节后，我又去游览了位于嘉陵江边的皇泽寺。

站在庙前，看逝水滔滔，城市人烟，自然山川，端的是开阔无比。寺庙气相庄严，令人心神肃静。抬脚进入，首先是二圣殿。所为二圣，便是武则天和唐高宗李治。至此我又感到讶异。以顺序和伦理来看，武则天当和李世民为原配夫妻，尽管和李治在一起的时间稍微长一些，并由此达至人生巅峰，但把二人作为"二圣"供奉，似乎有些不妥。民间有一些传统习俗或者秉性，的确令人匪夷所思，却又觉得极为合理。

二圣殿之内，还有李世勣、李义府、魏元忠、李昭德、狄仁杰、娄师德、张柬之、来俊臣、上官婉儿等人的塑像。这些臣子，有一些是在武则天晋位过程中出过大力的，也有在其当政期间尽心辅佐的。如李世勣这个人，便是民间所说的徐茂公，是李世民属下的首席谋略师之一，要论政治上的圆滑，世事人情的精明，有唐一代，非他莫属。但造武则天反的徐敬业，也正是他的孙子。狄仁杰家喻户晓，可实际上也是武则天的掘墓人之一，当然，最终是由张柬之、敬晖、桓彦范等人来具体实施的。而魏元忠、来俊臣皆为臭名昭著的酷吏，尤其是来俊臣，其上位之路之卑劣，发

明的刑具之残酷,做法之下作,构陷杀戮的臣子和民众之多,令人发指,也为人不齿。

历史吊诡,人和人的关系,同朝的皇帝和臣子,其中的意味也大可寻味。二圣殿后,是则天殿,据说塑像源自武则天的真容,所以也叫真容殿,也是本座寺庙的主殿。庙里并没有大雄宝殿或其他佛陀的殿。皇泽寺的主角,就是武则天。至于唐高宗李治,不过是一个陪衬和点缀。这其中的意味,大致是妻强夫弱的一种民间认同。在观看女儿节赛龙舟的时候,我便想到,广元人创立这个传统,其中也有自己的一种想法,即借此来体现女皇故里的某种标志意识。而当地人说,当初,武则天的母亲有一次出行,在某个河湾遇到黑龙,"感而怀孕",并于农历正月二十三日生武则天,随后,便以次日为期,逐渐形成了一个节日,其主要内容是赛龙舟、拜谒皇泽寺,去则天坝和江边,特别是河湾处游玩等。民间对圣者和强者的推崇历来不竭,大抵是跟远离苦难生活、渴望富贵的心理有巨大牵连。

武则天原名武珝,其父名为武士彟,原籍山西文水县,其祖上也非常的显赫,多人在北魏和北周为当朝要员。历史衔泥带沙,滚滚滔滔,到了隋炀帝年代,武士彟祖上因为不小心得罪了权倾一时的杨素,差点被砍掉了脑袋,因此家道中落。但没过多久,武士彟便又以成功商人的身份进入朝堂,然后审时度势,与并州李渊交熟,并很快成为其重要心腹之一。隋炀帝在江州被宇文化及部下所杀,李渊趁机起兵,把持朝政,不久代之自立,武士彟也跟着成了唐开国元勋之一。起初任职于尚书省兵部库部司,又转任工部尚书。不久,李渊将其下放锻炼,至时称利州的广元任都督,便以日后提拔重用。

此时正是唐高祖武德六年,刚刚从隋炀帝手里接过江山的唐帝国,还正在进行着一系列兼并和统一的征战。唐武德七年(624年),武则天降生,在她两岁或者三岁的时候,著名的玄武门之变,彻底改变了唐帝国的政治格局的形成。当然，这都和她没关系，但却影响到了她父亲的仕途。不论哪一位新皇帝上任，肯定要对人事进行一番整顿。唐帝国也是如此，尽管李渊还在世，但他已经被李世民取而代之，成了太上皇，已经无法左右政局了，先前说好的再启用武士彠之事，也随之搁浅。

更不幸的是，在武则天出生不久后，武士彠便长辞人间。作为高官的父亲死了，其家道必然一蹶不振，尤其是在贫贱官民分野悬殊，且又长期被武将集团垄断的年代，武则天一家的生活状况，顿然之间，急转直下，好似天上人间。无奈之下，武则天等人便寄居在他们的一个亲戚家。她的亲戚对她好坏，历史上似无记载，民间也无传说。但寄人篱下历来被认为是最悲惨的。

父亲武士彠死后第二年，此时已经坐稳了皇帝位的李世民听说武士彠的女儿有才貌，随即召入宫中，封为才人。武则天此时大致十一二岁。这种传统，大致是从秦汉以来就有的，不仅犯事被杀的大臣儿女会被纳入宫中的太监和嫔妃行列，即使失势的，也难逃此劫。当然，在那个年代，被纳入者可能还抱着各种各样的幻想，如借机上位、再振家风、鸡犬升天，甚至成龙成凤等等。进宫后，同其他嫔妃一样，武则天被李世民御用了一些日子，并为她取名武媚娘，由此可见，李世民大致也是颇为宠爱武则天的。

李世民赐予武则天的这个名字，重点在于"媚"字。女人的至美境界为"狐媚"，而李世民之命名，大抵也是抓住了武则天的这个特点。但李世民晚年多病，并于唐贞观二下三年（649年）五月驾崩翠微宫。一番明争暗斗之后，李世民第九子李治脱颖而出，坐上了皇帝位。在这一场巨大的政治博弈中，太子李承乾被杀，四子魏王李泰心机算尽，也还是失败。无为甚至有些装糊涂的晋王李治靠着"不争"和"心慈"而获得李世民青睐，从而承继大统。

　　按照惯例，先皇死后，其没有子嗣的嫔妃全部削发为尼。这个规矩，大致是李世民独创的。关于此事，民间这样传说，其时，有袁天罡、李淳风等术数家，测算曰，其李家江山，将由姓武的取而代之。初，李世民要杀尽天下武姓人氏。李淳风劝告说，"这样做的话，李氏家族后人遭祸会更大更厉害，不如顺其自然。尽管武氏会承制，代唐为帝，但不会持续太久，日后天下还是李家的"。李世民随即作罢。其驭龙殡天，武媚娘也被迫到清寂的感业寺里消磨日月。可武媚娘怎么又复出了呢？这里面的蹊跷，史家研究与解读甚多，各有各的说法。《唐会要》载："天后武氏，贞观十年，文德皇后崩。太宗闻武士彟女有才貌，召入宫，以为才人。时，上（李治）在东宫，因入侍，悦之。"也就是说，李世民生病的时候，李治见到武媚娘，两人一眼就对上了，并且就在李世民的眼皮底下成就了好事。

　　这是一个伏笔。如果排除乱伦这个道德说法，更多地却体现了武则天的战略眼光，以现在的话说，早在李世民苟延残喘之时，武则天就对未来进行了稳准狠的政治投资，即用自己的"狐媚"之姿色击中了大唐帝国的下一个继任者李治，为她将来的生活乃至政治前景，打下了坚实的基础。事实上，也正是李治，一手将武则天扶上了唐帝国最高政治舞台，最终导致武则天以女子的身份在67岁的年迈之龄一步登天，君临天下，成为中国历史上第一个女皇帝。

　　事实上，李世民在死前，对李治并不放心，担心他势单力薄，管束不了下面一个个功高盖主的臣子。幼崽临朝，政治上不成熟，思想上不稳定，又没有特别的才能与统治要诀，属下一大群能臣良将、盖世枭雄，一不小心，就会被这帮老小子给架空了，江山易手也未可知。为了李治能够坐稳江山，李世民一方面托孤给他最信任的大舅子长孙无忌，并长孙无忌的死党褚遂良和来济等，极力在人事和权力上给予李治保障。另一方面，清除了李治身边可能的二心之人，譬如，李世民就对李世勣进行了一番试探。斯时，李世勣被贬外地，召见他之前，李世民就决定，在做好对李治的保障这个问题上，若李世勣表现迟疑的话，当即便杀了他。若是他答应得爽快，再叮嘱他待李治上台后，再把他从基层捞到中央来任职，李世勣自然会感激李治，并会为之效死忠。李世勣道家出身，在李世民时期南征北战，其谋算过人，当然也绝顶聪明，李世民设置的这一个"考题"，当然瞒不过他。

李治就任皇帝之后，他的亲舅舅、李世民托孤重臣长孙无忌立刻成为朝中第一权臣，甚至到了万人之上的程度。上任不过两年，他就把异己该贬的贬、该杀的杀。最典型的就是永徽年间的房遗爱谋反案。李治虽是皇帝，但他说了不算，一切由长孙无忌决断。在家务上，李治以原配王氏为皇后，短时间内并没有其他想法。但作为皇帝，在对待女人的态度上，肯定各个不同。李治虽然性格宽仁、优柔，可也有自己的好恶。前期，李治宠爱的似乎只有萧淑妃。王皇后就很吃醋，为了让李治厌倦或者说舍弃萧淑妃，王皇后想尽办法。有一次，属下人报告说，李治和武媚娘有私情。王皇后以为抓住了救命稻草，旋即派人把武媚娘从尼姑庵里请进了宫中。本意是讨好李治，可武媚娘一进宫，马上就和李治打得火热，王皇后和萧淑妃连插脚的地方都没有了。

这就叫不作不死，女人的妒火燃烧起来，是不顾任何后果的。为了让武媚娘入宫显得体面，自己和父亲的嫔妃结合光明正大、顺理成章，李治也做了一些具体事情。第一件就是修改姓氏谱，把武士彟一家搞成所谓的名门大族，尔后又罢了主要阻拦者柳奭的宰相职务，再与武则天一起，在百官中物色了李义府、许敬宗等出身平民的新贵，成功地废了王皇后，武媚娘自此一步登天，成了名副其实的"国母"。

高宗时期的政治主格调是李治搭台、媚娘唱戏，或是夫妻合演，最终妻子以获得全面性的优势压倒老公，先垂帘听政，进而改唐为周。在与武则天和李治集团的较量下，作为李治亲舅舅的长孙无忌也没落下好下场。他先是被李治及新贵们"构图"谋反，被流放黔州，但李治和武则天仍不放过他，派人逼得长孙无忌上吊自杀。与长孙无忌同一阵营的来济，也被外放为庭州刺史，在与突厥军队作战中，"不介铠冲入军中，力战而死"。褚遂良先是被贬为潭州都督，稍后又转桂州都督，最终被贬为爱州刺史，来回折腾几次，唐显庆三年（658年）死于爱州。柳奭先是被贬爱州刺史，后被许敬宗构陷其与褚遂良为朋党，不久后被杀死。韩瑗被外放为振州刺史，两年后死。

长孙无忌及其主要同盟者的先后死去，标志着在隋唐两代兴盛多年的关陇贵族集团势力日渐衰微，在政治走向上由主导而失势。

这场斗争的胜利者看起来是李治，实际上是他背后的武媚娘，这个侍奉过两代帝王的五品嫔妃，命运实在比杨广烝的后母宣华夫人要好上一万倍。武媚娘进宫后，李治在很多事情上得到了她的支持，当然，这种支持完全是智力上的。还有老狐狸李世勣，在长孙无忌横行朝野时，他一再辞官，从实职的丞相到闲职司空，一副摆明了要坐山观虎斗的架势。眼看着李治和武媚娘已经成了一个不可分割的夫妻战斗团，他揣度认为这种情况将是发展大势，立即在废王立武的关键时刻，转而支持李治和武媚娘，把长孙无忌打了一个措手不及。从本质上说，这不是李治的胜利，也不是李世勣的胜利，这胜利，只属于武媚娘。在这场斗争中，武媚娘所用的方法，也歹毒残忍。《旧唐书·则天大圣皇后传》中记载说：（武则天）"振喉绝襁褓之儿"，即突发大声怪声，吓死尚在襁褓中的幼儿，又"菹醢碎椒涂之骨"。称这等残忍做法为"其不道也甚矣，亦奸人妒妇之恒态也"。

皇帝是一个残忍的职业。关于武则天必然代唐为周的说法，其实也早有征兆。一是素来十说九准的"童谣"之说:"唐中弱,有女武代王"这首童谣先是在社会上广泛流传,不久后传到李世民耳朵里。李世民听闻后,心里也充满惶恐,便令人叫来时任秘阁郎中的李淳风询问。对于这一点,与袁天罡齐名的术数家、星象家李淳风丝毫不隐晦,直接对李世民报告说:"其兆既成,已在宫中。又四十年而王,王而夷唐子孙且尽。"李世民对李淳风说:"我求而杀之,奈何?"李淳风说:"天之所命,不可去也,而王者果不死,徒使疑似之戮淫及无辜……"这个说法充满了奇诡意味。另一个是李淳风、袁天罡合著的《推背图》第二象《乙丑》,谶说:"累累硕果,莫明其数,一果一仁,即新即故。颂:'万物土中生,二九先成实,一统定中原,阴盛阳先竭。'"

第一个说法见于《新唐书》,但《旧唐书》中没见记载。欧阳修等人可能参照了某些野史或者民间传说,将李淳风事迹书于传记。第二个说法真伪难辨,《推背图》若真是李淳风和袁天罡合著的话,那么,成书时间也应当很早。民间关于武则天代唐一事的好奇心历千年而不减,大致是因为武则天是中国历史上唯一的女皇帝,于男权社会之政治传统有悖等。

从唐永徽六年(655年)废王立武成功算起,到唐神龙元年(705年)武则天被张柬之等逼迫退位,武则天实际掌握唐帝国朝政达半个世纪之久。在此之前,对于武则天步步为营、全心上位的表现,李治也不是没有觉察和防范,《新唐书·上官仪传》中记载说:"初,武后得志,遂牵制帝,专威福,帝不能制。"李治召上官仪商议此事。"仪曰:'皇后专恣,海内失望,宜废之以顺人心。'帝使草诏,左右奔告后,后自申诉,帝乃悔。"可见,武媚娘如愿成"后"以后,确实志得意满、飞扬跋扈了一段时间。李治刚一动废武媚娘之心,很快就有人传信给她,所有不利因素都被武媚娘成功化解。可见,武则天的眼线已经布满了李治四周,而且臣子们和宫中的大部分人员已经被武媚娘收买和控制。

没过多久，武媚娘便授意许敬宗等编织罪名，以谋反罪名将极力反对她当政的宰辅上官仪及其子上官庭芝处死，从而解除了她在政治越位途中的最后一道羁绊。唐显庆六年（656年），李治的病情加重，不得不"时时令后决之，常称旨，由是参与国政。……而高宗春秋高，苦疾，后益用事，遂不能制"。也就是说，这时候的皇帝已经成了不折不扣的傀儡。随着唐高宗的病情再次加重，此时，有人动议由武后摄政，但遭到多人反对。为收买人心，武则天召集著作郎元万顷、左史刘祎之等人修撰了《列女传》《臣轨》《百僚新戒》《乐书》等一千多卷大众类读物，为阻拦其执政者进行精神洗脑。同时，密令群臣，要亲自参决疏奏，削弱宰相职权。

唐凤仪元年（676年）四月，武则天成功摄政。十二月，改元仪凤，布施大赦天下。尽管如此，朝野之间并不买武媚娘的账："时诸武用事，唐宗室人人自危，众心愤惋。"唐光宅元年（684年），武则天废中宗，立睿宗，"自是太后常御紫宸殿，施惨紫帐临朝"。又进行了一番大的犒赏，同时，武承嗣等武家人物全面上位至帝国要害部门。

武则天这一举措，使得不少封疆大吏逆反和不满。"于是柳州司马李敬业、括苍令唐之奇、临海丞骆宾王疾太后胁逐天子，不胜愤，乃募兵杀扬州大都督府长史陈敬之，据州欲迎庐陵王，众至十万。"起兵讨伐武则天。

徐敬业乃是李世勣之子李震的儿子，他的孙子。李世勣在军事上谋略了得，政治上老奸巨猾，可还是没有处理好自己的身后事。真的中了"机关算尽太聪明"的魔咒，也验证了穷富不过三代的民间谶言。但也因了这个事件，骆宾王千古檄文《讨武曌檄》横空出世，至今读之，虽有夸大及不实之处，但仍有勃然与天纵之气。然而，在各路大军的讨伐下，"敬业兴三月败，传首东都，三州平"。

此后，虽然还有一些反叛，但都是小规模的，不成气候；朝中有不满的，也都被武则天所用酷吏一一构陷，不是被杀戮就是被外放。自此，武则天的天下基业逐步稳定，开启了专属于她自己的大周王朝。则天后垂拱四年（688年），武承嗣等人向武则天献"圣母临人，永昌帝业"巨型白石，武则天称之为"宝图"，自加尊号为"圣母神皇"。

即使如此，李唐的宗族当中，如豫州刺史、越王李贞，绛州刺史、韩王李元嘉，青州刺史、霍王李元轨，邢州刺史、鲁王李灵夔等仍旧起兵或准备起兵讨伐武则天，意图夺回李唐江山，但这些李唐子嗣，大都不具备相应的政治能力和军事能力，在组织和行动上缺乏协调一致的行动及足够的兵力，再加上大多数民众并不想造反和搅乱安定和平的天下。以至于李冲首先起事后，只有李贞一处响应，其他人还在审时度势。不过数日，其就被武则天所派军队剿灭，领头人物及其家族被尽数杀戮，其中最惨的是征伐高丽有功，且官至太子少保的名臣郝处俊之孙郝象贤，因为参与谋反，被抓获后，武则天对之恨之入骨，"令斩讫，仍支解其体，发其父母坟墓，焚爇尸体，处俊亦坐斫棺毁柩。自此法司每将杀人，必先以木丸塞其口，然后加刑，讫于则天之代"。至此，李渊和李世民子嗣几乎丧失殆尽，枝蔓寥落，不满或认为武则天不该为皇的臣僚们也被杀得所剩无几。

政治斗争的残酷性在于，对方均以杀戮为手段，以巩固权力，剿灭反对者为目的。但对于一个帝国来说，在内斗的同时，也要兼顾内政与外患。就边疆问题而言，李治时期的唐帝国，在辽东、西域乃至漠南地区的军事上，从没有一劳永逸过。吐蕃、突厥、契丹、库莫奚等游牧和渔猎民族从不安分，在唐帝国内部团结、良将峰会之时，往往都会表现得异常驯良，不敢犯边境一步。而当中央帝国内部有了变化，就又开始蠢蠢欲动。另外，在生存发展上，游牧民族的传统习性是"以战止战，以战养生"。因此，在漫长的中国历史上，游牧民族马蹄扣边不仅是常态，也是每个王朝都面临的难题。

在青海西州与吐蕃大战中被俘的另一位唐将领王孝杰，因与芒松芒赞赞普长得非常相像，"故不死，归之"，之后被武则天启用为鹰扬大将军，带兵讨伐一再骚扰边境的吐蕃大军。从此来看，武则天在乱杀无辜之际，也做过一些事情，这里面，应当有四个原因。一是武则天也想着将这片江山传至长久，不管最终由谁来接管，她都要有所作为。二是武则天并不想步西汉吕雉后尘，人死政灭，家族也随之被继任者刀剁锅煮，丧失殆尽。三是武则天想证实一下自己取代李唐的合法性及正确性，借以威服朝野心有顾虑者。四是安西四镇对于繁荣西域社会经济，稳固自己的王朝统治具有重要的战略地位，击败吐蕃、突厥，收回对西域军事与经贸控制权，既可彰显大周武功，又可为其文治服务，可谓一举两得。

王孝杰得胜，唐在安西都护府留驻三万军队。不久，武则天又下诏，命令王孝杰率兵出击西域，王孝杰不负所托，数月之间，连克龟兹、于阗、疏勒、碎叶四镇，至此，失去多年的安西四镇重新回到了唐帝国怀抱。唐帝国对西域再次给予农业、水利、纺织、冶炼等方面的开发与支援，与铁勒、突骑施、黠戛斯、回纥、吐火罗、安息、罗马、昭武九姓国等国家的皮毛、丝绸、玻璃等物产交易又重新开始。

在东北地区，在首领大贺摩会带领下，契丹后人松漠都督府都督李尽忠背叛突厥，归顺唐帝国，被安置在松漠地区，并设立松漠都督府，下辖十个羁縻州。由此可见，唐帝国前期，特别是李世民及李治时期的版图和威势宏大至极，真正彰显了一种强大的帝国雄风。但这种情况也只维持了长达半个世纪之久，武周通天元年（696年），李尽忠与契丹别部酋领孙敖曹曾孙孙万荣突然起兵反叛，战火再起。原因很简单，即那一年，契丹所在的游牧区域遭受旱灾和无雪天气。游牧民众大都不存余粮，大难来临，只能导致更大的伤亡。一时间，松漠地区饥民遍野。李尽忠、孙万荣便请求营州都督赵文翙开仓赈济，帮助牧民渡过难关。可这个赵文翙可能与他们有过节，不但平时对契丹各部落酋长当奴仆一样看待，且时常百般凌辱，在关键时刻，也拒绝了两人的请求。李尽忠和孙万荣心生怨恨，带兵袭杀赵文翙之后，自立为无上可汗，组织军队进犯唐境，彻底与武则天政权决裂。

震怒之中的武则天，此时做了一件非常滑稽的事儿，即将李尽忠改为李尽灭，把孙万荣叫作孙万斩。然后召集群臣，商议对策，最终派曹仁师、张玄遇、李多祚等率军讨击契丹，又以武三思为榆关道安抚大使，带兵抗击契丹。令武则天没有料到的是，这孙万荣和李尽忠也都并非等闲之辈，不仅统御有方，且富有军事才能。同年八月，在西硖石谷，孙万荣用计，致使唐军全军覆灭，遂行作战的多数将领死于疆场。武则天震怒，再次下诏招募兵勇，以囚徒充军作战，又派武攸宜为总指挥，时任左拾遗的诗人陈子昂为总管府参谋。

同年十月，李尽忠病死，孙万荣袭位称作无上可汗。正在此时，在内部斗争中濒临失败的东突厥的默啜可汗请求内附，并表示愿意用袭击契丹为见面礼。默啜可汗率领部队袭击了营州，活捉了李尽忠和孙万荣的妻子，送往神都洛阳，武则天大喜，加封其为颉跌利施大单于和报国可汗。孙万荣得到消息，恼羞成怒，派遣其别部首领骆务整、何阿小带兵攻击唐朝薄弱地带冀州，杀唐冀州刺史陆宝积及吏民数千人，旋又组织兵马，攻打瀛州。

为彻底解决这一棘手问题，武则天再次启用她一手提拔起来的战将王孝杰，其与大将军苏宏晖一前一后，统共率军十七万讨伐孙万荣。孙万荣沉着应战，设伏于东硖石谷，诱唐军深入，尔后回马包抄，唐军顿时大乱，死伤无数。王孝杰坠崖而死，苏宏晖弃甲而逃。跟随而来的武攸宜闻听，当场吓得屁滚尿流，全军畏缩不前，后退至相州。一战失败，无奈之下，武则天又以其族侄武懿宗为神兵道行军大总管带兵予以增援，五月，又派同平章事娄师德为清边道副大总管、右武威卫将军沙吒忠义为前锋总管，率军二十万进攻契丹。武懿宗刚到赵州，闻听孙万荣属下将领骆务整骑兵将至，恐惧异常，下令全军丢掉辎重，狼狈后退千余里，到相州才停下来。

很多人认为武则天在用人上很成功，如狄仁杰、张仁愿、唐休璟、郭元振、张柬之、刘仁轨、王孝杰等，都是她一手提拔上来的。可通过对吐蕃和契丹的失败，武则天才知道很多人是杀不得的。就靠她家族那些尸位素餐的王侯将军，武周江山，肯定一触即溃。武则天开武举、革新科举，擢用人才，其实都是其政权到了非用人挽救不可的程度。通过对吐蕃和契丹之战，自己做皇帝的武则天才知道当皇帝不是件容易的事，胜败都是自己的，武家那些人不是想着法子害人、捞钱、夺权，就是谋算着怎么把武则天的位子接下来，但论治国才能，却是一个都不具备。

比如这一次平叛之战，完全依靠外力，即在库莫奚的帮助下，武周帝国才在对契丹的战争中节节胜利。孙万荣在东逃途中，遭到前军总管张九节的伏兵袭击，又仓皇逃到潞河东的时候，实在困乏不堪，正在熟睡，其帐前奴仆见跟着这个人已经没了活路，便一刀砍了孙万荣的头颅，进献给了张九节。自此，契丹叛乱平定。

武则天即位起初，对于边疆多处战乱、外敌入侵和羁縻州府反叛等等，是毫无能力制止和平定的，朝中也无良将可派，每次出战，都以她武氏家族的一干草包人马为主帅，不是"骑猪"逃跑，就是全军覆没，更可恶的是其杀自己的百姓冒领军功，行为可恶残暴，叹为观止。则天后垂拱五年（689年），武则天竟然以她的男宠白马寺僧薛怀义为新平道行军大总管，"以击突厥"，最终也是损兵折将，大败而归。

在这一点上，唯一可圈点的，是武则天继任之后，并没有放弃对西域，即丝绸之路沿途的经略，在这个问题上，她个人非常清醒，又用人得当，使得唐帝国对西北的统御与稳定，一直用心勠力，且收益最大。如《资治通鉴》所说，武则天当政后，仍旧延续先唐对西域的军事政策，在今河西走廊、小西域等地坚持屯垦和农业技术支援工作。这对于当时武周控制西域，增加粮食产量，减少长途运输费用产生了一定的积极作用。但武周在平定各种叛乱的同时，其自身的消耗也非常巨大，自薛仁贵在大非川与吐蕃作战全军覆没之后，类似的事件达五次之多，死难总人数达五十万以上，特别是在对后突厥默啜可汗的战争中，战士与平民同时遭殃，尤以平民为甚。

由于吐蕃和西突厥，战略地位重要的安西四镇一度失去，再度夺回后，在设立庭州都护府的基础上，又增加了北庭都护府，用以统辖天山以北，包括阿尔泰山和巴尔喀什湖以西等广大地区。因此，在维护帝国版图完整、边疆安全、丝绸之路交通畅通和西域经济发展上，客观地说，武则天功过相当。

但在对待臣子上，武则天则无所不用其极，比如广开告密之门，在诛杀异己与不合作者所用手段，极其阴森恐怖，比之西汉的吕雉，更为可怕和残忍，如来俊臣、丘神绩、索元礼等酷吏的出场，特别是来俊臣《罗织经》的出炉，使得武则天时代的内部统治呈现出极端残酷的局面，以至于人人胆寒，《旧唐书·则天本纪》中说："……观夫武氏称制之年，英才接轸，靡不痛心于家索，扼腕于朝危，竟不能报先帝之恩，卫吾君之子。俄至无辜被陷，引颈就诛，天地为笼，去将安所？悲夫！昔掩鼻之谮，古称其毒；人彘之酷，世以为冤。武后夺嫡之谋也，振喉绝襁褓之儿，菹醢碎椒涂之骨，其不道也甚矣，亦奸人妒妇之恒态也。然犹泛延谠议，时礼正人。初虽牝鸡司晨，终能复子明辟，飞语辩元忠之罪，善言慰仁杰之心，尊时宪而抑幸臣，听忠言而诛酷吏。有旨哉，有旨哉！"

这番话，当然是贬多褒少，除掉其中的男权意识，若武则天为上位果真行不道之事，也无可厚非，有句话说"皇家无亲情"，其充斥的皆是血腥的权力斗争，李世民如此，后世的朱元璋也是如此。但对于武则天来说，几乎从她上位的那一天开始，其家族中的武三思和武承嗣等人就一直在谋求太子之位，妄图长久接续大统，改李为武。有意味的是，武则天死前五年，狄仁杰病逝，而狄仁杰生前推荐给她的张柬之等人，则联合御林军头领桓彦范、袁恕己等，趁武则天生病之际，带羽林兵入宫，当场诛杀武则天面首、擅权的兄弟张易之、张昌宗，迎皇太子李显入宫，总司庶政，大赦天下。

李唐正统得续。武则天本人的坟墓是自己掘的，也是狄仁杰等人提前为她掘好的。但从当下的角度看，武则天也好，李世民和李治等等也好，都是过往的历史人物了。他们的时代已经过去。武则天篡唐为周，其实也不是什么大不了的事情，这就好像自家老公去世了，老婆代他管理家族事务一样。只是，武则天等人在这一场权力斗争中无所不及的残忍，以及权力对人的异化，对人的精神和肉身的摧毁，令人唏嘘不已，且要认真反思。

在武则天的问题上，历代众说纷纭，各派看法和论点历来性别色彩浓重。性别不是说事的出发点，而应当把武则天作为一个人，特别是掌握封建社会某个时代最高统治权力的政治家来看待，或许会更公正一些。崔瑞德在《剑桥中国隋唐史》一书中则说："对于这位敢于推翻李唐皇室并像男人一样泼辣地实行统治的女人，尽管儒家历史学家都对其进行恶毒攻击和抱敌对态度，但是武曌显然具有特殊的才能，对政治具有天赋，并且非常善于操纵宫廷的权力结构。她之所以能非凡地攫取到权力，是由于她杰出的才能、坚毅的决心和识别人的能力，再加上她的冷酷、肆无忌惮和政治上的机会主义。她对敌人和对手表现出的残忍和报复心，在中国历史上很少有人能与之相比。"

诸如此类，各有看法。但历史终究是历史，武则天只是武则天。她独一无二，又普罗大众。她所做的，已经成为烟云，但她面对的，仍旧是无尽的讨论与解说。有人说，武则天自立无字碑，是一个高明之举。那块立于今陕西乾县乾陵与李治同列的石碑，至今已经有一千多年了，每一代人都仰望之、喟叹之、想象之、猜测之，可那就是一面无字的石碑，它代表的是一个人，也是一个短暂的女权王朝。它所映照和陈诉的，可能就是整个人类的历史，包括王朝更迭乃至幽深的世道人心、万物本相。就像我在四川广元游览皇泽寺时候的这些所思所想。人离去了，无论其是伟大还是平凡，高尚还是卑劣，贵胄还是黔首，皇族还是臣工，首先要肯定的是其生命本身，此外，王朝更迭，权力斗争，都不过是人类文明进程中的一些隆重的痕迹，深刻或者潦草，都如李白诗句"夕阳残照，汉家陵阙"，当事人觉得热闹，甚至至高无上、非此不可，但对于无限的时间来说，除了要后人惊醒与自鉴之外，都不过是一些废墟烟云。

"阴山虏,奈尔何?":唐帝国后期的丝路贸易

1. 引狼入室

唐天宝十四年(755年)11月,安禄山起兵,不到一个月时间,就从范阳杀到了洛阳。李隆基听信杨国忠、鱼朝恩、边令诚谗言,临阵斩杀了高仙芝、封常清,又请出早已因中风瘫痪的哥舒翰到潼关前线指挥。杨国忠又一再鼓动李隆基下令哥舒翰出潼关作战。哥舒翰先为河西节度使,在对吐蕃作战中身先士卒,又善于谋略,多有胜绩。他知道,一旦出关,必定全军覆没。果不其然,在李隆基的威逼下,哥舒翰只好带军出关作战。开拔之时,全军嚎声雷动,均明知此去是死路一条。唐军到陕县,就遭到了安禄山军队的截击,十万军士只剩下八千人。哥舒翰被属下一名吐蕃将领火拔归仁抬起,绑在马上,投降了安禄山。

潼关失守,李隆基名义上御驾亲征,实际上带着杨贵妃、高力士和杨国忠等,一路向西仓皇逃窜到灵武。太子李亨被人劝阻,留下组织军队反击,不久顺应群臣要求,登基继位。隐士李泌出山,成为安史之乱的主要部署者和决策者之一。虽然河北有颜真卿、颜杲卿组织部队反击,河东地区有郭子仪和李光弼取得局部胜利。但唐军不仅损失惨重,战争进展也不尽如人意。在此情况下,李亨听从郭子仪建议,下令敦煌王李承寀和吐蕃族将领仆固怀恩去回纥借兵。

回纥即南北朝时敕勒(高车)六氏之一,原称袁纥。安史之乱后又自改成回鹘。早在唐天宝三年(744年),回纥就与唐帝国关系密切,自东后突厥灭亡后,回纥第一任可汗骨力裴罗趁机占领了东突厥旧地,控制了东至阿尔泰山，西到鄂尔浑河的广大领域，多年征伐后，又控制了北方的黠戛斯、东方的室韦、契丹和库莫奚等部族，并积蓄力量，与葛逻禄争夺准噶尔盆地的领导权。

到回纥牙帐，葛勒可汗盛情接待了李承寀和仆固怀恩，还把自己可敦（可敬敦，即王后）的妹妹下嫁李承寀为妻。唐帝国请求支援，葛勒可汗满口答应，并让仆固怀恩仙回彭原报告李亨，随后派部将葛逻支带精兵二千奔袭范阳。当时的回纥可汗牙帐在今蒙古国鄂尔浑河谷，距离范阳何止千里？随后，葛勒可汗又派出叶护（王子）率骑兵至彭原参战。李亨甚喜，当即令其三子、广平王李俶与之结为兄弟。但是，回纥叶护也提出要求说："克城之日，土地、士庶归唐。金帛、子女皆归回纥。"李亨当即答应。

回纥之所以乐意参战，一方面是瞄准了唐的巨额财富，另一方面是自身军事实力强大。游牧汗国的军事力量，多半源自数量众多且训练有素的战马。当时，回纥境内的战马数量和巨大战斗力，非李唐可比。第一，李唐帝国承平日久，至李隆基时代，仓廪满，衣食足，江南塞北，一派繁华。李隆基及其主要臣僚便以为天下大安，用不着那么多吃闲饭的了，便相对减少了京畿和内地的驻军。尽管范阳、河东等地区与室韦、库莫奚、回纥接壤，驻军数量多，但都早已被安禄山转换成了自己的亲信，其日夜操练，不是为保李唐帝国效力，而是为其反叛夺取李唐江山做准备。第二，自李世民时代起，唐帝国的主要精力都用在了对抗蒙古高原、中亚地区的游牧汗国，如前、后、东、西突厥、薛延陀、吐谷浑、铁勒、吐蕃、回纥、葛逻禄等，进而全力保障丝绸之路的畅通。第三，军备废弛。军队纪律松弛并战斗力弱化，虽然也辟有专门的马场和马苑，但质量和数量还是不能和原本就产马的游牧汗国相提并论。

昔时，回纥境内大致有四种战马。一是骨立干马，这种战马头像骆驼，筋骨粗壮，可日行数千里，为西域最大战马。二是康居的康曷利马，即通常所说的大宛马，个头奇大且孔武有力。三是黠戛斯马和拔悉密马。四是突厥马，也就是后来的蒙古马，个头偏小，但耐力奇好，生存能力也强。很显然，这四种马并非回纥境内所独有，而是回纥征服其他部落后，将之转为己用的。突厥马才是他们的本地所产。

算上回纥部队，唐军统共凑齐了十五万兵马。由李嗣业统前军，王思礼断后，郭子仪统帅中军，号称二十万，以三个梯队由长安向洛阳发动总攻。名将李嗣业首当其冲，挥舞陌刀与安庆绪大将李归仁大战数百回合，砍落李归仁的头盔之后，又斩杀了李归仁属下一些悍勇军卒，从而使得军心大振。回纥叶护率军紧随而上，敌军大乱。

初战得胜，但郭子仪还是不敢大意，以防止敌军有诈。郭子仪令仆固怀恩带精锐部队护住辎重，以防止敌军抄袭后路。几天后，李嗣业和回纥叶护之军基本肃清了前方之敌，仆固怀恩也在后方击败了偷袭的敌军。三军联合一处，又组织对敌将安守忠和李归仁的大规模反击战，斩杀叛军六万多人。

大胜归来，仆固怀恩建议广平王李俶说，安庆绪、安守忠、李归仁等敌将迫于我军威势，必定会连夜弃城而逃，宜带兵再接再厉，一鼓作气将其歼灭。而李俶却以兵士乏困为由，没有出兵。第二天一大早，有士兵报告说，敌军已经弃城而去。李俶整军入城，侥幸不死的百姓出城迎接。他们以为，唐军进来了，就可以更好地活命和安居乐业了。可万万没想到，叛军刚走，唐军中回纥兵又开始对他们进行洗劫，且连续三日不绝。其杀戮之重，抢劫之狠，比安禄山、安庆绪所部更甚。郭子仪实在看不过去，请李俶从军中筹集丝帛与其他财物送给回纥叶护，以阻止其纵兵对百姓的洗劫。

2. 帝国暮年

唐乾元二年（759年），史思明被其子史朝义派人弑杀。其生前所立太子史朝清和他的母亲辛氏也被斩杀。真是报应不爽，史思明杀安庆绪，安庆绪杀其父安禄山，其所作所为，前后情状基本一致。新继位的唐代宗李豫（即李俶）再次派宦官刘清潭到回纥借兵。葛勒可汗却不愿意出兵，反要唐代宗下嫁闺女给他。唐代宗只好将幼女宁国公主下嫁葛勒可汗，又册封葛勒可汗为英武威远毗伽可汗，并赐予貂裘、白毡等财帛。

先前与李豫结为兄弟，且又要履行旧约的回纥太子叶护，向其父亲葛勒可汗请求自带三千骑兵与唐军一起攻打范阳，被葛勒可汗拒绝。太子叶护坚持要去，葛勒可汗就是不允许，太子叶护当场气急而死。葛勒可汗深感后悔，令王子骨啜特勒和宰相帝德率军三千，与唐帝国一起攻打史朝义。与此同时，葛勒可汗又上书为他小儿子移地健请婚。唐代宗只好以仆固怀恩之女下嫁。一年后，葛勒可汗病死，其子移地健继位为牟羽可汗（后称登里可汗）。

大兵压境，史朝义知道自己已是穷途末路，但仍抱着一线希望，也派人到回纥说，唐朝的两个皇帝死了，中原无主，各地府库充盈，倘若出兵，可尽收财帛。牟羽可汗信以为真，带兵杀入唐境。半路上遇到奉命前来出使回纥的宦官刘清潭，问："唐已经灭亡了，怎么还有使者？"刘清潭说："先前的两个皇帝虽然都死了，可是先前与你们叶护结为兄弟的广平王现在改名李豫，已经继位了。"

牟羽可汗这才带领刘清潭先回到鄂尔浑河的牙帐。数日后，又带领数万兵马与刘清潭一起入唐，深入到长安和洛阳。牟羽可汗沿路上看到唐境内各郡县的残破景象，顿起轻视唐帝国之心。一路上言语相讥，弄得刘清潭这个宦官好没面子。唐代宗李豫听了报告，急忙派仆固怀恩前去慰抚，旋即又令雍王李适领兵去慰劳牟羽可汗。

两军在陕州相遇，雍王李适率御史中丞药子昂、兵马使魏琚、元帅府判官韦少华及行军司马李进四人去见牟羽可汗。牟羽可汗躺在胡床上，爱答不理，态度非常轻慢。牟羽可汗属下的车鼻施将军为讨好可汗，让李适等人向牟羽可汗下拜。药子昂据理力争，车鼻施将军气恼，令人将魏琚、药子昂、李进、韦少华四人拖出去暴打。韦少华和魏琚二人当场被打死。

唐帝国至此，已经毫无尊严。几个节度使听说此事后，纷纷要讨伐回纥。李适觉得还是讨伐史朝义更重要，就没吭声。第二天，回纥牟羽可汗见唐军集结，阵势浩大，派人请求一同出兵。李适应允，并以回纥兵与仆固怀恩为先锋，郭英义、鱼朝恩断后。

泽潞节度使李抱玉和仆固怀恩攻占怀州，又带回纥兵从南山绕道掩袭史朝义。镇西节度使马璘也带兵出战，且一马当先，杀敌甚多。史朝义十万军队被斩首六万余，败走郑州。

牟羽可汗屯兵河阳。

唐军继续追击史朝义，史朝义仓皇逃到开封，他属下大将张献诚竟然闭门不纳，史朝义在城下大骂一通，转头奔向濮阳。

牟羽可汗趁洛阳无人留守之际，纵兵入城，再次洗劫。

唐军势大，史朝义属下薛嵩、张忠志、田承嗣、李怀仙、李抱忠等纷纷投降。史朝义走投无路，想投靠契丹，可又被部下将军李怀仙追了回来，逃到一座庙内，用上吊的方式结束了自己短暂的皇帝生涯。李怀仙取了他人头，往仆固怀恩处报功去了。

至此，持续七年并三个月的安史之乱正式平息。

安史之乱罪责在于李隆基，盛唐由他，败唐也因他。而李亨和郭子仪引回纥入关，贻害无穷，给帝国带来的灾难，比安禄山和史思明叛乱更为深重。契丹、库莫奚、吐蕃、回纥、黠戛斯、室韦、葛逻禄等部也通过入唐作战，将唐帝国的家底里外摸了个透心亮。其中，回纥出力最大，也后患最大。

回纥之所以答应帮助唐朝平叛，其主要目的有三个。一是趁机摸清楚唐朝的底细。对回纥来说，不管是李唐，还是安禄山和史思明的大燕，谁灭亡都不重要，重要的是自己民族的发展。二是经济利益驱使。中原富庶，这对于常年与吐蕃、黠戛斯、契丹、葛逻禄作战的回纥来说，是一次公然聚敛财富的宝贵机会。有了拱手送来的财富，就可以继续其扩张战略。三是借机向其他民族夸耀自己的政治待遇，并向唐帝国显示自己骑兵的作战能力。

回纥以骑兵为胜，唐帝国的战马大都依赖回纥、葛逻禄、黠戛斯等国供给。回纥部众也如匈奴一般，年少便骑羊练习，以木刀为剑，搏击之术也非常娴熟。作战时，往往先用骑兵冲撞敌人阵列，然后再趁机掩袭。早在唐贞观元年（627年），回纥在与突厥作战中，也是用这种方式最终取胜的。

完成平叛任务，回纥兵并没有及时退去，而是继续在境内抢掠。泽潞节度使李抱玉又任陈郑节度使，见回纥兵如此烧杀抢掠，比安禄山部队还要贪暴，想让人去劝阻，可没有一个人敢去。赵城县尉马燧自愿前往，并用财物厚贿回纥渠帅。渠帅向其部下下令，并与马燧约定说，如再有抢劫者，任由马燧逮捕宰割。

战争结束，李唐再次论功行赏，唐代宗封牟羽可汗为英义建功毗伽可汗，其妻子为毗伽可敦，并赏赐其可汗和丞相等实封两万户，以下各级封赏不等，牟羽可汗又大捞一把，才带兵退回。这不是赏赐，而是勒索。而唐帝国也只能听从，给予其大量的财帛，以期他们早日带兵离开唐境。

3. 回鹘道

唐贞观二十一年（647年），唐帝国如日上升之时，李世民便应回纥、突厥邀请，为繁荣突厥民族经济，开通参天可汗道。这是唐帝国在盛时被突厥尊敬、臣服而起的一个名字。意思是，这条道路是专门用来参拜"天可汗"李世民及其唐帝国的。可在安史之乱后，这种情况发生了根本性转变。参天可汗道已经不是回纥参拜"天可汗"的道路了，而是成为回纥勒索唐帝国，并以此为物资转运站，把唐帝国的丝绸高价转让给昭武九姓国、吐火罗、大食和东罗马等丝绸之路沿途国家，成为他们大肆聚敛财富的"回鹘道"，也叫阴山道。

唐贞观四年（788年），回纥骨啜禄可汗上表唐德宗改为回鹘，取"回旋轻捷如鹘"而名之。自从回纥援唐作战、窥破虚实之后，就有轻视唐帝国之意。安史之乱后，这种状况更为糟糕。牟羽可汗父子三代（骨力裴罗、磨延啜、移地健）苦心经营，将势力扩张至旧匈奴故地之外，击败并使黠戛斯、契丹等屈服后，声震四边，甚至敢与正在盛时的大食争长短。安史之乱之后，回纥借助唐与吐蕃交恶、内乱连年不止等难得的机会，恃功变名目向唐勒索。

一是经常以与唐进行马匹交易为名，以羸弱老迈的马匹强行骗取唐财帛。《新唐书·卷五十·兵志》载："乾元后，回纥恃功，隋岁乳马取缯，马皆病弱不能用。"因为唐帝国的战马在安史之乱后基本上损失殆尽，百万战马死于战场，各节度使为了加强自己的战斗力，如"肃宗收兵至彭原，率官吏马抵平凉，搜监牧及私群，得马数万，军遂振"。对马的需求量与日俱增，而买马的费用则要中央政府拨出。因此，当郭子仪向唐代宗李豫提出无条件收购回纥马时，唐代宗没有答应，就是因为财政困难。

作为冷兵器年代战斗力的主要构成部分，唐帝国若不买马就无法组织军队作战，马匹少也对战斗力造成致命影响。因此，买马成了肃宗唐亡百余年之间，政治和军事上的主要议题，也是军事上始终再没有超越前代的主要原因之一。回纥在买马匹交换丝绸上尝到了甜头，也以为唐帝国就是他们取之不尽的"国库"，以至于他们牟羽可汗不仅可以与吐蕃、大食、葛逻禄争夺西域和中亚地区，而且在鄂尔浑河上游的哈剌巴喇哈逊建造了华丽堂皇的可汗宫殿。耿世民在所译《格勒可汗碑》中说:"我让人建造了白色宫殿。""我让人修造了宫殿,让人在那里打造了石碑。我让粟特人和唐人在色楞格河旁修筑了富贵城。"可见,唐帝国对回鹘财富输出量之大。

在回鹘所修的数座宫殿中,位于鄂尔浑河上游的回纥牙帐最为壮观华丽,其占地二十五平方公里,内城一平方公里,城墙高十二米,瞭望楼十四米。这座古城虽然已经荒废,但通过复原,还可以描绘出其大致轮廓。

此外,回纥还在合罗川建有规模宏大的公主城,还有位于鹈鹕泉以北的公主城和眉间城、克鲁伦河畔的可敦城、叶赛尼河上游及唐努乌梁海一带分别还有十五座回鹘古城遗址。(转引自杨圣敏《回纥史》)

二是以回鹘道为主要干线,疯狂聚敛财富。彭信威在《中国货币史》中说,唐帝国的丝绸制品在大食至罗马沿途上的最高价值:一匹丝绸重25两,在东罗马可以卖到25两黄金,即使蚕桑技术传至拜占庭,但丝绸的价格仍是每匹1至4公斤的黄金,其利润超20倍甚至更多,黑市的价格则更高。回鹘因此不断抬高马价,甚至用病弱老马向唐换取缯丝和罗锦等丝织品,以从中获取高于本地与中原的高额回报。

三是当回鹘道成了联通中原与西域,唐帝国与印度、大食、东罗马帝国的唯一通道后,回纥全线掌控了陆路丝绸交易的产出与输入转运权。唐帝国往往以贱卖或者被强行勒索的方式,将丝织品的巨额利润无条件地转让给回纥。

但并非回鹘人有此经济头脑,在回纥乃至吐蕃、黠戛斯、葛逻禄、突骑施等游牧汗国之中,操纵财富、宗教信仰和政治走向、军事决策的,往往是天生具备商业头脑的昭武九姓国之粟特人,其中当然包括入唐参与平叛乃至后来的以绢马为主的经济贸易。

回鹘道也是回鹘境内的主要交通线,其主要路程和方向如下:从回鹘汗国牙帐所在地哈剌巴喇哈逊向南过鹈鹕泉可去到张仁愿修筑的三受降

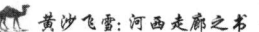

城，然后再从振武、太原、蒲关入长安。另外，从鸊鹈泉翻过阴山，再沿贺兰山东麓至灵州到长安。此外，还可以从今磴口县东渡黄河，经鄂尔多斯草原至长安。由回鹘城向西，经巴里坤湖草原可到北庭所在地吉木萨尔，再穿过准噶尔盆地向西可以到达江布尔城。

除回鹘道外，居延道也在此时成了辅助干线，从现在的内蒙古额济纳旗境内的苏泊淖尔（居延海）向南，经马鬃山至今甘肃玉门境内，再向西北，不经过敦煌和玉门关，可以进入西州。另外，由此经巴里坤草原进吉木萨尔。再由额济纳向北，穿过回纥牙帐，即鄂尔浑河上游地区，向东北和西北方向可以到达贝加尔湖北部骨立干和剑河流域的黠戛斯营地；由此向东，再入呼伦贝尔草原，穿过大兴安岭进入室韦（鞑靼）境地；沿着阴山北部东行，可以到达契丹和库莫奚所在的西拉木伦河流域。

李世民时期，这条道路上就有驿站六十六个，基本上覆盖了回纥全境，至库莫奚和契丹、室韦、西突厥葛逻禄所部等地区也是畅通的。但在唐朝完全控制西域并达到鼎盛的时期，这条道路因沙漠漫长且道路曲折，行人不是很多。但在安史之乱后，这种状况得到了根本性的扭转，不仅为唐提供了与安西、北庭联系的通道，也成了回鹘社会经济发展的高速引擎。

4. 阴山虏，奈尔何

经贸发达，马匹和丝绸交易的高利润，刺激了回纥本身的经济发展，养马业是其中的龙头产业。但他们马匹的主要交易对象还是唐帝国，贞观年间其卖给唐帝国一匹成年马的价格最高为十匹绢丝。到代宗后期，四十匹绢丝换取一匹马。再后来，涨到五十匹绢丝换取一匹马。因此，唐代宗之后，唐朝每年都赊欠回鹘的买马钱。《新唐书·食货志》记载说："时回纥有助收西京功，代宗厚遇之，与中国婚姻，岁送马十万匹，酬以缣帛百余万匹。而中国财力屈竭，岁负马价。"

白居易在《阴山道》一诗中生动深刻地描述了唐与回鹘之间的这种不平等交易：

> 阴山道，阴山道，纥逻敦肥水泉好。
> 每至戎人送马时，道旁千里无纤草。
> 草尽泉枯马病羸，飞龙但印骨与皮。
> 五十四缣易一匹，缣去马来无了日。
> 养无所用去非宜，每岁死伤十六七。
> 缣丝不足女工苦，疏织短截充匹数。
> 藕丝蛛网三丈余，回鹘诉称无用处。
> 咸安公主号可敦，远为可汗频奏论。
> 元和二年下新敕，内出金帛酬马直。
> 仍诏江淮马价缣，从此不令疏短织。
> 合罗将军呼万岁，捧授金银与缣彩。
> 谁知黠虏启贪心，明年马多来一倍。
> 缣渐好，马渐多。阴山虏，奈尔何。

这一贸易逆转现象，不仅使李唐王室面子上不好看，更带来了一系列严重的社会问题。政府要战马作战，出钱的是老百姓，尤其是从事绢丝和罗锦等生产行业的私营手工业者。如白居易诗中所说："缣丝不足女工苦，疏织短截充匹数。"这种间接的盘剥，施加压力到百姓身上，带来的不是回鹘的贪暴，而是百姓对整个李唐帝国的失望和不满。因此，各种形式的农民反叛也时常发生，尽管没有造成较大的社会动乱，但也集中反映出唐后期一些积重难返的社会问题。

此外，回鹘贵族和商人还在各地恃强凌弱，如回鹘兵在洛阳白马寺和圣善寺放火烧死万余避难的百姓之后，又劈开鸿胪寺的大门，夜半进入抢劫，并纵使兵众抢劫妇女，因纠纷而入公堂刺伤唐朝官吏，在市场动刀杀人、冲进监狱砍伤狱吏并带走人犯等，唐朝对此都保持忍让。

《新唐书·藩镇李怀仙传》记载："始，回鹘使者岁入朝，所过暴慢，吏不敢何禁，但严兵自守。虏怛习，益警悍，至鞭候人，剽突市区。时大酋李畅者，晓华人语，尤凶黠。既就馆，横须索，抶疻邮人。"唐德宗继位，以委婉的方式驱逐回纥人，并努力改善与吐蕃的关系，为此不惜割让土地，继续和亲并厚赠财帛，但吐蕃仍旧得寸进尺，又出兵占据了河陇、剑南、河湟等广大地区。

尽管如此，唐帝国还是不敢得罪回鹘。斯时，巨富之人，大抵是来自回鹘和昭武九姓国的粟特人。《新唐书·回鹘传上》记载："始回纥至中国，常参以九姓胡，往往留京师，至千人，居赀殖产甚厚。诸如此类，肃宗、代宗和德宗朝比比皆是。回纥酋长大小梅录、翳蜜施、突董等人由长安返回回纥时，装载财物的骆驼如绳索一样蜿蜒于道。到振武军所在地，盘桓三个月还不走，每天吃喝需要唐军供给，每顿都要珍味。振武军花费颇多。振武军军使张光晟很愤慨，派人暗中监视，驿吏用长锥子刺破口袋，才发现里面装的是从中原抢来的女子，他们准备运到回纥境内贩卖。

张广晟上奏说，"回纥不是自己有多么强大，是其得到了昭武九姓胡的帮助，现在他们国家正乱（牟羽可汗被宰相顿莫贺达干杀死并自立），胡人是有利则往，有利才合，他们现在正处于内乱，把他们抢掠我们的女子和金币夺回来，若是他们来问，就说这些人来边境捣乱，被我们军士误杀了。"

唐德宗同意了张光晟的建议。张光晟故意让手下士兵对突董等人不礼貌。突董果然大怒，用鞭子抽打唐军。张光晟趁机带兵将这些回纥商人和贵族全部杀掉，收回骆驼、马匹数千和缯锦十万匹，并传告回纥说："你们的人来谋取振武，我们先把他们杀死了。"然后将被回纥抢劫的女子送回长安。

这可能是德宗时期对回鹘在长安的暴行给予的唯一一次大快人心的报复，但这并不能从根本上解决唐与回鹘的贸易逆差问题，因为在背后挑动马价，甚至驱使回纥不断对唐动武的幕后黑手是为回鹘带来摩尼教的昭武九姓国商人。对此，羽田亨之在《西域文明史概论》中说："自南北朝至隋唐，敏于逐利的粟特人不少来此（回鹘牙帐），他们不独贸易物资，并在政治方面担任重要任务，就连这一时期的中国史上的大事，突厥回鹘的侵掠、强凌中国，都是由于这些狡猾的粟特人的策动。"与此同时，黠戛斯、葛逻禄也不堪忍受回鹘的盘剥压榨，与黑衣大食、吐蕃联合，公开反叛。随后的一段时期，吐蕃与回鹘在西域彼此角逐，兵戎战火，马蹄刀枪，也非常残酷与激烈。

黄河的兰州

兰州这座城市的存在当然也由来已久,公元前4世纪它就被设立为一方行政中心。其名原为金城郡(以出产金子而得名),隋大业元年(605年),隋朝在此设立兰州总管府。一般来说,从西安出发,要去向新疆(即小西域)并沿着欧亚大陆前往丝绸之路公认的终点站——伊斯坦布尔,兰州肯定是其中的必经之地。当然,还有一条路线,从长安出发,经陕西榆林,进今宁夏,再由青海湖直上西藏,再由山南进入印度。但在两汉和隋唐时期,长安—天水—陇西—兰州—乌鞘岭—武威—金昌—山丹—张掖—酒泉—敦煌—阳关并数条分支线才是丝绸之路的"官道"。

所谓官道,是谓政府着力经营,并且配备相关设施与检查制度的道路。据历史学家严耕旺先生在《唐代交通图考》一书中介绍,唐代于丝绸之路沿途设置了诸多的驿站、军事设施,并建立了一整套的保障制度。有五里一亭站,十里一邮亭(驿站)之说,一直从长安绵延到今吉尔吉斯斯坦和阿富汗等地。

对于我本人,第一次去兰州,是在1998年的八月中旬。斯时,庄稼成熟的味道从山脚蔓延到山顶,味道浓稠,令人咽喉发甜。我们几个先去了皋兰山上,这座山位于兰州市的南边,形同一面蜿蜒的幕布。这座山的名字,大致出自匈奴人,意思是"河边的大山"。

天空湛蓝,流云如白色之飘逸丝绸。在三台阁一侧的空地上,突然想骑马,体验一下古代骑士纵马狂奔的感觉。我租了一匹枣红色的马,因为这马长得和我心目中的战马的形象是一致的,在黄土山路之中飞奔起来,肯定是很好看的,就像一团飞腾的火焰一般令人惊奇。

因为心急，我讲好价钱就抬腿跨上了马背。那匹马开始很听话，四蹄稳健。我想它跑起来，双脚下意识夹了一下马肚。它似乎懂我的意思，顿时放开四蹄奔跑起来。路过一片麦地的时候，马鞍忽然歪了一下。我上身猛地向一侧浮漂，急忙抓紧马鬃，扶正身子，才长舒一口气。回到终点后，租马的人才歉意地告诉我，他刚才给马喂料草和水，松了一下马鞍，我骑时他忘了系上了。

气候和地理是可以改变人的，一个人在西北地区待得久了，就格外甚至本能地热爱空旷和安静，也对骏马、骆驼、羔羊、刀子、雪山、丝绸、大河、绿色等等单纯而雄阔的事物由衷地感兴趣，甚至无来由地热爱，也更喜欢诗歌、古曲、流沙、风暴、梦想、远行、孤独等等不切实的东西。

骑马是我热爱的一项运动，我总觉得，一个男人只有在马背上，才能真正感受西北，从中感觉和体验到西域之心。也只有在马背上飞驰，男人骨子里的英雄、骑士、刀客、诗人之梦甚至本性才会真正显露，与个人灵魂严密合体。从马场一侧小路向上爬不过几米，到三台阁一边，选择一棵姿态老迈的槐树坐下来，喝三炮台。

其中的匈奴，我也很感兴趣。这个强大一时的游牧部落，是在冒顿带领下逐渐强盛起来的奴隶制帝国，其疆域横贯南北，借秦汉之争，将自己的版图和势力延伸到了俄罗斯和中亚地区。但冒顿死后不过三十年，曾屡遭匈奴羞辱的西汉便展开了对匈奴持续半个多世纪的反击战。骠骑将军霍去病曾独自带领三千人马强袭皋兰山，一战而俘获匈奴名王三十多人。从这个时候开始，西汉对匈作战不断取得决定性的胜利，直到匈奴的势力退出兰州、灵武、榆林、托克托、河套平原等地，被迫向西转移，没过多久，驻守河西走廊地区的匈奴浑邪王因惧怕当时的伊稚斜单于问罪，暗通卫青，并在霍去病率兵接应之下，率众投降西汉。

尽管河西地区不是霍去病强攻而下的，但霍去病对浑邪王的接应，以及他对河西走廊的开拓，显然是值得彪炳千古的。随后的班超家族经由兰州而去西域，在各种游牧势力此消彼长的环境中，不仅为帝国建立了不朽功业，也使得他们一家彪炳青史，至今令人追慕和敬仰不已。可所有的历史及其一切，都只能是时间的陪葬品，这是一条无可逆转的铁律。两汉之后的大混乱，使得兰州以西地区，再度成为素来"以战止战，以战养生"和"战时常随月，利则进，不利则退，不羞遁走"的游牧民族逐鹿的疆场。

至杨隋时期，自新中国成立之初，杨坚就派出当时的地理学家和大臣长孙晟出使西域，并在张掖长期驻扎下来。作为隋帝国的全权大使，其主要职责是负责与西域各国的沟通和联络。长孙晟也是一个了不起的人物，《隋书·长孙晟列传》中形容他"性通敏，略涉书记，善弹工射，矫捷过人"。得益于长孙晟在张掖的用心勠力，杨隋帝国有效地对西域进行了恢复和开拓。后来的杨广还突发奇想，带着他的卫队和部分大臣远去千里，在张掖召开了一次声势极其盛大的"万国博览会"。隋炀帝杨广是第一个沟通黄河与长江的皇帝，大运河便是融合黄河与长江文明的纽带。仅从这一点来看，隋炀帝并非一无是处，反而也有功德。唐初的侯君集、李祎、李靖、李道宗、阿史那社尔等人对河西及今新疆地区的再恢复之功，使得整个唐帝国受益匪浅，也使得有唐一代，成为中国历史上对外交往与东西文明文化相互渗透与流播最为兴盛的时期。

日渐当空，头顶热，坡上的植物和泥土也似乎有些焦躁。乘坐缆车下山，打车到滨河路找了一家餐馆吃饭，再转到黄河边喝茶。坐在其中一艘永不航行的船上，面对滔滔黄河，大着嗓门冲裹石卷沙的大河胡乱大喊。没人听到我们在喊什么，这也注定不会得到任何人的关注，因为喊声还没出口，就被大水或者迎面的河风吞噬了。

要一杯三炮台，坐在船上，看黄河，心有所思。三炮台原产于成都，据说是时任剑南道牙将、后为四川节度使的崔宁女儿发明的。《旧唐书》上说，崔宁为儒家学子，喜好纵横之术。所谓的"盖碗茶"，由茶盖、茶碗、茶船子三部分组成，故名之，寓意为"天盖之，茶盖；地载之，茶船；人育之，茶碗"。这既体现了蜀地的人文思想，又显示了川人对于生活的理解和日常方式。大致于明清时期传至西北，最先在回族民众之间流行开来，逐渐成为兰州的一个特产，其主要用料为上等菊花、福建桂圆、新疆葡萄干、甘肃临泽小枣、荔枝干、优质冰糖等，味道极为鲜、爽、滑。

滔滔不尽的黄河，携带着亿万砂砾、草芥、朽木甚至牛羊的尸体，令人思绪万千。其中的生死，都是无穷无尽的，就像我们所在的这个嘈杂又络绎不绝的人间，一代人来了，一代人去了，这来去之间，正如河水，兀自浩荡，像极了世事和万物的命运。同时也才明白，人只有借助于身外之物，方才能够看清自己，并从中获得教益。

从这个时候开始，每次到兰州，不管风和日丽，还是朔风呼啸，我都要一个人去黄河边上坐一会儿。坐在临水的某艘船只上，要一杯三炮台，对着泱泱黄河，边喝边思绪纷飞。那种感觉，没有去过或者体验过的人是难以体会的。由此，我也觉得，每一个地方都有它的妙处，而这些妙处，却不是因为某些宏伟建筑，而是因为某一种特有的细节，比如独自在黄河边上喝茶。

兰州是被黄河一分为二的高台子上的城市，皋兰山在其左，白塔山在其右。黄河携带万千泥沙，从巴颜喀拉山以冰雪之身滔滔而来，在兰州地段，以弯曲的、平缓的、湍急的姿势款步走过，并且绵绵不绝。当然，黄河也是一个庞大而悠长的名词，古书称为"河"，发源于巴颜喀拉山，全长5464公里，沿途穿越青海、四川、甘肃、宁夏、内蒙古、陕西、山西、河南等9个省区，并在山东垦利县注入渤海。

黄河流过的是文明和思想，是北方文化的代名词。

就是这一次，我才发现，黄河在兰州一点都不安稳，其在平静的表面之下，隐藏和激荡着无数的漩涡。坐在河边，你可以闻到浓烈的土腥味，很呛人。黄河作为北方文化的一个象征，其丰富的蕴含绝不是"母亲"这个词汇可以囊括的。黄河还有暴虐的一面，它对山川乃至沿途的冲刷和撞击、撕裂和破坏的力度也极大。几乎每隔几年或者十几年，黄河流域都会出现洪水决堤冲毁城镇及良田，吞噬人和牲畜的惨烈之事。仅李世民时代，黄河就决堤上百次。

灾难与幸福同在，黄河决堤和改道，给人们和其他生命带来巨大损失和痛楚，同时也留下了万顷良田。无论是谁，只要站在黄河岸边，都会想起巍峨的雪山，青藏高地上的云朵、牦牛和冰雪。浩荡之水从高处向低处的流动和灌溉，是圣洁和超拔对低地生灵的一种洗礼、塑造和"启发"。尤其黄河兰州段，七里河区的坦荡宽阔与城关区的湍急流深，再向上处的狭窄逼仄和参差地势，使得黄河在不同流域具有不同的身姿和内涵，进而影响着两岸的生态甚至生民的习性。

黄河流态塑造了兰州人的脾性，如直率甚至木讷诚实，暗藏心机而又思维沉潜，乐于表现却又内敛，坦诚又不忘自我保留。

偶尔会看到渐趋消失的羊皮筏子，在黄河水中，其如同滚动的褐红色的岩石，也好像不属于兰州，而是青藏高原的微缩部分，抑或辽远高地上的某种神谕或谶语。这种运输工具，多年来盛行于兰州乃至宁夏黄河沿岸，具体做法是"缝革为囊"，即将牛羊宰杀之后，掏空内脏，然后注入相当的空气，便可以用来在水上运输少量物资，并助人泅渡；后为了加大运载量，采用缝合的方式，将几张或者数张牛羊皮缝合在一起，进而构成了大小不一的筏子。

说起诗歌的时候，几乎每个人都认为，天才诗人李白的"君不见黄河之水天上来，奔流到海不复回"是写黄河的最好的诗句，从古至今，尚无人超越。随便一句"天上来"，黄河便具备了神性，也更黄钟大吕了。仔细想起来，李白在写这首诗歌的时候，大抵也是无话可说之后的一种概括，却没有想到，他一下子就探进了黄河的本质与核心。后世诗人，面对李白此句，肯定都会心神黯然、诗情消泯的。

入夜，两岸灯火次第，映在滔滔河流上，土腥味愈发浓郁，兼还有牛羊粪便和青草腐烂的气息。有风吹来，凉意袭身。站起身，看河水暗自喧哗，隆重而层叠的灯火在河面上不过是一种人间的色彩，所有的一切都在流动和转换，都在被时间悄悄篡改。

作为甘肃省府，兰州显然是甘青宁新交汇之地，是进出西北的第一站，也是最后一站。它是一个比较粗糙的城市，大块的羊肉和牛肉，以及加了辣椒和醋的各种面食，酿皮子大抵是甘青新宁四省区的人们最喜欢的吃食了。其中的牛肉面与兰州人息息相关，从大人到小孩，每一天都要吃一顿牛肉面才算舒服，才觉得这一天过得充实甚至有价值。

对兰州乃至甘肃人来说，牛肉面已经不是一款简单的饭食，而是一种心理的依赖与文化了。据说，牛肉面是一位名叫马保子的人于1916年发明的，此人贫寒，便把做好的面食挑着沿街叫卖，先是由炖熟的牛肉作为主汤料，后将煮过牛、羊肝的汤兑入，以至于牛肉面飘香扑鼻，迅速受到人们喜欢。既而，他开设了一家店，进而大面积地流行开来。有美食者说，牛肉面以"汤镜者清，肉烂者香，面细者精"为其独特风味标识，以"一清二白三红四绿"的色彩为优胜。

我本人在甘肃的最初几年，实在是不喜欢吃牛肉面。几年后，却也口味转变，对牛肉面也有了很深的依赖。每次到兰州，一下火车，要是早上，必定找一家牛肉面馆吃一碗，然后再去办事。当然，在兰州不止这些，有些时候，不喝酒，有几位不错的朋友，抽空去茶吧小坐，说说各自的心事，讨论一些很严肃的话题，也觉得很有意思。尤其是夜深人静之时，大家在安静的路灯下告别的情境，似乎比宏大的宴会和聚会更动人。

站在窗前，夜越来越深的兰州有一种说不清的味道，稀疏的人和车辆，偶尔的呼啸声而过。黄河涛声依稀可闻。更神奇的是，听觉里似乎有钟声，方向好像是三台阁、五泉山。这五泉山，实际上是皋兰山的北麓，以有甘露、掬月、摸子、惠等五眼清泉而成名。有传说曰，汉武帝元狩三年，霍去病带兵至此，以马鞭抽打山崖，遂有泉水。这个传说，当然也是穿凿附会。这五眼泉水之外，还有庞大的古代建筑群，如蝴蝶亭、金刚殿、大雄宝殿、万源阁、文昌宫、地藏寺、千佛阁等依山就势，层层相叠；此外，还有文昌宫并诸多石阶栈桥和亭阁四廊。

站在五泉山上，兰州尽揽眼底，窄长的城市分披黄河两岸。对面的白塔山也是极负盛名，植被厚密。因为处在兰州黄河北侧，古来便是一座重要关口。山下有金城、玉迭两关。山上的白塔始建于元代。斯时，兰州等地为西夏占据。及至元初，成吉思汗致书吐蕃乌斯藏地区的萨迦派法王，希望能够和平统一藏区。萨迦派法王分析形势后，派属下一位喇嘛去蒙古拜见成吉思汗，可惜，行至兰州，喇嘛大使不幸染病去世。1226年冬，元朝灭西夏，为纪念那位喇嘛，遂在白塔山巅修建了一座垩饰如雪的白塔并寺院。

我曾多次对没有去过西北的朋友说，要了解真正的西北，就必须从兰州开始行走。再越过黄河，深入河西走廊，每到一个地方，一定要停留几天专心看看，如此一直到敦煌、阳关，如果时间允许，还可以去新疆看看。丝绸之路，那么遥远、神秘、博大，充满混血的情调。唯独西北，才是放纵胸襟和驰骋想象，并在黄沙围困的诸多人文遗迹中念想往事、检视内心的最佳之地。

每一次去兰州，心中就升起一团兴奋，这时候我才发现，我与兰州这座城市已经有了一种相互渗透、不忍割舍的关系。后来的几次，再到兰州，我又一次去了皋兰山、白塔山和五泉山；在黄河边喝三炮台，早上起来吃牛肉面，还去了皋兰县境内的什川梨园，可惜过了春天，满树都是绿叶和梨子，美好的果实在其中沉甸甸地悬挂。

还有几次，我和几个朋友从兰州出发，过黄河、乌鞘岭，到凉州，这里的一切都是我熟悉的，但每一次我都觉得新鲜。再张掖、酒泉、嘉峪关，在最西边的长城上，说起征伐西北的明朝将领冯胜，特别是他的命运。再去敦煌、阳关，当年的李广利、张仁愿、张守珪等人的故事在此依旧流传。特别是归义军首领张仪潮和曹议金家族的往事，在敦煌民间也有着很深的记忆。当然还会说起藏经洞的发现者王圆箓，这个湖北籍的道士，对莫高窟其实还是有功劳的，以至于其发现藏经洞以及将其出卖的本意，大抵也是为了求得基本的生存。其实，每个人都受制于自己所在的时代，他的眼界、思想和认知就那么一个样子，倘若让他像当代人这般超前，也是不切实际的。

当我离开甘肃寄居于成都之后，去兰州的机会就很少了，但一直觉得那座城市很亲切也很熟悉，每次提到它的名字，就想起自己当年在三台阁敲钟祈福，骑马奔跑，夜晚在某些饭馆里喝酒，坐在黄河边看着滔滔逝水，独自一人喝三炮台，想心事等等情境。记得有一次，我还在兰州的黄河边上写了几首诗歌，其中有这么几句："这一天我在黄河，数河沙／数年华，数一个男人和一个女人／怎么才能够滔滔不绝，数黄河兰州段的羊皮筏子／以及渡河的风，怎么才能躲避／近在咫尺的生死。"

在我个人的印象里，整个兰州市好像一只细长的口袋，其中散发着

熟牛肉和清炖羊肉的腥味,也翻飞着黄尘与落叶,当然,还有那么多的人居、公园和古迹。东去西往的列车像刀子一样从皋兰山下穿过,越过黄河不断到来或远去。而一座城市,和在其中的每个人,其实都是凡俗的。因为,我们在人间的生活,凡俗才是根本的底色,就像黄河的兰州或者兰州的黄河,它滚滚向前的颜色之间,涌动着的是永无休止的前来、过往,以及存在和消失的永恒命题。

五凉古都：游历的武威

凌晨3点47分，凉州在黑暗中沉溺，许多人的睡眠在王朝、诗歌、纸巾和尘埃之间，鼾声连连或者悄无声息。有些陈旧的武威车站广场有三匹铜奔马、三五座花坛，当然还有大批停靠的车辆，再远处的灯光稀疏、昏暗，使得四周的黑暗仍旧浓重。我一个人站在那里，好几个出租车司机上来询问我要去哪里。他们的眼睛发亮，舌头打卷，面色上似乎有土。其中一位，面相还算和善。他的车子在台阶下面，红色轿车在昏暗的灯光下，崭新、静寂、甚至有些虚幻。我坐在副驾驶上，顺从、谦卑的态度里面还有着祈求和怀疑。

这一时刻，我肯定不被重视，多数人都还在自我的睡眠当中，再者说，这座城市迎接也可能厌倦了太多的过客。过往的和现在的，外来者，且众多的人，从凉州、凉州的一侧、从葡萄、马厩、红衣喇嘛诵经和大片的乌鸦声中，快马驰去或者趔趄走过。他们肯定是旧时的军队、诗人、僧侣、异族、商贾等等，大都口衔胡笳，在夜晚横吹羌笛，跳胡旋舞，在大漠弯弓射雕，还有的人，迷醉于青楼的花灯与胭脂、美酒……这样的人古往今来，数不胜数。

从前的凉州，是长安通往欧亚大陆的重要节点之一，它是凉州，也叫武威，还叫西凉和姑臧，做过五凉王朝的都城，也长期作为唐时代河西节度使的大本营即治所所在地。它最初的名字来自西汉，与汉武帝、卫青、霍去病，乃至吕光、段业、沮渠蒙逊、李轨、李暠等人有着紧密联系。

在21世纪之初的这一个夜晚，我肯定也算是凉州的一个过客，更是一个到此一游的消遣者。在很多时候，人的出生地限制了我们对于世界的想象，在没有涉足西北之前，我只听说过武威这样的一个地名，对它的由来和历史不甚了了。从军巴丹吉林沙漠之后，我从当地的资料看到，河西走廊居然有着如此丰沛与灿烂的文化和历史，特别是那些游走于大陆之上的人们，不管是何种身份，他们由此行走而抵达的终点，似乎都是浪漫的、艰苦的，同时也是神奇的，充满生命和精神的张力的。多少文化和文明由此东进西传，这才是最重要的。人生乃至人类，唯一能够打败时间的东西，就是我们所创造的文明和文化。

我还记得，王忠嗣、郭元振、张孝嵩、哥舒翰、皇甫惟明等人，在武威做过很长时间的节度使。他们是这个城市在很多年前最著名的过客，也是唐帝国当年兴盛时期，在河西走廊最有力的政治和军事存在。

带着这样的思绪，到达步行街西边。此时，凉州的灯光依旧昏暗，众多的楼宇，其窗口用黑色的方式关闭，没有一个人走过。细微的风卷着我看不见的尘土，带动着不知谁丢下的白色垃圾，嘶嘶啦啦地滑行。我背着简单的行包，站在街上，一句话不说。星空隐秘，上弦月面孔模糊，像被风吹着的止水。大理石圈起的花坛，塑料的花朵青草围拢，迎风微飘着黯淡的旗帜。我看着远处的黑暗，夜色渐渐泛白，在东边，有一种黑色的透明感。

武威却渐渐明朗，仿佛万千透明的颗粒，在空中蜂拥，在我的视线中形成一种奇怪的黑的意识和感觉，我使劲地往黑色的深处看，越过那些颗粒，像刀子一样，似乎进入了这座城市的内心，我看见了那些在这里写诗、亵狎妓、患病、离散和杀戮的人，看见了大风尘土吹散的骨殖和细灰、飞扬的旌旗和身背三弦的流浪艺人；看见了众多的养马人家，青砖瓦舍，有人在深夜潜入马厩，又被芨芨草拧成的绳索拖到黑漆漆的衙门。

这时候，有人叫响我的名字。他面色异常慵倦，显然是在睡眠之中被我惊扰了。他拖着有些肥胖的身躯，从一侧的小巷子里面，拖着短促的足音，走到我的面前。

武威，凉州的天空，明澈、高远，却又布满了古代的疑云，在天边，也在这座城市的正头顶。打在窗棂上的阳光似乎只保留了其中的某一部分，更多的已不知去向。一个叫谢荣胜的诗人来到另一间房间，叫醒实际上已经睡醒的我。大街上的人已经很多了，我仍旧看不清他们的脸，好像隔着一层薄纱。跟在谢荣胜后面，我不知道要去哪里。他的脚步在熟悉的街道上缓步慢行，走路的姿势像是唐朝的，优雅、沉静、自在。我亦步亦趋，不断路过商场、牛肉面馆、专卖店、茶叶店、家属院，眼光在两边陌生的人群和建筑上面浏览。

步行街东边的铜奔马为雪青色，这一个造型奇美的文物，即出土于武威的雷台汉墓，有人说它是"马踏飞燕"，也有人称之为"铜奔马"。但我觉得，当时的西汉帝国的人果真以骏马踏压匈奴为某种期望和寓意的话，似乎有些小家子气了。在我的内心，更倾向于后者，铜奔马只是一种高超的艺术造型，铸造者的一种精神寄寓，甚至只是单纯的一种艺术巧思与实验。这样更能显示出当时铸造者的纯粹之心。被作为武威市标的铜奔马，沸腾在高大的柱子之上，那种姿势，力度匀称，脚下飞雁面孔扭曲，张开大的马嘴，似乎可以看见它在大雪之中奔腾时的口雾，在满月之夜闪光的牙齿和眼睛。

武威乃至整个河西走廊，从来就是边塞之地，也是边塞的代名词。边塞诗当中，充满了武威和凉州的意象。"葡萄美酒夜光杯，欲饮琵琶马上催。""边城暮雨雁飞低，芦笋初生渐欲齐。""单于北望拂云堆，杀马登坛祭几回。""乡思空忆篱边菊，举目凉州雁影斜。""凉州四面皆沙碛，风吹沙平马无迹。"如此等等，几乎每个到达过凉州的文人，都写下了他们关于凉州的诗句。其中还有现代的作家老舍等人。对于凉州来说，诗歌是最好的注脚，也是最好的赋予和寄托。这也说明，不管是武威还是凉州，它本身就是诗歌之地，是中国古典诗词当中绕不过去的一个隆重意象，也是最富有铁血气息与边塞意味的一个重要的文化存在和精神"符号"。

如今的凉州阳光落在路边的槐树叶子上面，有一种浅浅的金属质感。许多人在铜奔马之下照相留念，他们摆出各种各样的姿势，用相机拍摄，被路人有意无意看到。这种到此一游、扭捏作姿拍照的做法，显然是轻佻的，尤其对于武威来说。当然，我也是他们其中一个，也凡俗至极，想把自己和仿制的艺术品收进个人生命的某一个瞬间，便于老来在冬日的日光下翻检，眼神迷茫地回想。我还注意到，这凉州街上，大多数行人脸色淡黄，也有一些很白，两颊紫红，都是不太真切的那种。他们心不在焉，或目不转睛，或脚步匆匆，气喘吁吁。

也和河西的其他地方一样，武威的吃食也简单，早上是西北一贯的牛肉面、臊子面、包子和米粥，诸多的人聚集在一条浅浅的巷子里面，趴在单薄的桌面上，嘴巴里吸溜溜地吃着早点。这黄土的巷道里面早就堆满垃圾、污水上面飘着黑色的油腥，有人从最里面出来，描眉画目的女子，引车卖浆的老人，美颜与皱纹、朱唇与胡子形成对比。上学的孩童似乎也很多，他们的书包很重，不时松动一下勒着的肩膀，在大街上，从人群中穿过，去向他们要去的地方。

凌晨来接我的谢荣胜，是当地一位诗人，而且是土生土长的凉州人，20世纪90年代，他的诗歌写作很是活跃，近些年来，似乎写得少了。吃了早饭，他引荐我去见了李学辉，这是一位当地的小说家，以数部长篇和中短篇小说在国内产生了广泛的影响。我们聊了一会儿，李学辉和谢荣胜搞了一台车，说要带我去天梯山，这天梯山上，也是一处石窟所在地，并且那里的泱泱水库之间，还有一尊站着的巨大佛像。当地人说，当年佛祖西来，在河西留下了三种姿势，即张掖的睡佛、山丹的坐佛和天梯山的站佛。

向上的路很是陡峭，车子载不动我们这一车的肉体，在一面陡坡上被迫停下。我们只好下车，将它推了上去，一绺黑烟升起来，越升越高，衬着灰蓝色的天空看过去，像一气呵成的一声大哭。站立的大佛在天梯山水库一侧的山崖下，那座山的外形，像极了一只巨龟。巨龟和麒麟等，都是中国文化中的瑞兽，这种寓意，在天梯山体现得更为真切。然而，这座山却也很荒寂，其上草木稀疏，不见牛羊。到山顶，就看到了天梯湖。偌大的湖，在山间，在天梯山的马兰草滩，层次分明，靠西的一面呈白色，向东发黑，后而又白，依次展开。水面平静，尽管呼呼有风，但几乎看不到涟漪。不远处的村庄在灰色雾气当中，家畜的响亮叫声不时传来，在树木枝叶和藤蔓之上，摇晃着早晨的露珠。

风凉，站在湖边，干净的风在身上，在临近湖水的杨树叶子上，哗哗作响。李学辉、谢荣胜给我引见了赵旭峰，他头顶光脱，像我一样，脸孔黝黑，被太阳晒黑，不甚粗糙，甚至显得自然可靠。在天梯山博物馆，他专业的解说让我感到了优雅、出色和尊敬。此时，我也得知，赵旭峰也是一位作家，写过多部中长篇小说，这令我肃然起敬。文人，特别是处在最底层的写作者，其文学境遇完全是世俗的，也是难熬甚至煎熬的。而赵旭峰能够写出自己的小说作品，且受到了同行的尊重，这是了不起的一件事。

赵旭峰的谦卑和尊敬又让我感到了汗颜，在佛窟之中，他口若悬河，说到魏晋时期壁画、印度飞天、释迦牟尼、男性菩萨、出土陶罐、神像佛龛……我嗅到了浓重的朝代和泥土甚至墓葬的气息，它们氤氲着，无时无刻地向着周围的墙壁、玻璃、游客散发着它们自己的独特味道。

巨大的站佛单掌直竖，面目雍容，面对天梯湖水，身子在水下。他们之间是一道高逾十米的大坝，但大理石和水泥的灌注似乎并不能阻止细水向内的渗透和漫洇。站在对面的大坝上面，平视的湖水，这时候泛起了细小的波纹。端坐天梯山的巨佛一脸的了悟和明澈，细长的眼睛似乎看穿了所有人的肉体、欲望和灵魂。

我打了一个寒战，全身瞬间冰凉，急忙移开目光，同时也看到了大佛头顶的鸟粪、崭新的护板、以及再向上的梭梭草、嵌在泥土里面的白色石砾等等，东边的山岭状似龟头，山峦凸凹不平、散漫的羊只肯定没人看管……沿着陡陡的台阶向下，进入水的内部——实际上是一个坝子，厚厚的水泥墙隔住了水库。在大佛脚下，我抬头仰望，瞬间被佛俯视的眼光震慑了，他眼中的那种透彻的温暖和关照，令人觉得羞愧。我注意到，香炉里的青烟稀少，白色的烟灰仅仅六根在慢慢燃烧。就着酥油灯，我点燃了三支，恭敬插上，俯身向下的时刻，看到了大佛和他弟子、护法的脚、脚踏的乌龟。一面的山壁异常潮湿，青草茂盛，干燥处的白土上面，长着几丛叶子高挑、状似剑刃的马兰。

返回的路上，看见泡在水里的杨树，其叶子发红，略带黑点，一棵一棵地，在水中，在天梯湖内，和我一起，看到了又一年秋天开始的模样。

当日中午，我在赵旭峰先生家中喝酒，醉得不省人事。次日凌晨，忽然醒来的时候，触目是黑，外面的街灯稀薄，透过谢荣胜家的窗帘。灯光亮的时候，我又想起了赵旭峰，他唱的民歌实在是太好听了，听着干净异常。他沙哑、单纯、干净的嗓音令人迷醉，缠绕了我的耳朵和内心。朴素、心动、明澈、土腥，在天梯山间，在简约的民居，即赵旭峰的家里，将我全身心地打动。我记得自己当时赖着不走，似乎是谢荣胜和李学辉兄将我抱上车。在返回的路上，我失去了知觉，温热的酒精注入了我的血液、内心和灵魂，它在燃烧和摧毁。倾听民歌，我平生第一次被它击中了。那枚优秀的子弹，导致的不是死亡，而是纯净的精神提升。

我对李学辉和谢荣胜一再说，赵旭峰的民歌，绝对是一笔精神财富，是凉州小曲中最为精华的那一部分，一定要将其记录下来，并传承下去。

但我也深知，这样的事情，要有一定的人力和财力才可以完成。再后来，我遇到了几个有这个能力的人，向他们隆重推荐了赵旭峰和他的凉州小曲。

李学辉、谢荣胜又带我去了民勤沙漠公园，中午的阳光下，有大片的沙枣树、剑兰、刺槐、玫瑰、红果、沙蓬。稀少的游人在空旷的砂土上驾驶着摩托车，或者沿着人工湖散步。在蒙古包的一边，我吃了两碗沙米粉，鲜红的辣椒、滑溜的米粉和陈醋混合的味道，让我觉得这就是世上最好的吃食了。卖米粉的妇女面庞发黑，皱纹包围的眼睛显得木讷和真实。而在沙生植物园区，我看到了众多的沙生植物，在里面走了一圈，一个个叫响它们的名字，却又很快忘记了，我显然是善忘的、仓促的，我知道它们从根本上属于民勤沙漠公园，属于地球上所有的浩瀚大漠。我记得曾经摘了其中一枚小小的黑果，放在嘴里，牙齿一碰，冒出一股紫黑色的水汁，在舌尖上发涩。

中午到清水镇，在一家餐馆里，我吃到了蒸熟的玉米和土豆。尤其是土豆，沙、绵，还带着一股香味。在凉州，与李学辉和谢荣胜等人一起，我尤其快乐。也不间断地想起和谈论金日磾、段颎、马超、鸠摩罗什、阴铿、李轨、段业、沮渠男成，以及唐玄奘、岑参、王维、李益、李贺、高适、李益、林则徐，还有党项、唐古特、吐谷浑、大月氏、匈奴、突厥、回纥等等与凉州有关的游猎民族。毋庸讳言，所有关于凉州的旧事和留下名讳与作品的人，都成了凉州牢固的一部分。

特别是那些古往今来的诗人和他们的诗歌，那都是一种穿透和覆盖，是到达和终极，是望不尽的关堞、风雪、美酒和死亡，是我血液和灵魂的高贵因素，是大风之后的浮尘、月色和马匹的嘶鸣。那么多的民族，来来往往，旌旗、铁血、弯刀、鸣镝、号角和嘶喊，倒毙的人眉毛挂霜，眼角黑紫的人，上冻的火苗，幽深的道路上有着无数的马蹄、驼掌、干裂跄跟的脚印中，那么多人在丝绸独特行动，在诵经声中，面带青铜，在河西时间最久的京都之城，成为历史，成为葡萄和青草之间的无形雕像。

文庙、海藏寺、大云寺、西夏碑、雷台汉墓、白塔寺，武威不愧是作为国都的城市，王朝虽小，且国祚短暂，但其留下的文化胜迹，却是河西走廊中最多的。尤其是著名的鸠摩罗什寺，这个出生于和田的高僧，对于佛法的东传之功，大抵是释迦牟尼之后唯一一人，当然还有伟大的唐玄奘。

现在武威的鸠摩罗什寺内，供奉着他不化的舍利。鸠摩罗什于凉州的遭遇，特别是吕光逼迫他破戒的惨烈，我感到了吕光这个人的邪恶，尽管吕光等人的恶，也源于当时乱世的那个大背景。魏晋时期，是一个剧烈而又残暴的年代，频繁的更换与频繁的谋逆，相互的杀戮和攻伐，上演的是生灵罹难的旷世惨剧。

在雷台汉墓之中，我穿梭和观瞻，在那些飞檐画梁、巍峨雕像、地下墓穴之间看见岁月深处闪动的亮光：黑色、雪青色……在它们里面，我似乎觉出了那隐藏在黄土下面的勃勃心跳；那些古老的木马、雄劲的马、驰骋的马、高蹈的马、务实的马、驾辕的马……一千多年来，一直跟随墓主人，在地下进行着另一段生命旅程。

文庙中的那块大理石上，镌刻了那个叫作西夏民族的短暂命运，其中的文字既淡薄如纸又凝重如悲歌。西夏这个由党项和羌族组成的部落联盟，其兴也勃焉，其亡也速焉，这是很多游牧政权的铁律。可是，人和万物也是如此，兴亡两个极端，在历史上进行了无数次的推演。灭亡他们的蒙古也是如此，就像武威的五凉王朝。人世间的事物，最好的事情，便是以一种不过激的、中和的方式来限定和防止速兴速亡的历史概率。

但从本质上说，我们所在的这个世界，向来没有完美之物，人也是如此。无论是谁，都是时间的祭品。和朋友到车站，向李学辉和谢荣胜告别之后，坐上班车，我的意识仍沉浸在凉州的古迹、传说和民歌当中，我看到的现代的车辆似乎从古代驶出,轰鸣的声音像是古代四散的乱军。我乘坐的那班车旅客稀少,空荡荡的车厢里,有人睡眠,有人说话,我拿出一本朋友送我的关于凉州历史的书籍,在空白页上写道,"凉州城里,养马的人家青砖瓦舍,有人以歌安家,随一绺王朝破败烟尘,面朝中原,把自己的眼睛望成白骨或者玛瑙"。这诗句显然太过抽象化了,甚至有些言不及义,但几天的凉州之行,似乎已经深入到了我的内心,就像一座城市,像是一幅图画,像是一种声音及其打动的别样情感,更像是一种注入灵魂的血液与念想。

天境祁连山

对于早期西北——尤其那些以快马长刀啸聚高原、此消彼长,不断争做主角,素来"以力为雄、以暴易暴""利则进,不利则退,不羞遁走""以战止战,以战养生"的游牧民族来说,在持续数千年的冷兵器时代,要想获得更好的生存发展、战争资源、有利地势和战略缓冲,就必须抢占有利位置,控制天然资源,用以保障自身发展安全和抵御他族侵扰的安身立命与攻守进退。横亘于今甘肃西部和青海东北部,东西长870公里,南北宽200到400公里之间的祁连山,正处在西域与黄河谷地、中央帝国首都京畿外围区。不论是文明发达的农耕地区及其中央统治帝国,还是发展较为缓慢的游牧地带及"其兴也勃焉,其亡也忽焉"的游牧势力;无论是前进还是后退,向西还是向东,去往青海、西藏还是大漠之北,都必然要逾越这道庞大、巍峨的自然屏障。

早在历史蒙昧时期,祁连山四周便是乌孙、月氏、匈奴、东胡、西羌等民族聚居、发展、生息和不断争夺之地。今陇南市据传为秦嬴政家族发源地。后大月氏逐走了先前生存在这里的乌孙,乌孙远遁至今新疆伊犁河谷定居。汉文帝五年(公元前175年),匈奴帝国崛起,先后两次击败大月氏。第二次,老上单于甚至将月氏汗王头颅割下,做了一只精美的镶金酒具。直到匈奴内部矛盾突出,驻守河西的浑邪王,因作战不利,害怕被伊稚斜单于治罪,转而暗通西汉并表示愿意投降。霍去病引兵深入河西接应,才使得整个河西走廊乃至祁连山以北地区尽入西汉版图。尤其是武威、张掖、酒泉、敦煌四郡的同时设立,标志着河西地区正式成为西汉帝国辖境。

祁连山西端在当金山口与阿尔金山脉相接。东端至黄河谷地，毗邻秦岭、六盘山。最宽处在今天的甘肃酒泉市与新疆柴达木盆地之间，约长300千米。

因处在河西之南，祁连山也被称为走廊南山。

这是一座庞大的、历史的、文化的、生存的、梦想的、战争的、圣洁的山脉，其中包括托来山、托来南山、野马南山、疏勒南山、党河南山、土尔根达坂山、柴达木山和宗务隆山等与人群生存、信仰、发展、习性有密切关联的山脉，总面积2062平方公里。最高峰为疏勒南山团结峰，海拔5808米，与主峰岗则吾结的海拔相同。

为更加清晰，有必要就这些山脉做简要介绍。

1.托来山，在蒙古语中意为"有柴火的山"，位于黑河、八宝河与托来河、大通河上游之间。东起门源县青石嘴，西延至二指哈拉山口。山峰海拔4000米至4500米，最高峰阴凹槽黑山海拔4849米。较高西北段为托来山的主体部分，较低东南段叫默勒山，也叫俄博山。

2.托来南山，又叫巴索拉岭，位于疏勒河与托来河之间，西北以疏勒河与大雪山分界，东南以萨拉河上游与默勒山分界，东段在青海省境内。山峰海拔4500米至5000米，最高峰是吾德额钦，海拔5294米。

3.疏勒南山，位于疏勒河之南，党河、哈拉湖之北。东起青海大通河源，向西延至党河支流尧勒特沟附近出青海。西段在甘肃省境内叫野马南山，中段和东段在青海境内。中段的最高地段也是祁连山脉隆起的最高地段，5000米以上的山地分布广阔，5500米以上的山峰有三座，最高峰是岗则吾结，海拔5808米。东段名沙果林那穆吉木岭。

4.大通山，位于布哈河和大通河之间，东以北川河、大通河支流萨拉沟一线与达坂山相接，长300公里，宽50~60公里，山岭西北高、东南低，最高峰位于西端，海拔4849米。

5. 达坂山,又叫大坂山或青石岭,位于湟水与大通河之间,西北起自北川河干流,东南至大通河下游。在青海省境,山峰海拔一般在 4000 米左右。山体北部较高,主峰脉络清楚;南部由于湟水支流切割较低缓破碎,最高峰仙密大山海拔 4353 米。

6. 党河南山,蒙古语叫乌兰达坂,意为"红色的岭",位于今敦煌境内的党河与大哈尔腾河之间,西以当金山口与阿尔金山脉分界,东到哈拉湖西南部。东段全部在青海省境内。海拔 5000 米左右,最高峰位于古尔班保,海拔 5620 米。

7. 土尔根达坂山,又叫哈尔根达坂山。西起今阿克塞苏干湖盆地以东,东到乌兰哈德郭勒源头。东、西两端较窄,东端仅 20 公里。整个山地被小哈尔腾河、鱼卡河分为北、中、南三支。东西长 75 公里,南北宽 10~15 公里。山岭西部较低,东部较高,山峰海拔 4000~5000 米。最高峰位于东部,海拔 5249 米。

8. 青海南山,因位于青海湖(青海湖曾名青海)之南而得名,又叫库库诺尔岭,位于青海湖、布哈河、哈拉湖南,沙珠玉盆地、德令哈盆地北;东从倒淌河与拉脊山分界,西在阿让郭勒河源头与土尔根达坂山、党河南山过渡。长 500 公里,宽 20~90 公里。山峰海拔在 4000~5000 米,西北高、东南低。最高峰位于西部的哈尔科山,海拔 5139 米。

9. 拉脊山,曾称小积石山或唐述山。位于湟水和黄河干流之间,西起干子河口,东到青海省界。长 260 公里,宽 20~40 公里,山峰多在海拔 4000~4500 米之间,最高峰野牛山海拔 4832 米。其青沙山口、拉脊山口、日月山口均是出入西宁的重要交通要道。山峰海拔多在 4000 米左右,最高峰阿勒大湾山海拔 4455 米。日月山自古以来就是青海省东西之间的交通要道。

另有位于柴达木盆地北缘的赛什腾山、绿梁山、锡铁山、阿木尼克山、牦牛山等，现为新疆辖境，属柴达木盆地范围，在地质构造上属祁连山地槽褶皱系，故称柴达木盆地北缘诸山，但从山系考察，仍应归于祁连山脉。

这些山脉分别深入甘肃、新疆和青海境内，但主体部分在甘肃河西走廊，是出黄河谷地之后，向西——新疆和中亚、欧洲的第一座高山。值得一提的是，河西走廊在著名的丝绸之路中的地位和作用自古显赫，河西道不仅作为丝绸之路主道，还在各种历史条件和时代背景下，衍生出青海道（吐谷浑道）、回鹘道等。至阳关，丝绸之路又分南道北道，通印度、巴基斯坦，也通中亚。其在中西文明相互渗透，文化和物质交流当中的巨大作用，凡是论及陆上丝绸之路，总是无法绕开，且承担了重大历史使命。其在丝绸之路上所创造的文化和文明，所进行和发生过的各种传奇和重大事件，都一度影响着整个世界文明的进程。

作为雄峙一方的山系，祁连山以其绵长、雄浑、开阔、高耸之姿，丰沛的雪水，奇特的自然地理，特色鲜明的地域文化，既农耕又游牧，既定居又迁徙，混血成分突出，且历史源流驳杂的自然和人文特征，绵延不断地孕育和"混杂"了众多的民族和西来东往的文化、信仰精神和物质物种，其不仅都在这片土地上留下浓重痕迹，也深刻地影响着当地居民的文化习性和生活风俗。以至于如今的祁连山脉内外，民族众多，风情风俗多彩。居民来源复杂，民族杂糅交汇程度源深流长。与其他地区相比，这里有着复杂多变的历史源流与鲜明的地理特征。特别是长期生活在祁连山内外的原居民，其民风剽悍而又素朴，自由也显拘谨；好动又爱静，木讷却又精明，仗义也本分，安贫更思变。

匈奴故地：焉支山上

　　高适只是在焉支山下的戈壁滩上望了望，他站立的位置大概在今天的山丹县城。他也遵从那个年代，胡子长长，脸颊瘦长，官帽和蟒袍上面尘土很多，胯下的马匹一个劲儿地喔喔嘶鸣。当晚，他在某一个驿站，用诗歌写道："策马自沙漠，长驱登塞垣。"岑参也肯定登上过焉支山，他肯定也看到了满山遍野的草、积雪、骏马、飞鹿和青羊，他的诗歌像是负伤飞奔的豹子。他说："走马西来欲到天，辞家见月两回圆。今夜不知何处宿，平沙万里绝人烟。"他们到达的时候，大月氏和匈奴早就离开了，这焉支山，依旧是皇家的马场，当然是李唐时期，焉支山军马场内，旗帜猎猎，风吹草低，到处的马匹，飞扬着好看的鬃发，蹄声雷鸣，在青草与湿泥之上轰踏而过。

　　而今，我们坐着小汽车，这种更为快捷的交通工具，岑参、高适绝对不会想到，他们的年代只属于他们，人类文明的每一次嬗变，总是会抛弃一些事物，而过往的人，特别是我们的先辈和他们少数人的文化和文明创造，却历久弥新，永不消逝。如今的大地也改变了部分模样，我们的车轮下不只是青草、湿土和烂漫的山花，而且有了用来硬化路面的柏油。

　　车速很快，窗外是大麦的锋芒和藏红花的斑斓花朵，孩子们从村镇外围的路面上急速跑过；妇女们头包花巾，身子陷入麦地。焉支山脚下的麦子，黄得只剩下了被收割与自然掉落。沿途的村庄是由黄土构成的，用黄泥垒砌起来的房子，与大地同样颜色。黄土真是仁慈，人无论生还是死，都有赖于它们。不断有隆起的山坡，一座一座，高高低低地排列，各自独立，又互为整体。羊只、黄牛和少许的马匹在其上游弋，看起来比人安详和清闲。车子驰过，它们却无动于衷。

越往高处，道路越是狭窄，后来干脆没有了柏油，粗大的黑色石子铺了满路，村庄也逐渐稀疏。突然看到了更多更高的青山，浑圆、挺立，一脉一脉，像是一群女人的美丽胸脯。正是八月，草木正盛，缓慢移动的牦牛和马匹，像是另一种神仙般的存在。近处的植被则显得稀薄，短粗的青草之间，还有许多开过花的马莲、狗尾巴和蒲公英，以及黑黑的泥土和红色的石砾。车子不断向上，轰鸣的声音似乎马的喘息。我看见了偌大的焉支山，青草匍匐的焉支山，远处的黑色山峦，绕草场一圈，形成一道无可逾越的自然壁垒。

长满青草的焉支山，我在她的上面，我想到，高适、李昂、李白或者岑参，他们站在近处的山冈上面，捋着稀疏的长须，一个接一个地大声说："汉家未得焉支山，征戍年年沙漠间。""朝登百太峰，遥望焉支道。"站在他们当年的位置，我仰望天空，白色的云彩里面有一些黧黑，高处是蓝，蓝得让我看见天庭。

事实上，我们已经身处草场了，到处的草，连绵的草，大地的草，历史的草，鲜血和骨殖滋润的性灵的草，上面"漂浮"着个子矮小的山丹马、白色的羊群，以及黑白相间的牦牛，土石公路如同一把闪亮的长刀，划开了焉支山的外表。这道路上，先前有过多少匈奴、月氏、西汉、党项羌、回纥与蒙古的痕迹啊！那些在焉支山上路过或者居住过的人，最终都去了哪里？那些草，斜伸的茎叶，向左或者向右，我相信，它们的根都扎在了匈奴乃至众多死难者的心上。

接着是大片的大麦，低矮的大麦，芒子长长，好像王朝的那些汹涌的剑戟，根根向上。由此，我也看到了诸多手提奶桶的人、弯弓射箭的人、骑马叼羊的人、逃跑而悲歌的人，他们在不断迁徙的路上受难、怀孕和生产，在烈酒和野菊花之间葬身，也会在沙漠深处看见苍狼、流星和不点自燃的岩石。这时候，由于气候稍冷，大麦还没有成熟，麦秆侧弯。

大片的油菜花出现了，有人高声大叫，嚷着要下车，有人想要变成一只羊羔，一头扎进去，把自己都忘掉。事实上，油菜花占据了好大的一面坡面，从一面山坡到另一面山坡，一颗颗地举着金黄色的花朵，稀疏的花朵，看起来很是众多，事实上的少和看起来的多，这反映了人的盲目，也是油菜花自己的"潜规则"。无边无际的焉支山，此时此刻不动声色的焉支山，它在静止。

到达军马一场场部，一个很小的村落，到处都是悬悬欲倒的房屋，门面陈旧不堪的店铺；走来走去，或者坐在阳光下面、脸蛋红红、眼瞳发黄的少数人，一个个穿着很厚的衣裳，棉袍黑红。从一座房屋的背后，马和牦牛行走的路上，我们到了一面山坡。看起来低低的山坡、厚厚的草，已被牛羊用牙齿割断，一根根地支棱着，一边的山顶上用绳索拴着几只白羊。只见一个老妇人，头裹蓝色头巾，左手牵着不足两岁的孙子，身子挂在斜斜的坡面，一动不动，在我们身上不停打量。

看到我们这些外来者，她的孙子伸出小小的黑黑的手掌，张着小小的嘴巴，哼哼着要饮料喝。我一阵感动，天真的孩子，有着青草的眼睛，叫人格外心疼和爱惜。从前的高适、岑参、李昂，以及居住的匈奴、途经的隋炀帝乃至后来的李白，他们绝对不会遇到这样的情境，因为他们的手里握着长刀、马鞭和滴墨的笔管，而现在的我们则手无寸铁，心怀柔软。

风声四起，骨头发凉，这种穿透的力量，途经我们的肉体，去向远方。脚下的青草大都不再向上，尖尖的叶子四散开来，指着焉支山的每一个地方。我看见更多的草坡，暗绿色的，载着大批的牛羊。这里的青草也是倔强的，不随便摇摆身体，再大的风它们也只是微微点头。我们看着，蹲在它们面前，后来干脆趴下，小小的草，这时候，比我还高。

埋身青草之间，看着天空流云，内心充满宁静。其中的黑甲虫、蚂蚁，大抵就是活过一生的吧。我起身，从一面草坡到另一面草坡，中间是一道浅浅的水沟，细水从上面下来，浑浊的水，马匹和牛羊粪便的混合，没有声音，黑色的土在它们身体里面，淘出白色或者红色的石子，一边的庞大马莲丛丛散开，开过花之后的它们显得无精打采。一个老男人坐在侧面的草坡上，一块隆起的土堆承受了他的身体，他看着我们，嘴巴里面的香烟的烟雾像幽灵一样，出口就不见了踪影。左边的上方似乎有一座很大的黄土房子，虽然不断有风从它的身上掠下灰尘，但它的本质是不动的，在时间里面，像风化的石头一样不断沦陷。

我们在草坡上谈论爱情、走远的往事和过于易逝的生命，背诵别人的诗歌，青草上面落下我们的烟灰、唾沫和身体气息。渐渐地，西移的太阳之下，传来巨大的轰隆声，那是集体归圈的马匹，用四蹄敲打着整个焉支山，试图唤醒众多的沉睡的灵魂。与此同时，有人从远山返回，胳膊上挂着蘑菇，有人则唱起了歌谣。我想租一顶帐篷，赖着不走。我们知道肯定没有人驱赶，在这里，除了青草和风，我们什么都听不到。可是，无论是焉支山还是焉支山上的草和其他生灵，没有人会在意过客，我们乘着日暮，回到山丹县城时，夜已很深。

车子穿过街道，在酒水和菜肴中，我们继续谈论着匈奴和诗歌。午夜时候，我瞌睡了，梦里到处都是诗歌。后来我梦见焉支山和它无边的草场，仿佛有人在草根下喃喃说，焉支焉支，小小的匈奴／佩戴焉支的匈奴，风中的闪失／没有人的深夜，羊皮、帐篷／单于的那挂长鞭，长过了所有的黎明。后来，我惊醒，恍惚之间，仿佛听见了来自焉支山深处的歌声：焉支焉支，焉支焉支……焉支焉支，细微、尖锐、持久的声音，通过在凌晨结霜的玻璃，把我的想象和内心打疼。

民乐的昼与夜

　　所有在高处的人，风和花朵，牦牛和羊群，都是有福的，书写他们的诗人和歌唱者多么幸运！2005年7月底的时候，河西走廊的炎热从我在民乐县城的身体上开始撤退。我出民乐县城向南，在飞驰的车上，可以清晰地感觉到逐渐被不断升高的海拔瓦解的燥热。到炒面庄的时候，大片的油菜花扑面而来，金黄的花朵在青色的山下，犹如不断铺向高处的黄色地毯。迎面或者超越的车辆像飞翔一样，从我们的眼前掠过。

　　我不禁一声惊呼，大片的油菜花，祁连山高处的花朵、迟开的花朵，暴露着它们本真的生命和灵魂的颜色。铺天盖地，而又安静汹涌。在被大片的植物包围的村庄内外，到处可见安闲的房屋和散坐的人们，偶尔有放蜂者躲在路边的杨树下面，动作缓慢。飞舞的蜜蜂聚集成群，在附近的空中飞翔。

　　过炒面庄之后，四周都是金黄，青色的祁连山如同一块巨大的绿绸布，在山脊上和低洼处不断铺排，起伏着隆起。此时，那些由岩石和泥土构成的大小山峦，此刻在我的眼光里面却都是柔软的、有弹性的，即便一块巨石坠下来，也会被柔软的山坡再度弹起。

　　这就是扁都口了，甘青两省的交界处。两边的山陡峭起来，并且逐渐上升，高得接近了天空。一些山坡上，镶嵌着成片的白色，一朵一朵，好像高原的格桑花，又像是均匀分布的石英石。我知道那是羊群，高坡上的羊群，但看不出它们在动。一边的峡谷里水流看起来湍急异常，哗哗的响声敲着两个草坡和石壁。山间散落着一些帐篷，没有烟火，更无人迹。车子贴近的时候，我看到一个牧羊人，其身体躺在平坦的山头上，羊群在他上面，咩咩的声音像是婴儿的哭喊。我又笑了，也想在草坡上躺下来，在凉风当中，穿着厚厚的服饰，仰面看天空中的运动，看无尽的日月星辰的升起和隐没，接受云彩的遮蔽和光芒的照耀。

峡谷幽深，窄窄的道路在我的感觉中，像是一把锋利的刀刃，暗红色的土雾是它生锈的皮肤，抑或是它不可遏制的霸气和无可奈何的叹息。蓦然看到成群的牦牛，似乎比以往见到的在体型上要小一些，它们披着一身棕色、黑色、白色或者红色的毛发，低头吃草，不抬头看一眼我这个过客。以致走出老远，我还回头去看它们。在我的内心里，有一个隐隐的渴望——牦牛看我一眼。我总是觉得，牦牛乃至一切高原事物，都是美的、善良的。可它们的眼睛一定会在某种时候告诉我一些有关这里或者它们本身的境遇甚至秘密。

迎面一位骑马的藏人，脸色黝黑，他胯下的黑色马匹在迎面驰来的车辆前显得惊惶，咳咳嘶鸣，步步后退。到石佛寺，下车，冷风穿胸，来自青海，或者甘青两省之间祁连山混合的冷，像瀑布一样冲刷着我的身体。在路边，我几乎站立不稳，大风似乎要将我这个第一次踏上青海土地的外来者席卷而去。一边的流水如故，哗哗哗……与风声混合在一起，像是一个粗嗓子男人的歌谣，又似乎是万千军阵的厮杀声和呐喊声。沿着小桥走过去，悟杰寺中，高高的石壁，表面有些黧黑色，几乎每一块巨石的正面，都有多尊佛像。当地朋友说，当年在修路的时候，工人把这山头一层一层炸开，忽然之间，佛像显现。后来，当地部分虔诚的民众，花巨资修筑了这座庙宇。

佛龛之下，香烟缭绕。

我抬头，仰望那些石刻的佛像，它们一个个面孔雍容，超凡脱俗。我看到它们的眼睛，蓦然觉得有一种气流，随着固定而柔软的目光，进入我的身体，从心口开始，充盈胸腔。我相信那是一种非凡的力量，或者说来自某种境界的智慧和态度，让我在瞬间变得单纯和干净。我看到了放在一边的柏香，右边石壁下一串隐约的藏文。我不知道写了一些什么，我用手摸了一下，滑滑的，像是一片冰凉的肌肤。然后从一边的台阶攀缘而上，在二层，看到的佛像又是一番模样，尤其是他眼睛里自然流播的光亮，让我蓦然想到"精骛八极，心游万仞"。对面的山坡依旧陡峭高拔，几乎悬空的羊只巍然站立，且不断变换位置，熟练地吃着草。俯瞰的河水略微有些浑浊。从地势上看，它们似乎应当向南流淌，而出乎意料的是，它们竟然向北。

河水在很多时候会给人造成错觉，眼见为实这个素常经验的局限性显而易见。当地的朋友说，这扁都口中间的一座悬崖根部，有一眼巨大的洞窟，传说当年霍去病或者卫青带兵逐匈奴的时候，行到这里，突然狂风大作，尘沙飞扬，顷刻间，天地漆黑如墨，伸手不见五指。霍去病令士兵伐木采石堵住风口，大军方才顺利通过，尔后深入祁连腹地，逐鹿河西走廊，为汉王朝除去了匈奴之患。

我对此将信将疑，我不知道霍去病反击匈奴之事是不是由此而来，最重要的是，那个传说的巨大洞窟印在山间，我没有亲眼看见。另据记载，当年的隋炀帝杨广率领军队经陕西延安、榆林、青海湖和今青海省互助县、祁连县等地，由扁都口直达张掖召开"万国博览会"的时候，遭遇到了暴风雪，其随行的一个妃子在这里被冻死，至今这里还留有贵妃墓。

诸如此类的传说，大抵是可以相信的，也或许，民间的这类传说的本意就是对大地的一种文化赋予，其中可能包含了自己的一些精神寄托。

炒面庄，这个名字好生奇怪，令我想起了青稞炒面。当地朋友说："这一带原是一片森林，后来退化了，土质松软，植被优异，和泥不能结块，犹如炒面般，且雨多，农民多盖砖瓦房，故而取名为炒面庄。"我觉得这很有意思，人对自己生存之地的命名，往往是包含智慧的，其中有对大地的理解，更有对具体场所的内心感受和理想追求。

　　站在路边，我下意识地看看天空，占据大半的黑色云彩如在头顶飘着，动作缓慢。在一家杂货店前，我们坐下来，买了一个西瓜吃。路上车辆往来虽然稀少，但也揭示了此地是衔接甘青两省的主通道之一。日色将落，我们开车到一个放蜂人处，各自买了一些花粉。这是蜜蜂的劳动果实，女子可以用来美容，主要做法是，将花粉中加入蜂蜜，搅拌均匀，敷面即可。

　　回到县城，骤然感觉到，与扁都口仅仅三十公里之距的民乐县城简直与其判若两地，一边凉爽甚至冷得要穿毛衣，另一边则热得恨不得光膀子。这座县城建在祁连山东麓一块平地上，背后是山，左右则只是一些小山冈。常年被一些不规则的草甸子、小的流水、大片的青稞、油菜花地，以及大风和土尘围绕。傍晚，在一家小饭馆里，吃白水面，这种面食大致是民乐独有，可以自己加调料。可惜的是，我对面食从小就有一种抗拒，尽管生在北方，却喜食大米，我不知道这是怎么回事，但喜欢大米却落足于面食横行的河西走廊和巴丹吉林沙漠，实在是一件哭笑不得的事情。

　　入暮时分，大街上涌现了不少人，三两而行，感觉悠闲。我凭着直觉从中获得了一些安静，以及游牧和农耕混杂的生活味道。有一些形状很是奇特的摩的，里面像轿车，外面看起来却像三轮车，跑起来却非常稳当。县城中心，有一面休闲广场，来自祁连山的风持续不断地吹来，凉水一样敷过身体。当地朋友不无自豪地说："民乐算是河西走廊气候最好的地方了，因为靠近雪山，风是湿润的，水是雪水，可以养颜，就连那些青稞和油菜，也从不使用化肥。"

　　广场上人来人往，有人翩翩起舞，有人相对而坐，喝酒说话。许多孩子在广场外围笑着奔跑。我们散步到民乐公园，黑色的园林里，水面黝黑，四周无人。我又看到了南边的山，高高的祁连山，以及不远处的老君山，当然还有沉浸在夜幕之中的扁都口和俄博岭。要是没有风，公园里安静极了，虽然看不真切身边的花草，但万事万物，有一点遮蔽是不是更好呢？

转到一家酒吧，我们几个人围坐下来，喝酒、唱歌、说话。感觉柔绵，也有一些迷离的色彩。我想，在这一座海拔2300米的高原小城，有这么多的朋友，无疑是美好的。不知不觉之间，即将凌晨的民乐县城，除了零星的灯光、不少的霓虹广告、偶尔缓行的夜车，剩下的就是无边的安静了。此时的这座县城，真像一个干净的、偏远的大村庄，又像一个刚刚懂事的孩子。

没有空调的房间清凉无比，像内地的初秋天气。不知何时，晨光从窗缝泄漏而来。我光着脊背站在窗前，凌晨的民乐仍旧安静，只是多了一些清冷。坐上开往张掖的快客，突然有点舍不得，我突然想：几年之后，如果我选择在这里定居，算不算幸运呢？但我知道，这一想法永远都不可能实现。

但我知道我还会再来，选择一个宽裕的时间，从张掖乘坐开往青海的互助长途班车，去看看祁连山更深处的草原，让自己的身体翻越祁连，内心像鹰一样，像王昌龄诗歌哪样，去"青海长云暗雪山"的深处，体验高海拔的境界，也要在祁连这巍峨之山的怀抱，与青草和流水一起，把自己由里到外地清洗几次。因为我知道，人在世上，总得有一些时刻，要保持自身的无比干净，也需要一种纯洁到极致的精神，来护佑我们的内心和灵魂。

隐秘之所：祁连山深处的草原

车子出了酒泉市区，荒凉的路途上，到处都是高空的火焰，烤得万物焦躁；可以看见的白色流水，犹如断断续续的白练，但多数已经接近干涸，连同四周原本就稀疏的青草和芦苇，都在奄奄一息。西北本身是产水的，如冈底斯山、昆仑山、祁连山等等，但却又是缺水的。这种悖论，使得我百思不得其解。车辆稀少，路边的新疆白杨叶子焦躁，形态慵倦，没有了早晨的翠绿和让人敬服的森严感。偶尔几只麻雀在泛着油光的路面上仓皇落下，又惊惊乍乍飞走。

窗外的风声携带着浓郁的尘土的气息，从玻璃边缘进入车厢，我不知道前方还有多少路程。但我知道，已知与未知的区别在于，有些已经来到和消失，有些正在来到和消失。唯一清晰的是，这一天的下午或者再晚些时候，我们几个人坐着这台车，一定能够到达祁连山深处的肃南县裕固族自治县，也会见到更多的青草、飞鹰、珍珠般的羊群、岩石似的牦牛和帐篷，当然还有放牧的裕固族人，甚至可以听见他们嘹亮的歌声，喝到他们自己酿制的青稞美酒。

车子里的空调不断吹着邓丽君的软歌声，气氛宁静而富有情调。据说，邓丽君的歌声深受诸多老年男人所爱，到现在依然是。她甜腻的声音总是会勾起男人的柔软情绪。她和她的歌声，携带了一个时代的记忆。歌声的最大好处是，她可以用美妙的方式进行美妙的感染，这就是声音的力量。国道宽敞而笔直，落在偌大的戈壁滩中，感觉很是空旷。那些乱堆着的石头四面光洁，成群结队地落在巨大的荒野之中，除了风，没有谁来挪动它们，它们本身就是大地的一部分，从这里到那里，不过是变换一下仰望或者沉睡的方式而已，其本质不变。

　　胡思乱想之间，奔驰的车子慢了下来，引擎的轰鸣声有了一种叹息的味道。几分钟时间，车子转了一个九十度的弯儿，转上一条窄窄的土石公路。抬眼看见一座村庄，有不少树木，当然，更重要的是一大片绿色，让人眼前一亮，干渴的喉咙也发出了一阵欢快的哽动。在西北，有村庄才会看见绿色，这是一个极为普通的经验。就拿我这个外来者来说，这样的经验我已经重复了很多次，感觉像是长期在一种极端枯燥的生活中，突然遭遇到了一个美妙梦境一样，每次都是从里到外的一种激动和愉悦。司机说："这就是通往肃南县城的路了。"

　　对于肃南裕固族自治县，尽管之前我去过一次，但仍旧是好奇的。这里生活着一万多位甘州回鹘的后裔。其实，从车子转弯儿向上，正式开始向肃南的旅程的时候，我就知道，我们即将进入的，是一个丰饶而又美丽的地方。在祁连山中，肃南这样的存在，既有历史的机缘，也是一个民族选择生存之间的结果。在很多时候，我们可能知道怎样去爱一个人，但可能真正进入一个地域的内心，特别是它的精神和灵魂。在今天日渐物化的生存环境里，厚厚的红尘物欲，正在或者已经将我们每一个所谓的现代文明人"复制"和塑造成简单的机器了，一个个，一架架，按照已有的程序，周而复始、不厌其烦地重复着简单的动作，这种悲哀，我们感同身受，但不自知。

　　山峦起伏，道路随之。车子向上或向下，发出轰鸣或者锐啸，在一座寸草不生的山峦过去之后，草原像是一枚绿色的箭矢，嵌入到了我们的眼睛。满山遍野、郁郁苍苍的青草伸手可及，摇曳、鼓荡，像是一张巨大的飞毯，在祁连山深处，人间偏远之地，向着万物张开无限的怀抱。它们就在我们的脚下，在我们来到之前，它们就在这里了；当我们来到之后，它们又以苍绿的姿势，把我们纳入其中。

青草是这世上最卑微的存在，也是最普遍和永恒的存在。它们在各自不同的位置，日夜领受阳光、空气和水，在羊鸣、马嘶和牦牛粪燃烧的气息中，与游牧民族构成了最紧密与亲密的关系。我提醒自己尽量不要伤害它们，不要用一双人类的脚踩到它们的身体。尽管我知道，很多人不以为然，更不会以为这样有罪。而草不言，它们只是以自己的方式在天地之间活着、摇动、萌发、成长和死亡，它们的简单宿命令我想起人类的复杂，想起本来一阵风可以带走的东西，竟然在人类那里变得反复和隆重，比如生、比如死、比如一片雷声掠过头顶，再比如一个人从远方到来，又从近处消失。

下车，我们真正来到这些青草的身边，青草不做任何姿态。它们就在那里，在自己的位置上，任由三个陌生的人类的脚步和心灵接近。不远处的白色或者黑色的羊群咩咩叫，叫声像是刚出生的婴儿，天真得仿佛是天堂的声音。方向不甚明了的风扑面而来，轻忽得像是神灵的衣袂，在我们身体上急速奔过，不带一星尘土，干净、锋利，仿佛上帝的呼吸。它们来自更远、更神秘的地方，如祁连山的某颗雪粒、松树的针叶抑或某个岩石的缝隙。整个肃南草原上面，到处都是它们的声音，从而也会带动更多的声音，更多的声音不断碰撞着，呼啸、抚摸、带走，像一首从古至今的长乐，辽无边际。

与酒泉乃至其他地方不同，肃南显然已经清除掉了那些俗不可耐的烟尘和欲望。我凑在一棵高举籽粒的青草面前，蹲下来，想尽量和青草保持平等，不要总是端着自以为高贵的人类的架子，对身边那些不会说话的事物无动于衷。众生平等，博爱和宽容，这是多么紧要的品质！而在此之前，对草、对更多的沉默的事物，我也犯过许多同样的错误，自以为高人一等，世上万物都是由人支配的。这种自以为是的愚蠢和无知多么可耻！我面对的草不言不语，在我眼里，它们只是用一些简单的姿势，对付复杂

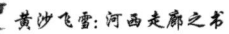

的岁月的动作，茎叶翠绿而头部泛黄，沉甸甸的籽粒正在孕育成熟，也梦想着跟随秋风，洒落在更远的土地上。青草的梦想就是要整个人类的土地上都生长着自己的同类。由此来讲，一株青草就是一百棵青草，一百棵青草就是一万棵青草。青草青草，它们蜂拥、铺排和张扬起来，就是一个芬芳的青草的世界。

青草的世界，其实就是人类的理想境地，人穷其一生，也到达不了，这就是人的局限性。青草是自由的，没有人来打理它们的生活。它们的生，它们的死，听从于人类之外的某种号令，这就是自然。自然时常挂在我们的嘴边，书本里面到处散落，可是真正的自然竟然这般纯粹、简单。

日渐黄昏的时候，我和当地的作家铁穆尔来到一个名叫老虎沟的地方，这里僻静、清新和美好。日光下落，祁连山陷入星辰的照耀，变黑的青草就在我们身边，甚至脚下，我尽量不踩到它们，尽管它们其实不会发出疼痛的叫喊，不自觉的伤害虽然可以减轻罪过，可毕竟也是一种伤害。山顶到处都是郁郁苍苍的松树，虽然长得不够高大和粗壮，但它们依然捧出绿色，依然在这片土地上傲然生存。没有什么可以阻止生命的诞生、生长和消亡。白色的简陋帐篷扎在茂盛的青草里面，宁静得像是诗歌里面的一个恰如其分的词语，有一种和谐的动感。门前的小溪流水犹如长长的马头琴曲，忧伤、悲悯、灵动而张扬。

手抓羊肉的味道早就弥漫开来，在青草之间，在空旷的河谷之上飘荡，诱人肠胃。铁穆尔说："羊肉其实就是青草，青草贯穿了在这里的所有生灵的身体和血脉，如果没有青草和雨水，我们不知道该怎样生活。"踏着一条石块铺起的小径，走向帐篷，裕固族少女已经把煮熟的羊肉，连同黄瓜、西红柿等凉菜放在了帐篷的茶几上面。蔬菜和羊肉不动，等着我们去将它们一一吞进肚子里面。吃是为了肉体的行动和生命的饱满，除此之外，除了罪恶还有什么？

酒进入身体，也进入了灵魂，人纯净得只剩下了思想和友谊，不一会儿，那些终日缠绕的琐碎和无奈，就离我们远了，短短的一天时间，仿佛身处两个世界。我们跳着、舞着，轻盈得如同一枚鹰羽……我第一次感觉到了酒醉的快乐，这是无可逃避的，虽然有点酗酒的意味。

不知何时，额头上的一阵凉将我唤醒，耳边传来淅淅沥沥的雨的声音，这些来自高空的神灵之物，打在柔软的青草身上，像是落在棉花上一样。我想那些响亮的声音，大都来自石头，液体的雨和固体的石头接触，刚柔相济，自是一种境界。

雨过，太阳升起，新鲜、耀眼，光芒照亮全身，露珠摇摇晃晃，像是顽皮的孩童，在青草叶子上荡着秋千。摔落是一种宿命，而对露珠来说，却是必然的归宿。回归泥土，是包括人类在内的每一个生命的宿命，只是我们比露珠们多了一些不情愿罢了。我突然发现，太阳唤醒了更多的蝴蝶，它们成群结队，满山遍野，飞舞在老虎沟，有的在一株草或者一朵花上停留，一会儿就又飞了起来，一只接着一只，犹如灿烂的计划多层层叠叠，令人眼花缭乱，不知道这些蝴蝶到底从哪儿飞出来的，而且都是纯白的。

金露梅、白露梅、山丹花上面还结着晶莹的露珠。我们离开帐篷，走上山坡，尽可能地避开青草，坡上的石头为我们提供了跳跃的根基，但是，它们早已经覆压了好多好多的青草。登上不高的山顶，松树的涛声，宛如神灵的合唱，举目远望，就又看到了那些低垂的烟云，就在我们生活之地的上空。这使我惆怅，因为还要回去，继续在那一些烟云之下和之中生活，而且无可逃避。此时，我也明白，尽管我珍爱青草，但青草却不是我的现实生活，我们活着，青草仅仅是心灵的一部分。满世界的青草，我们无法找到。就像这祁连深处的肃南县裕固族自治县，它和这里的一切都可能是唯一的。因为，世界复杂，保持单纯甚至偏远的存在，大抵也是幸运的。

祁连丹霞

太阳开始爬升之时，我与几位诗人租了一辆面包车，穿过还在牛肉面、麻石子和麻辣烫气息中睡眼惺忪、人声逐渐鼎沸的街道，出城，向西南方向。这是2006年春天，我再次来到张掖，古称甘州，这是一座至今仍旧保留了明确的胡汉杂糅的边塞气息与拙朴的农耕文化的当代西北城市。李白有诗说："君为张掖近酒泉，我窜三色九千里。"他的豪气和想象力，自然是盖世无匹。依稀记得，夜晚街道上，还有一些弹三弦的卖唱者，他们用方言唱的那种甘州小调或者民歌，我虽然听不懂，但却能够从中感受到一种凄苦而又坚韧的生存哲学与俗世命定的情感色彩。凌晨时分，隐匿在市区的大佛寺隐约有钟声传来，不管你在哪个角落，都会被它的沉雄与悠远、澄澈与轻叩惊醒。向西的黑水国旧址遍布魏晋时期的古墓，野鸭从老城墙上空飞过，曲曲折折的阴影像是黑色幽灵，在正午或者傍晚，让人浮想联翩而又心感苍凉。

山路曲折，向着巍峨的祁连山，这一座被匈奴人称之为"天"的古老山脉，犹如一条身负白雪的苍龙，横亘在天地之间，以其神秘与幽深、庞大与巍峨，对整个西北，尤其是河西走廊的一切，有着父母一般的恩典和犹如巨神的庇护。再向前，便是肃南裕固族自治县地界了，万余裕固族人在其中游牧生活，前些年我曾来过。这一次再进肃南，第一个想起的人便是在这一片山地中土生土长的作家、学者铁穆尔，他的写作乃至整个人生似乎都与自己的民族联系在一起，他在漫游和追寻中，进行心灵的历练与精神的提升。还记得，几年前去肃南，他带我吃饭喝酒。他披着一头长发，有腾格尔一样的歌喉，那种歌唱令人心生豪情和暖意。

到皇城草原之外的小镇，陈旧、散漫，在稀疏的杨树林中，仿佛另一个世界。这里的山峰完全去掉了外在的装饰，别说树木，就连一根草也难觅踪影。这样的情境，是我始料不及的。在以往的印象中，凡是山地，都应有动植物的疆域，葳蕤蔓延，稠密而纷繁。可这一带山坡的荒芜，实在有悖于山野之秉性和常情。这世界上，从没有什么应当和必然，也没有整齐划一。极度的繁茂之间，也有贫瘠，再好的意象一旦落到现实，就会面目全非。沿途农田里的麦子们刚刚开始成长，田埂和路边的青草大部分还隐藏在去年枯干的旧草之下，它们的新鲜与羸弱，充满了对世界窥探与猜想的欲望。唯有天空是湛蓝的，圆圆的辽阔，笼罩着巍峨的祁连峰顶。悠悠的云朵，运载着远古往事，若无其事地逡巡。

沿着巨大的河滩继续行进，灰尘窜起，犹如白龙。这种情境，在古人笔下，常常以狼烟战尘谓之，如岑参的"匈奴草黄马正肥，金山西见烟尘飞"。如此诗句，当然是可以激发人的铁血气质与建功梦想的。再行数十里，山谷两侧的山根下，开始有村庄，房屋不多，但都很素洁，流水的河沟岸边，不多的柳树一味下垂，嫩软地被风撩着，扭动腰肢。

这里的山体大都是赤红色的，还有绛红、紫红和土黄。站在已经攀高的日光下面，四周山色，赤红如大火熄灭之后的惨烈炼狱，鲜红如绵长地毯，绛红如温情传说，紫红如奋不顾身的爱与绝望，大黄色如灿烂之光芒。这就是祁连丹霞地貌。正要返身上车的时候，对面走过来一个扛着锄头的老人，我递给他一支香烟。老人指着正西面那座秃山说："你看那像不像挎篮子的妇女？"我凝神一看，果然有几分相像。老人又指着西南面的一座说："那像不像一个跑着的放牛娃？"我一看，也果真酷似。老人说："早些年间，他们是一对夫妻。山里的狼精看上了那妇女，妇女当然不肯了，狼精一生气，就把他们两口子变成了山，叫他们日夜相守，却不能相见。"如此等等，老人说了好多，在他看来，这里的每一座山，都与缥缈的神话有关，也都和山里修炼成精的妖怪相互牵连。几乎大地的每一处，都流传着如此这般的民间传闻。这其实是文化的力量。

透过车窗，山峦扑面而来，挺拔连绵，给人一种块垒堆砌之感。行在半山腰，一边是陡峭的灰色山坡，一边是悬崖深渊。许久之后，两边光秃的山坡上，忽然有了颜色，那是初春的草及灌木，在土地上开始了一年的生命旅程。沟谷阔大，某些地方，还有涓涓泉水流溢，将沟口泥土泡软，滋生了许多野花和杂草。

山峰投下形状不一的阴影，沟谷豁然开朗，两侧山峰则渐次升高。忽然有一些异样的东西，在尚还枯黄的草丛中隐约，跑过去一看，是几朵绛红色的花，也不是花，而是一种紫红色的直立的菌类，但让人觉得其十分有力，有一种昂昂乎天地间的超拔。这是锁阳，一种生于戈壁荒山的菌类植物，我小心挖出一支，端在手中，其向上的花茎或秆茎细长，头部胖圆，顶部略为尖锐，根部是两只圆锥形的白色球茎。《本草纲目》中说："（锁阳）甘、温、无毒。大补阴气，益精血，利大便。润燥养筋，治痿弱。"

天地之间总有一些事物叫人匪夷所思，古人认为，天地是更为宏观的人体，人体则是微缩的天地。大自然造物，也似乎都是以人为标本或灵感源泉的。这种对应或说启示，总让人有种奇妙和浩瀚之感。

正午的太阳热烈毒辣，照耀着这一大片千姿百态的秃山，苍苍然、浩浩乎屹立于苍天之下，一根根、一座座、一幢幢、一面面，绝然而超然地拔地而起。距离最近的一座，像是一个猛士，独自离开庞大的主峰，单独耸立。

这座独峰的四周，是一群更庞大、壮阔的丹霞。如怒狮，如猛虎，如冲天苍狼，如受惊之鹿，如咩叫羊羔……似乎大地上所有的动物，都能在这里找到对应的雕像。登到一定高度，再四处张望，不远处还有一座丹霞山峦，其下身分列两支巨柱，顶上为一宫阙，廊柱壁立，其中有一平台，宽丈余，里侧的墙壁上，赫然盘旋着一些粗细不一的红色纹路，似乎蟠龙狂舞，凤翔九天。

在巍峨奇兀的丹霞群间，似乎置身于一个陌生而诡秘的境界。看到的都是变异和被变异了的，都是长风雕刻的不朽的艺术品。傲然竖立的，寂静躺倒的，肆意奔驰的，任性张开的，凛然凝固的，虔诚仰望的，谦卑匍匐着，是那么鲜活、有力，并且充满某些神异力量。

不知从何而来的风如雷呼啸，如波涛，如清洗。我想到：千古长风如同绵延不休的时间河流，每一次吹袭都是掠夺，每一次挪移都是篡改。人所经受的，仅仅是其中一瞬。人所能承受的，也仅仅是其中浅薄一道或者微末一粒。随后，阳光大面积下落，我发现，对面是一片更为宏伟的丹霞群，在仍旧炽烈的阳光下，似乎一座庞大的遗址，一切都像是大火焚烧过的，大风清扫过的，大水淘洗过的。它们的颜色虽然深黄，但整体的气势宏大壮阔、颜色辉煌。是谁缔造了这宏阔的宫殿，这座宫殿经历了多少兴衰，又收藏了多少至今我们都无法探解的传奇和秘而不宣的人间及灵魂故事呢？

站在山岭上，俯视丹霞群，只觉得胸怀阔大无比。这就是自然所带给人的境界，是一个人在自然面前的被荡涤、被塑造的感觉。下山，回到沟谷口，西斜的太阳将丹霞群涂抹得一片庄严，那种大红和紫红、绛红和暗黄，犹如一副悬挂于天地之间的巨大油画，给人一种逼真的、压迫力极强的视觉冲击力和灵魂打击力。我呆呆仰望，只觉得这些丹霞群，是自然的造化，是风蚀的力量，也是大地自我的一种变化、塑造和展现。对于大地本身拥有的无限丰伟的浩瀚、深厚奇诡、灿美特质来说，人的所有的旅行都是冒昧的。

可人必须在大地上行走，从这一处到另一处，这种挪移绝不仅仅是肉身的，而且充满了思想甚至灵魂漂移与历练的气味。晚上的张掖，充满了烤肉和啤酒的味道，弹三弦唱小曲的艺人坐在灯光下，其中一人唱起了"词中之龙"辛弃疾的《八声甘州·故将军饮罢夜归来》："故将军饮罢夜归来，长亭解雕鞍。恨灞陵醉尉，匆匆未识，桃李无言。射虎山横一骑，裂石响惊弦。落魄封侯事，岁晚田间。谁向桑麻杜曲，要短衣匹马，移住南山？看风流慷慨，谈笑过残年。汉开边、功名万里，甚当时、健者也曾闲。纱窗外、斜风细雨，一阵轻寒。"我和朋友们侧耳倾听，此时的张掖，正在祁连山一侧，黑河一边，沉浸在巨大的夜幕中。

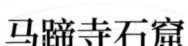

马蹄寺石窟

由张掖驱车向南六十公里,进入一道峡谷之后,抬眼就可看到顶部覆满皑皑白雪的祁连山。河谷间,卵石纵横,洁白的帐篷像一片片云朵,静静地栖落着,犹如一幅水彩画,鲜艳而又静谧。近山脚下有一片不甚茂密的松林,青葱的针叶在太阳下闪着油绿的光芒。若在万物清寂的黄昏,可清晰地听到阵阵松涛,远处近处的狼嚎,以及隐匿于山谷之间的晋人郭禹及其学生的琅琅书声。

这个郭禹,是河西走廊早期的几位儒士之一,在鲜卑族势力正盛的时候,以一人之力于祁连山中开馆教学,也是需要一番勇气的。历史上,从来不缺弘道之人,也不缺身在孤陋之地心怀光明的人。

河谷南面,有一条坡度极陡的土石路,汽车一阵轰鸣,冲上山岭,对面便是闻名遐迩的马蹄寺石窟建筑群了。其中的普宁寺、金塔寺、千佛洞等绵延十数里,峭壁上的木质吊楼在风中发出吱吱呀呀的响声,一位看不清面目的老喇嘛长袍飘飘,如同临风的仙者,伫立在吊楼上,像是一尊塑像。喁喁梵声着稀疏但很悠远的钟声,连同四面山坡上的羊鸣,在山涧不住回荡。

在金塔寺第八洞窟处,有一块方圆丈余的巨石,巨石上的马蹄纤毫毕现。传说西汉时期,李广利远征大宛,获得汗血马,汉武帝虽然欣喜,但汗血马在长安水土不服,越来消瘦不说,且有性命之虞。汉武帝无奈,只好将之放回。巨石上的马蹄印,便是天马在回奔今之敦煌渥洼池途中所留。

金塔寺门上悬挂着一块木质牌匾,上写"三十三天"四字。走入大殿,便见一佛像,其为藏传佛教宗师。沿一道只容一个人弯腰攀缘的石壁而上，就可看到大大小小的佛像了，其神情各异。佛像前的木箱上，堆满面额大小不一的纸币。同行一位朋友说，每看到一尊佛像，都要顶礼膜拜，并要捐钱。游客所捐之钱，都会被用于石窟的保护和修缮。

马蹄寺最吸引人的，莫过于金塔寺的悬塑飞天了：其上身赤裸，美丽长裙飘然，如行在天，如游在洋，白云悠悠，碧波涟滟，其神态看起来稚拙，实则轻盈灵秀，师法自然。该石窟群始建于公元5世纪初或更早时候。一说是晋人郭瑀及其弟子创建，后人扩而充之；一说为前凉一位将军所建之"凉州南山石窟"，后来又有其他人扩建。谁始建并不重要，重要的是马蹄寺与整个祁连山的绝妙交融，与当地的裕固族民族的心灵谐和，使这一方山水拥有了自然乃至神话韵味和美妙境界。

裕固族自称"尧熬尔"，其先祖一说是黄头回纥，即后来的回鹘之后。清代名为锡喇伟古尔，1953年，定名为裕固族，其中也有富裕、美好的希望和祝愿的意义在内，其风俗与蒙古族相近。现在的裕固族，大致有15000多人口，分布在张掖、酒泉和内蒙古额济纳旗境内。

从马蹄寺下来，河谷间浓郁的羊肉味道四处飘逸，我和朋友走近一顶帐篷，有手捧哈达的裕固族少女为客人们献上洁白的哈达。帐篷内铺羊毛雕花地毯，转边摆沙发，红木茶几油光发亮。我们刚坐下，一位裕固族少女便端来了大块大块的羊肉，还有两位裕固族少女穿着民族盛装，手托玉盘，执酒壶，唱着《草原上升起不落的太阳》《青藏高原》等歌曲，其歌声纯朴浑厚，音调高亢，令人心旷神怡。其中一位少女手捧银碗，满盛青稞酒。朋友告诉我，"裕固族少女唱歌之间，必须要将这碗酒喝完，否则，就会加罚一碗"。听完，我便一饮而尽。饮酒之前，还要以食指蘸酒，向天、向地轻轻一弹，再在自己眉宇间一点，谓敬天、敬地、敬祖先或自己。

这种礼仪，是裕固族人满怀敬畏之心的体现。他们常年在草原上游牧，对天地自然万物的体验和认知，当然是异常深切的。

三碗过后，我有些不胜酒力，趁机溜了出去。好多的裕固族少女在帐篷外手牵马匹，召唤客人乘骑。我选了其中一匹，跨上马背，在西边的草地上溜达起来。坐在马上，马蹄踩着草地，只觉得自己也是牧人或骑士了。这临松山中，山坡高而陡峭，上面长着密密麻麻的荆棘和灌木，还有一些野花，给人以鲜亮妩媚之感。

临近黄昏的时候，马蹄寺的温度骤然降了下来，仿佛有些雪粒落在我的脖颈上，也落在头发里。暮色苍茫中，我又看见了灯火寥落的马蹄寺，内心一阵钦敬，也觉得，在这祁连山幽深之处，有这样的一座圣地，而且历史悠久，传说神奇而众多，且和裕固族人心灵契合，相得益彰，这就是一件极其美好的事情了。夜幕完全降临，碧蓝的天空中，布满了星辰，在祁连山之上不断闪亮。

作为甘州的张掖

张掖，西汉时代开辟的疆域，意思是"张中国之腋（掖）"，这是汉武帝的想法，也是从这个时代起，张掖—甘州，就成了中国的、河西走廊的一个重要城镇。宋元时期，此地设甘州路，明朝则是整个甘肃的治所所在，当然，斯时的"甘肃"，疆域也没有现在的大，清时期称其为甘州府，后来还称其为甘凉道。这一座城市，起先抵达的人不一定是长孙晟，但长孙晟对于西域的了解，特别是其对人种和突厥、吐谷浑等游牧民族的研究成果，直接构成了隋文帝和隋炀帝父子再度开拓西域的主要决策依据。据说，当年的长孙晟在张掖一待就是十几年。他身体力行，搜集了许多关于西北军事力量和人种的资料呈报给杨坚和杨广。

这个长孙晟，就是李世民的老丈人、长孙无忌的父亲。后来，他和魏征、房玄龄、刘文静等人一样，由隋转唐。单单就长孙晟的勇气和谋略，就值得赞扬和推崇了。隋朝享国时间太短，但杨坚和杨广父子，从一开始，就对西北进行了有效的恢复和经略。陈寅恪先生在《隋唐论稿》一书中说："隋唐本是一家。"确乎如此。唐帝国的一切，几乎都是建立在隋帝国基础上的，只不过换了一个姓氏而已。而在隋帝国之前，魏晋南北朝五胡十六国，乱纷纷的大地，到处都是残酷的杀戮，你方唱罢我登场的各个军事力量，体现的是大纷乱之中，最真切的政治、军事和人性本质。而杨坚甫一登基，就把目光瞄准久违了的西北地区。这也是一种战略眼光，更体现了他的帝王胸襟。

我第一次去张掖，大致是1997年的秋天，同行的有几个人，我们到达时已是傍晚，还没来得及看一眼西边的夕阳，就进了饭店。饭店的窗外，正是鼓楼，修建于明正德二年（1507年），名为镇远楼。夜晚的灯光将它装饰得金碧辉煌，几乎看不到一点旧朝的痕迹——饭店的名字叫作汉武大酒店，具有浓郁的兵戈之味，也霸气十足。汉武帝刘彻和他的名将们留给河西走廊的影响是深远而厚重的，没有时间可以泯灭，也没有什么可以篡改。这大致就是人们感念他的根本原因。吃饭时候，当地朋友说："张掖城西四十公里处的临泽县昭武10队驻地，曾经是史前时期西迁胡人的故乡，所谓的西迁胡人，大致是昭武九姓国，也就是粟特人，这个民族的人尤其善于经商，不仅活跃在中亚和东方帝国的疆域，而且穿行于欧洲各国和部落。"

粟特人的厉害之处还在于，他们可以用财富来左右其他国家和部落的政治和军事，突厥乃至吐谷浑、回纥、铁勒、拔汗那等国与汉唐帝国的战争，大都是粟特人挑起的。粟特人的作为，正好验证了一点，那就是，经济是可以左右一切的，而一切的力量，都建立在经济的基础上。粟特人还特别会跳舞，白居易在《琵琶行》中的琵琶女，以及胡姬等大都来自昭武九姓国。当然，突厥、吐谷浑、回纥等部落和民族的女子，也能歌善舞，初唐和盛唐时期，这些人几乎占据了长安的每一个娱乐场所。太子李建成也特别喜欢穿"胡服"，常常梦想"披发猎苑"，像游牧民族那样狂放地生活。

张掖最初的居民大致是大月氏，这个"与匈奴同俗"的部落，其战斗力和政治能力一度凌驾于匈奴之上，著名的天之骄子冒顿，就曾被其父亲"入质"大月氏，尔后趁乱乘"善马"逃回匈奴。许多年后，冒顿派遣其子，即后来的老上单于攻击大月氏，大月氏败逃。几年之后，老上单于再度出兵大月氏，一举成功，且割下了大月氏汗王的头颅，并将其做成了"镶金酒器"。这一连串的军事战争，迫使大月氏西迁，进而引发了一系列民族迁徙运动，牵连了整个欧亚大陆。而匈奴在军臣之后，开始败于西汉的军队，以至于被迫退回漠北，把河西走廊乃至祁连山、焉支山等重要军事基地和牧场，拱手送给了西汉。

历史的每一次大规模的推演，都不存在怜悯，因为它们都是文明进程中必要的步伐。

我第一次到张掖，也像在其他古城时一样，对它的历史异常感兴趣。张掖，也肯定像是一本浩繁之书，其中的故事，特别是人物的命运，实在是叫人浮想联翩。我觉得，张掖和甘州的历史，也是幽深无尽的，像一口深不见底的古井，其水草众多，绿苔遍布，其中呈现的是民族相互交融的颜色和枝叶。喝了酒后，我们几个结伴在街道上行走，头顶街灯照耀着陌生的路面，风中飞扬的尘土和现代的垃圾充满了干燥气息。或许是喝酒多了的缘故，我总感觉自己走在古代的街道上，就连那些穿着时髦的时尚女子，也像是从唐朝走来的，她们落落大方的脚步，优雅的姿势，迥异神情之中，有着一种浓郁的雍容。

第二天一早，我就跟着他们匆匆地离开了张掖市区，路过一片墓碑后，张掖就被河西走廊阔大的戈壁和村庄之上悬挂的苍茫遮盖了。至此，我才真的明白，在大地上旅行，与更多的人一起去是糟糕的，因为无论到哪里，都只能是浮光掠影，点到即止。心里充满遗憾，直到2002年，我再一次从酒泉乘火车前往张掖，沿途的戈壁之间，散落着数十座土色的城镇，祁连山在南边，犹如一堵天墙，不断送来青海的长云。

这次到达时仍旧是黑夜，来到市区，我又一次看到了矗立着的鼓楼，也依稀看到了上面的匾额题字，如"金城春雨""祁连晴雪""玉关晓月""居延古牧"等，每一句都有一个具体指向：南边的金城兰州，西边春风不度的玉门关，东边贴身的祁连雪山，北望黄沙浩荡的居延故地，而且每一片地域都具有极其丰饶的历史，如同古老的甘州，也都曾被战争的马蹄大幅度践踏，被丝绸的光亮照亮。

当然，我们照例喝酒，酒酣耳热之际，窗外的一切都很隔膜，在连续不断的话语声中，留下一只只空瓶子，横七竖八地堆在房间一角。这一次，我们不仅认识了柯英、刘虎两个现代张掖人，还见识到了他们足可笑傲江湖的泼天酒量。

第二天醒来，窗外是夜色稀薄的黎明，我大口喝水，干涸如枯井的喉咙，不断发出极其嘹亮的吞咽声。然后去吃张掖有名的小吃马石子，它是当地的一种刀切的、状似小石子的面食，带汤，味道很足，有一种纯粹的民间的味道，很深刻，也很随意。

早晨的张掖有些安静，行人步速相对匀称，神情悠闲。走到著名的大佛寺门前，在一棵刚刚披上朝阳的柳树下站定，抬头看到一副镏金对联："睡十年睡百年睡千年长睡不醒，问十问问百问问千问长问不明。"我想了一会儿，觉得第一句最后四个字有点直白，也不管里面的佛祖是否会怪罪，便擅自在心里将之改作"似睡非睡"。从介绍中得知，这座大佛寺是西夏时期建造的，原名迦叶如来寺……殿内现存有彩塑31尊，正壁佛坛上卧有一尊巨大的释迦牟尼侧身涅槃像。

西夏这个由党项羌组建起来的帝国，在很长一段时间内与北宋分庭抗礼，李元昊等人也算得上是一代枭雄，盛大时候，西夏的疆域占据了今河西走廊、居延海、青海湖，以及西宁等大片地区。当然，这个帝国存在期间，也创造了自己的文字和文化，使得北宋根本无力染指黄河以西地区。两宋武功其实不弱，是它的政治体制限制了武将的发展，也成了它始终无法恢复盛唐疆域的一把锋利匕首。

从大门到大佛殿，地面上铺着一些青色的带有花纹的小石头，两边种植着几棵长青松树，很小。树外一片草坪，上面落着一些灰尘、枯叶和白色的垃圾——进入殿内，首先感觉到的是一股阴凉，在大殿内穿行的，似乎可以穿过骨头的凉风，不知从何而来，吹在身上的感觉，像是冬天的河水。迎面的大佛雍容博大，腰间不着一物。头枕莲花，慈眉善目，优雅从容，微闭的眼睛似睡非睡，好看的嘴唇微微启开，欲言又止。一只手置于腿侧，一只手放在脸下，宽大灵秀的佛指上可容纳一个成年人躺下。

从一侧走到另一侧，睡着的佛千万年神色不惊、面容安详，其安然、睿智与大慈悲，叫我这样的凡夫俗子心生惭愧与不安。回身看到矗立在大佛殿四周墙壁上的十八罗汉和十大弟子塑像，一个个栩栩如生，面目慈祥或者凶神恶煞，表情乖巧或者憨直可爱。卧佛背后的薄墙四壁之上绘有壁画，其内容多为菩萨、弟子、天女、天神、天将等，还有有关《西游记》和《山海经》内容的绘画。大佛殿檐下的额枋上雕有龙、虎、狮、象等；殿门两侧嵌有精美砖雕，涂金绘彩，其中的《祇园演法》是现存唯一的西夏时期优秀砖雕作品。

从大佛殿后面出去，再一座建筑是藏经阁，进入里面，虽然也觉得凉爽，但没有大佛殿那样阴冷。藏经阁极为宽敞，左边的墙根下竖立的柜子内，放置着6000多卷500多年前的佛经，其中的大部分是由纯金、银粉所书。早年间，在大殿右边墙角还出土了不少波斯银币。正厅摆放着元、明、清时期皇帝、文人和京都官要的书画：发黄的纸张，清晰的文字，于今都不过是逝者的遗物。墙壁上悬挂着岳武穆的书法"还我河山"，那一个个的字，笔力铿锵似有杀伐之声。此外，还有几面皇帝的诏书，长长的文字，一色工整的小楷，我想它们大都出自书生之手，经由太监之口流传的。

短短几十分钟，感觉却很漫长。走出大佛寺，扑面而来的嘈杂声在张掖的上午喧哗，绕道广场，老远看到高高矗立的木塔寺，灰旧的建筑。在一色青绿的树木之上，成群的燕子围着它上下翻飞，清新的阳光使得黑色的塔身更为黝黑。站在塔下，头顶的天空湛蓝深邃，如同被清水洗过。这木塔寺建于北周初年，原名万寿寺，《重修万寿寺碑记》中说，"释迦牟尼涅槃时，火化三昧，得舍利子八万四千粒。阿育王造塔置瓶每粒各建一塔，甘州木塔其一也"。据说，北周期间，这木塔寺有过一次倒塌。夜晚，只听斧凿声声、铁木鸣响，次日凌晨，木塔寺竟神话般地恢复原貌。

　　这种奇异之事，在大地上随处可见，这也说明，很多事物都是有其自身规律或者说特殊能量的。缓慢登上，站在最高处，古典和现代的张掖尽收眼底，楼宇与民房相间，炊烟与油烟同起。喧嚣的市声似乎从地底传来，有一种令人内心发凉的悠远意味，也有一种与世隔绝的感觉。一个人站在木塔的高处，仰望或者俯视，一切的事物都似乎与己无关，肉体也变得轻盈，思绪类似云朵。

　　可回到地面的一瞬间，这样近似澄明的感觉立刻就消失了。

　　当日下午，落日西行，我们开车去往黑水国。出张掖市区，到处都是杨树和田地，自然的青翠和绿色。路过一道桥梁时，几乎每个桥墩上用石头压着一些黄纸，据说，这是生者留给那些在路上出车祸罹难者的亡灵的礼物。同行的朋友柯英说："每条道路上都有一些人遭遇横祸，生命不再。"这句话我听完后有些伤感，顿时觉得生命的某种脆弱和不确切。

　　半路上，我们看到一个砖场，一些四轮车沉重轰鸣，载着红色的砖块，向着城市和乡村的方向，缓慢而行。又看到几个人，在炽烈的阳光下拉着架子车，汗水的脸庞上满是泥垢。再后来是一道破败的黄土城墙，稀疏的断草在风中微微摇动，好像被刀刃划开的旗帜。偌大的古城空空荡荡，到处都是荒草和黄土，弥漫着一种彻骨的荒凉的气息。右边有一大堆一丈多高的黄沙，被阳光照得惨白。柯英告诉我，现在的张掖人，习惯把黑水国遗址叫作老甘州或者旧张掖，我觉得这些叫法很有诗意，还有些无奈和悲怆。

　　城墙杂草之中，有一朵蓝色的花朵，只有指甲那么大，弱不禁风，给人一种羸弱的美感。再转道黑水国南城，城墙大致还在，虽然已断裂塌毁，但仍旧保持着城墙的形态。从一边连绵的黄沙上向上行走，沿途看到埋在沙中的红柳灌木和稀疏的沙枣树，发红的树枝与惨白的黄沙形成了鲜明的对比。到山岭上，我忽然发现一种全身开满粉色花朵的沙生植物，不知道应当叫它们什么。刘虎说："这种植物，张掖人叫花棒，其花朵可以用来染指甲、涂红嘴唇，就跟焉支山的胭脂花一样。"我觉得神奇和亲切，想起古老的匈奴人，那些游牧的女子们，用最朴实的植物装点自己的美，若是现在，这该是怎样的一种浪漫啊！

而美丽的想象之后，是不可忽略的现实。作为废墟的黑水国早已不见了匈奴和月氏人的影子，只留下这样一个废墟，在时间当中被风消化。站在城门垛口上俯视，黑水国遗址之内空空荡荡，只有城墙上的风，携带着粗糙或者细腻的尘沙，从我们身上掠过。从城墙向下走时，耳边忽然传来嗡嗡嘤嘤的声音，抬头一看，只见一群黑色的蜜蜂趴在它们的黑色巢穴上，不停地扇动着黑色的翅膀，熙熙攘攘，对我们这些陌生的闯入者不理不睬。这时候，我忽然想：自然的流变是一种强大的命运，人类不可驾驭，而这些小小的生灵们，却能够在这里乐此不疲，活跃异常。

城内空地上散落着一些汉代子母砖和不知何年的青色瓦片，摸起来手感很好，光滑、细腻，非常有质感。砖瓦之间，长有不高的骆驼刺和芨芨草，白色的焦土上有成群的黑色蚂蚁和甲虫，有条不紊地行走和搬运。走在已是废墟的古城中，内心感到一种巨大的寂静，每一步都像是踩着了别人的胸膛，进而感觉到浸入骨髓的凉意，坚硬而柔软，且有着不可抵抗的力量。此情此景，让我想起曾经在这里高高飘扬的旗帜和流苏、柔软滑动的丝绸和铃声叮当的驼队，还有醇香的葡萄美酒……征战之后的士兵、骄傲的将军、语如画眉的美女和腰缠万贯的巨富商贾，他们在黑水国白昼观望，夜晚沉醉；骑士的刀锋在酥油灯下磨亮，飘飘大雪之中，也肯定有人彻夜不归，夜逾城池……然而，任谁都逃不过此消彼长的争夺，甚至终极的灭亡。众多的繁华和喧嚣都不过一个瞬间，一个携带了风沙与美妙情景的梦幻。残留下来的黑水国遗址，所有的遗存都只是黄土瓦砾，唯有关于此的神话和事实是永恒的。

走下城墙，我们坐在杨树的荫凉处大口喘息，抬头，突然看到两只巨大的野鸭，从一边的莜麦地里飞起。我不知道它们会在哪里下落，只看到它们飞行中的阴影，快速而优美地掠过黑水国。日暮之时，在回市区路上，心情莫名沉重。进入繁华市区，也觉得了陌生。一次废墟之行，所造成的某种情绪是难以在短时间内恢复的。到宾馆，我并不急于洗掉在黑水国沾染的灰尘，也不知道究竟为什么。或许，无论是遥迢的过去还是可触可摸的当代，生者和逝者，无论在和不在，在很多时候，其实都还可以相互感觉到。

这是一种奇妙的联系，只是很多人不怎么想，或者不愿意精心觉察而已。再一日，我们去到了"甘泉"所在之处，一眼泉水，一种人为的自然，曾经的汲水者你来我往，但都不见了身影。甘州的名字缘由于此，而这只是一个名字，对于张掖更为广阔和遥远的历史，它的重量和蕴含似乎远远不够。据史书记载："禹分天下为九州，张掖属雍州，后有西戎、氐羌、乌孙、大月氏、匈奴等族居住……"而到现在，其中有些民族已经在中国西北这片地域上完全消失了。这是令人伤感的，再没有什么比对生命的消失更能触动人心了。因为，这世上任何一个生命都是有价值的，世界越是驳杂，就越具备生机——关于甘州张掖，我还知道一个事实：作为文学鉴赏家、诗人、忤逆者、亡国之君、荒淫无道、横征暴敛、反面典型的隋炀帝杨广，带着他的臣子和卫队，长驱千里，从长安到张掖，在这里举行了声势浩大的"万国博览会"，这一期间，杨广会见了西域乌孙、大宛、月氏、突厥、楼兰、高昌等27国的君主和使臣，亲自主持举办了规模盛大的国际商品交易会，使"西域诸国悉至张掖交市"。

这在中国历史上是破天荒的，一个皇帝，尽管他的本意是炫耀帝国的富有和兴盛,但就像他开凿大运河一样,荒谬无道的个人兴致导致了伟大的历史事实,皇帝主持的一次盛大的贸易会,仅凭这一点,被人唾骂了千年的杨广足以不朽了。那一天的张掖,所有的仕女都聚集起来,以盛装艳服,夹道奏乐,笑面迎宾,焚香歌舞……我相信,这在张掖的历史上是唯一的,也是迄今仅有的一次——我感到了一种美,对于杨广,除却暴虐和奢华,这一件事,又何尝不是一个创举呢?

杨广大抵是唯一一个到达张掖的大国皇帝,而在五胡十六国时期,段业、沮渠蒙逊等人似乎在张掖短暂停留过,他们起初的都城在今高台县的骆驼城。段业是被部下拥戴,稀里糊涂地坐上皇帝之位的外来者,他极其平庸,且很糊涂,不久,便被沮渠蒙逊杀死。出身于今肃南县临松山脚下的"卢水胡"沮渠蒙逊,就此做起了皇帝。这种相互屠戮,你下我上的政治推演景观,从没有如此频繁和剧烈过。但这些人,似乎都好景不长,长则三五十年,短则区区十年就被杀或下台了,从此湮灭于历史的尘埃之中了。

到第三个夜晚,几天的游历和体验,使我对陌生的张掖逐渐熟悉起来。走到街道上,黄色的灯光给人一种古典的感觉,扑朔迷离,使我似乎处在一个虚拟的年代。对我这样的一个过客来说,再没有什么比对一个地方的深度了解更具有行走的意味了。躺在床上,我忽然想到一个词牌名"八声甘州",很是浪漫,其主要是"八声",蕴含着一种令人迷恋的诗性意蕴。《新唐书》记载说,唐教坊大曲有《甘州》,为边塞曲,因以边塞地甘州为名。《八声甘州》是从大曲《甘州》截取一段改制的。因全词前后片共八韵,故名八声,慢词。

这又是一首边塞曲名:边塞,旌旗半卷,刀刃映月的疆场,氤氲不散的悲怆与幽怨,剜割人心的灾难与疼痛令人惊悸。依稀记得柳永在他的一首《八声甘州》中这样写道:"渐霜风凄紧,关河冷落,残照当楼。"颇有边塞的凄凉意味,还有苏轼、辛弃疾、周邦彦、秦观等词人,也都曾以《八声甘州》为题,写过很多的词,但内容似乎大都和张掖(甘州)没有直接关系,我想这会令张掖感到不安的,至少是令人遗憾的。但我依旧热爱辛弃疾的《八声甘州》:"故将军饮罢夜归来,长亭解雕鞍。恨灞陵醉尉,匆匆未识,桃李无言。射虎山横一骑,裂石响惊弦。落魄封侯事,岁晚田园。"

辛弃疾无疑是南宋最好的词人和军事家了,只是他一直未得重用,他的报国之心和恢复中原之志,实在是可以和岳武穆相呼应的。辛弃疾的词作,无论是金戈铁马、征战沙场,还是"佛狸祠下"、农事稼穑、儿女情长,都具有独创性,是其他宋代词人所不及的。只可惜,这样的一个词人、一个战术家,最终也不得怀着壮志未酬身先死的悲怆之心,与一个王朝一起,走到了终极。

念及前辈,很多的伤感和无奈,唏嘘之余,也只能强装欢颜,因为每一个人都只能活在当下,这是生命的铁律。

需要说起的是,大致从 2002 年开始,我先后多次去过张掖。有一次,和铁穆尔、柯英、刘虎等人去到了黑水国。那也是一个秋天的正午,空旷的废墟里依旧落寞难耐,荒草残败,流沙高耸,我们行走、叹息和感慨,在高高的城墙上照相,与此同时,我还认识了梁积林、宋云、苏黎、武强华、刘海霞、王锐、哈建军等朋友,他们都很热情,与我也极为投缘。那些年的张掖,对我来说,似乎只是醇美的酒液、黑夜的光,以及旖旎或者苍凉的想象。很多人事和情境瞬间闪过,无论微醉还是沉沉睡去,所有的痕迹和言语都有一种单纯的美。似乎还有一次,我和马青山、孙江等在宾馆喝得昏天黑地,满地都是酒瓶。

2005 年在张掖的一个凌晨,睡梦当中,我忽然听到一声清澈的钟鸣,悠扬均匀,满含禅机与预示,从大佛寺,越过古老的甘州天空和现代的张掖，敲醒了我的睡眠。那种感觉，既禅意，又清醒，还特别有意味。我想到，历史上几乎所有与西域有关的人，都在张掖留下过自己的深刻痕迹，如法显、玄奘、张骞、班超、霍去病、苏武、鸠摩罗什、长孙晟、杨广、王昌龄、岑参、高适、马可波罗、左宗棠、林则徐等等，这些人物使得张掖的精神和文化厚度，无意中层层累加，以至于高不可及。

不论是佛家之人与政治家，诗人与将军，皇帝与普通人，他们在张掖的行迹，大抵是珍贵的，而且是永恒的。一个地方，一座城市，倘若没有一些隆重的人的德行、思想与精神留下来，并且持续"招摇"，那将是可悲的，也是暗淡的。而张掖，包括其周边的县市，几乎都有着繁华而又明确的历史，特别是那些影响力极大的人和事，用以加持和光大。这对于我们所在的国土和世界，肯定是极其美好的事情！

而我这样的一个人，生活在当代，虽然多次来到张掖，但我终究只是一个来了就走的旅人……尽管，我也想留下点什么，但事实上是不可能的。我于张掖，像极了一阵风中的树叶，或者戈壁表面的一只蜥蜴和蚂蚁，甚至，连这些都是奢侈的。所幸，作为大地的一部分，张掖—甘州永在，于祁连之下，黑水河边，更多的人于此生生不息，并且始终与这个世界紧密联系在一起。

西边的关隘：嘉峪关与魏晋地下墓

  远远看到历史的城墙，蜿蜒、巍然，大有遮挡一切的气势。世上所有的关系，大抵如此这般，它们的目的就是要阻挡一切不利于自我的东西。如果可以，当然还想斩断天和地、风和雨雪。从某种意义上说，这一座关隘，是中国封建时代修建的最后一座边关了。它崛起于明代，大致也终于明代，随后的清帝国，似乎没想着用工事来保卫什么。事实上，所有强大和坚固的东西，向来不需要外在的"保卫"，反之亦然。

  从酒泉到嘉峪关，也就 20 分钟车程。这两座城市，前者以农耕著称，至今仍旧未脱稼穑与黄土气息，尽管它在很长时间内，特别是丝绸之路兴盛时期，也作为边城而长期存在，酒泉当然也有过繁华与嘈杂。后者则是一座新兴的现代化城市，和近代工业发展有着密切的关系。但从根本上说，农耕文化的特性在西北遗留的痕迹不是很明显，或者说，农耕和游牧并存的混血，才是整个西北地区的底色所在。

  明朝的第一个皇帝朱元璋登基不久，就下令在嘉峪关，即文殊山与嘉峪山之间修建这座关隘，其目的肯定是为了防御蒙古其他部落以及来自西北的军事力量的威胁。游牧民族对于农耕地区始终有着不竭的激情，从史前年代开始，就与中原地区的部落和帝国进行着历久弥新的战争。他们所要的，无非是从富庶之地抢掠一些日常用品，如盐巴、茶叶，其他先进的生产工具和技术，以及其他财富。但蒙古族和满族是个例外，他们是唯一弓马长城多年之后，进入"冠带之室"进行大规模统治的游牧民族。

  嘉峪关，算是明代在河西走廊与"西域"之间强行垒起的一座高墙，除了军事管理的效能之外，还有屯田。这嘉峪关，内城、外城、城壕形成重叠并守之势，大部分地方由黄土夯筑而成，唯独西面是砖包墙。明代的防御体系也大致是五里一燧、十里一墩、三十里一堡、一百里一城墙的构建模式，唐帝国时期的西北边塞，也大抵如此。那个时代，通信技术不够发达，军事消息基本上是靠人力和书信递送的。这样的军事设置，当然有其所长，也是时代的产物。

走近嘉峪关，可以清晰看到，外墙壁上，有不少类似子弹或者炮弹打击过的创口，显得很陈旧，战争对于生命的摧残力度，显然是最为深刻的，同时也是人对人的杀戮，这种残酷，是天下最令人心痛的事情了。

站在城墙上，左边祁连，右边荒山，两山之间，雄关横峙。凌厉的风从宽阔的河道汹涌激荡，像万千马蹄一样踏踏轰鸣而来，其中的事物，似乎都不堪一击。沙子在飞速移动，灰尘四起，犹如古代的狼烟与滚滚战尘。祁连山的积雪总在高处，洁白得令人心生忧伤；可不幸的是，近些年来，雪线明显抬升，这说明，气候变暖是一个全球性的事实。山根部则呈铁黑色，山上没有游弋的羊只和牦牛，只有几座单薄的村庄，在山脚下纸片一样晃动。偌大的戈壁上的卵石似乎被洪水冲刷了千年，每一颗都像是刚刚从海底裸露出来的一样。

从明朝到现在，这座盛名显赫、扼守要塞的城楼，近千年的历史，穿越无数战争的马蹄和硝烟，曾经阻断无数春风途程的嘉峪关，矗立在空旷的戈壁滩上，昔日刀光闪烁的守城将士早已不在，只留下一堆仍旧坚固的青砖巨石。

游击将军府前，长着一小片红柳和沙枣树，因为少水，即使在夏天也显得无精打采。高高的城楼上悬挂着赵朴初先生题写的"长城主宰"的匾额，下面的关帝庙柏香缭绕，一座石碑竖立于前。好多的字已经模糊不清了，只有几个陌生的人名，在日光和风沙当中让每一个观看者看见。众多的游览者不知来自何处，高鼻蓝眼与黄色皮肤，华丽或者朴实的衣装，让我觉得一种源自全世界范围内的繁华与和平。还有一些兜售工艺品的人们，坐在城墙的阴影下，像是一只只善于守株待兔的老虎，用难以琢磨的眼神打量着每一个路过身旁的人。

站在城墙上，可以看到对面的悬壁长城，大致建于明嘉靖时期，蜿蜒于光秃的黄色土山之上，远看像是一道水渠——也可以看到万里长城第一墩。黄土夯筑的明代建筑，卧在戈壁之中，原先峥嵘的头角已经浑圆，有的地方业已坍塌，融入在嘉峪关和祁连山之间的偌大背景当中，有一种强烈的败落感和悲怆感。

在哨楼一侧，我学古人射箭，那种铁制的武器被我拉开，铁箭像是子弹一样，优美而快速地命中目标——用麦秸做的敌人微微摇晃，但没有轰然跌倒。在传说的雁鸣石前，我捡了一块石头，使劲敲了敲，也没有听到传说中的大雁鸣声。在操场上骑马——一匹老了的马，没有脾气的马，我一直想让它飞腾起来，而它总是慢吞吞的，干燥的蹄子敲着卵石，在阳光下汗流浃背。

城墙下凉风如洗，深深的拱门，甚至有些破败和腐朽——许多年过去了，没有人再以一座高大的城墙作为战争的壁垒，冷兵器时代的终结和火器乃至核时代的到来，日新月异的现代军事科技可以轻松地逾越古往今来的每一座王朝的中心和外围——这些都是古代人的皇帝和名将所想象不到的。走出关隘，我站在宽阔的戈壁滩上，回身仰望着这一座古关，心里仍旧觉得雄伟。想到古代的那些人，不管是军士、商贾，还是游客，都必须在这关中"被验明正身"，方才可以入关或者继续西行。由此来看，世上所有的阻隔，其实都是人为的。

现在的这种状态，我觉得是最好的。出关，可以继续大漠落日，甚至可以直达中亚和欧洲诸多国家和地区；入关，就可以回家或者去看陕北的黄土乃至江南的繁花嫩柳。人的行动自由从没有像我们今天这般通达，甚至无疆。生活在这样的年代，何其幸运！

顶着烤人油脂的烈日回到市区，恰好正午，现代化迹象明显的嘉峪关市区内，到处都是火焰，车辆和行人浑身冒着油腻的汗水，在街道上匆匆而过。我走在其中，看到路边的槐树叶子微微打卷，有的甚至干枯。再看树根，上面凝结的黄土仿佛石头——我知道，这是一座缺水的城市，尽管守着近在咫尺的祁连雪山。一些外观时尚的建筑上悬挂着彩色的条幅，粉红色的气球在广场上像石头一样飘动。

吃东西，在嘉峪关最方便的，大致还是面食。相对于酒泉，嘉峪关人成分比较复杂，各种吃食也较多，但一方水土养一方人，最能令人饱腹且口感不错的，一个是大盘鸡，另一个是各种面食，当然还有酿皮子、烤肉和豆腐等。对于这座城市，我之前来过数次，每次都觉得很开心，其中一些时候，我曾带着大儿子杨锐来嘉峪关，找韩爱民的儿子韩越等人玩。那时候，韩越还是一个中学生，现在据说已经娶媳妇了。人在世间之中，果真是一梦千年，再好的青春，也只是弹指一挥间。这一次，我没有惊动韩爱民、赵成松、魏雄广他们，而是一个人，像个毫无目的的流浪者，在嘉峪关这座城市，如一条鱼般游来游去，倒也轻松自在，少了应酬的负累与欠人情的不安。

乘车向南。沿路的杨树十分整齐，绿色的叶子在312国道两边织出整齐两排的阴凉，有风吹动，微微摇晃，好像是一群黑色的影子在焦灼的柏油路上跳舞。眺望的戈壁就像是一方巨大的舞台，平铺在合黎山和祁连山之间，苍灰的薄雾不知由何组成，偶尔看到一段隐隐约约的土墙，蜿蜒其中——我知道，那是早已断毁的长城，黄土的长城，路过戈壁、沙漠、村庄和河滩，在时间当中隆起，又在时间中败落。这是必然的，没有人在意，也没有人挽救。

这时候的阳光是白色的，与更远处的戈壁上的白色卵石一起，构成了嘉峪关郊外正午的颜色。一些鸟儿在空廓中低低飞翔，没有鸣声，灰色的羽毛缓慢并且忧郁，一些车辆，拖着浓重的油烟，轰鸣着奔向我知道和不知道的地方。再后来，车子还没有减速，树木就在忽然之间消失了，余下一派卵石堆积的戈壁，那些不肯挪动的石头，一颗颗紧密相连，它们显然是一个整体，似乎是一片硕大的梦幻的疆场，让我想到真实的忧伤，可以用手触摸，但永远不可能深入。我想，在它们下面，深埋着一些什么样的东西呢？

再转过一个岔路，出租车掉头向西，沿着窄小的公路，进入到一片戈壁。无边无际的大戈壁滩上，细碎的卵石铺排成海，一颗颗泛着刺目的光。车子在其中，像一只快速爬行的乌龟，闷热的车厢里面，只有风在搅动，它们从戈壁而来，从我们不知道的地方，带着尘土、油烟、哭笑甚至血腥，在此刻，掀动衣襟，像顽皮的孩子一样。

炽烈的阳光，晒得人头皮发疼。踩着粗大或者细小的石砾，向魏晋地下墓行走，脚下有一些坚硬之物，在敲打着腿骨。卵石太过灼热了，稍微站得久些，皮鞋就会有烧灼的危险。抬头看见一座孤零零的房子，在偌大的戈壁当中矗立，毫无生机。身边一棵树也没有，像是一个被遗弃了的老人，面色灰旧。太多的风沙，太多的变换，体现在它的身上，却只是一种颜色的削减。

走近时，看见一个女孩，身着红色的上衣，站在房门阴凉处。进了一边的房子，首先看见一面墙壁，白色的、毫无气质的墙壁，面孔生硬，顶角悬挂着一些细碎的蛛网。下了几个台阶之后，看见一个巨大的空洞，黑黑的，似乎一张巨口，纹丝不动，持久连贯。而在一边宽阔的土台子上，居然摆放着一面床铺——我感到惊悸，这是古人的墓穴，而生者怎么可以在他们灵魂的门口如此摆设呢？单以胆量论，我肯定不及在古人墓穴口睡觉的那个人。地下的那些距今数千年的人们早已没有了知觉,也似乎习惯了他人于门边安卧的事实了,可作为后人仍旧会感到一阵寒意。

站在通往墓底的台阶一头,冷风吹上来,打在脸上,堵住了我的呼吸,那种另类的凉爽感觉,在我们的内心和皮肤上,划出一片贴心的幽冷。这座魏晋墓,是220—419年之间众多砖墓中的一座,称为六号墓,它的建造方式,也是采取的先挖墓道和墓室洞穴,然后再用干砖垒砌墓室的方法。

沿着甬道向下,冷风飕飕,洗彻身心。从地底不断吹来的风中,似乎含了一种奇怪的味道,像是人体腐朽之后的,又像是衣物被干土捂烂的气息。两边的墙壁上嵌着红砖,与台阶浑然一色——大致是后人帮忙砌垒的,为游人提供了进入墓穴的通道。我把脚步放轻,每下一个台阶,就多一层寒冷,心脏的跳动似乎也开始迟缓……在第一层墓穴站稳,迅速涌起的陈腐气息,进入了我们的肠胃,以至贯通了全身的各个部位。不作飘浮的细碎尘土,在墓室中缓慢缭绕。

整个墓道宽两米,长二十米左右,呈斜坡形,地面上也铺有各式的花纹砖。墓门采用拱券的方式,有点像先前中原地区人家的大门,上端建有砖砌的门楼,门楼上除绘有彩色的青龙、白虎、朱雀、蜚蠊、麒麟等寓意吉祥的动物图画之外,还镶嵌上各种类型的造型砖,如托梁赤帻力士,一手持连鼓、一手持槌的雷公画像、托梁兽,以及鸡首人身、牛首人身像等造型砖。每一幅图画都栩栩如生,令人惊奇的是,这么漫长的岁月,这么幽深的土地,砖上的颜色竟然新鲜如初,没有一丝黯淡。

前室较为宽敞,砖画表现的大都是当时人民的各种生产生活、妇婢仆从的杂役和墓主人奢侈豪华的享乐场面等。我想这墓穴的主人,一定是当时的一个达官贵族——有人说是当时主政酒泉的地方官,还有人说是当地的巨富商贾和文人学士——但不管是何人,生前如何,所有的事实和猜想都已成为无可奈何的过往，只是留下的这些砖画，让我们的目光探触到了遥远年代人们的日常生活和精神状态。

这里的每一块砖都来自魏晋，颜色青冷，质地坚硬，在现代的灯光照射下，闪着幽蓝、潮湿的光芒。一块块的青砖，从地面开始，一直延伸到墓顶。钻过一道拱门，到中室，我首先看到一口空空的红木棺材，依旧完好无损，那种神态，令我想起它的主人——这里共有砖画65幅，主要是表现墓主人家居生活的，衣饰华贵、神采飞扬和姿态雍容的女主人，带着宽衣长袖的女仆游玩或者嬉戏，穿梭在葡萄架或者青草绿叶之间。

还有飞翔的鸟儿，轻轻震颤翅膀，滑过晴朗的天空。我想，这些女子一定是非常幸福的了，抑或只是她和他们的一种愿望，被刻绘在砖上，放在灵魂的墓穴当中，成为一种永久的梦想——看着看着，我竟然忘记了寒冷。每一块砖画都给人一种联想：旖旎、高贵、自由而诗意，也忍不住羡慕，遥想那个年代的生活，想象自己也在其中该有多好。后室大致是墓主夫妇合葬的地方，干净如炕的土台上就像一张织毯，盛放着夫妻两人的尸骨。其中的砖画表现的是墓主生前的经济状况和社会地位。有放牧、农耕、采桑、养蚕、狩猎、屠宰、出巡、奏乐、博弈、舞蹈、进食、宴饮、庖厨、酿造、服饰、梳妆、布帛、丝束等，每一个画面都非常严谨工整，每一个动作都细腻入微、活色生香。最有趣是一块反映人类繁殖的砖画——男女交合的姿势和神情，看起来庄重而又富有情趣。还有一些画面记录了当时的农牧业生产情境，从种子的选拣、下种，以及土地的翻犁、耙耱，到庄稼的收割、打场，乃至采桑、养蚕等。

令人惊奇的是，这些砖画，连放牧、屠宰、狩猎和牲畜的交配都刻画得详细备至，无一疏漏——这是一个有心的人，也肯定是一位相信死有灵魂、死有所知的人。把俗世的生活带到了另一个世界，他肯定也是一个渴望永生乃至再次出生于人间的人——虽然只是梦想，但我相信它们都是美好的、永恒的和不朽的。

沿台阶向上返回，阴冷的风似乎没有了，站在台阶上，我再回头，青砖图画消失，余下的是逼人的幽静、不动的尘土和些微的恐惧，我似乎真切感觉到了地狱的温度，像冬天怀揣石头一样。我不知道自己为什么要走进别人的墓穴，但有一点可以肯定，那就是每个人的终点都是墓穴，我也相信，在酒泉漫长的过往，再没有一个人，可以像这座魏晋墓的主人一样，如此豪华地将自己在泥土下"收藏"。

在一边的工艺品商店里，我看到了其他没开放墓穴当中出土的大部分砖画临摹纸，其所表现的图景有：出巡的马车、对镜梳妆的女子、狩猎的男人、烹饪或者烧制腊肉的妇女、奔跑的九色鹿、俘获的野兽、看不清面目的行者、挂满葡萄的藤架、摇蒲扇的仆从、行进中的马匹、轮子高大的木车、颜色不一的旗帜、人类乃至牲畜的交配情景、吃树叶的骆驼、守门的猎犬、被追逐的青羊、奔驰的骏马……其中的每一个生命，包括牲畜在内，都是安详和幸福的。我忽然觉得，这些魏晋墓的主人，应当是生活在唐代的，那种富贵和奢华，似乎只有唐朝那个较为开放和雍容大度的帝国时期才能够完全具备。

但这只是一种猜想，事实上，在魏晋南北朝时期，相对于战乱不断的中原，西北地区可能要平静一些，人们生活在天高地远的戈壁沙漠之间，没有受到当地各个政权和军事集团的牵连，因而生活可能是稳定而富足的。这也暗合了一个道理，即盛世入城、乱世遁野的民众生存策略和传统。

戈壁依旧热烈，到处堆涌着火焰，一边的祁连雪山隐隐约约，向着整个河西，炫耀着她白色的胸脯和头颅。到魏晋地下墓廊博物馆，突然又看见了一口尚还完好的棺材，两侧绘有世人举杯庆祝的场景，棺顶绘得则好像是劳动的场面。整口棺材看起来简陋，一色的白木板，厚约5寸，由8块柏木板子组成；也看到了从这里的墓群当中出土的水罐、酒杯、木勺、逝者的鞋子和袜子残片、黑绸和白绸的采样……感觉陈旧而新鲜。生死一念间，在魏晋时期，人们可能都会以为，死亡不过是换一个地方继续生活，活着时候的一切，也都会随之迁往。他们肯定不会想到，在一千多年后，会有人扒开他们的墓穴，带着惊奇的目光，去打量和想象他们的生活。当然，这些都是已经消失了的，而其中一些，如生殖、吃喝、追求享乐、人的境域和命运的不同等，到现在仍旧没有多少改变。

返回嘉峪关的路上，我心里有一种说不清楚的感觉，从墓穴到人世，经历了不到一个小时的时间，这种滋味是耐人寻味的，也是有着某种惊醒意味的。越过嘉峪关市区，我直接到嘉峪关市西北约二十公里处的黑山峡谷，看到了著名的黑山岩画。高高的峭壁之上，大约刻有150多幅图画。刻画的时间跨度，从战国一直延续到明代，内容有人物、动物及其各种各样的活动场面。不管是马、牛、羊、鹿、狗、鸡、鱼，还是虎、狼、蛇、龟、雁、鹰、骆驼等，都与人们的生活息息相关。在表现当时人们劳作、娱乐、狩猎的岩画当中，既有游牧民族放牧家畜、农闲时嬉戏的场景，又有其弯弓射箭、操练演习的场面，还有动物角斗和人们组织大规模的围捕活动的日常生活情景。

在四道沟，我看到了一幅围猎图：许多徒步引弓的猎人，围住了几只野牛和长角鹿，这些牛和鹿个个体态硕健，扬尾抵角，作困兽犹斗状，除猎人箭矢横飞之外，外围还有骑手引弓以待，防止其突围，右侧还有人神情激越，呐喊助威。还有一幅图画，表现的是演武场景。整幅画面共分为上、中、下三层，共有30多个人，其中上层9人、中层12人、下层9人，人物的形象大小不一、神情姿态各异，头顶有尖状饰物，大都长裙束腰，有的身着短裙……画风粗犷、手法古拙、境界高古——与魏晋墓砖画比较起来，这似乎才是真实的古代西域的民众生活。

白昼渐趋安静，这一座城市，大抵是河西走廊现代化特征最为明显的了，无论是街道的规划，还是建筑的样式，或是人们的生活习惯，当代性很强。我喊了一台车，径直去往长城第一墩。这名字，起得倒是凌厉大气。越过荒芜的戈壁滩之后，在靠近祁连山之处，我看到一座只剩下半截的黄土墩子，其实也是夯土版筑的军事设施，矗立在骆驼草稀疏的戈壁滩上。那一种孤独和落寞，像极了所有穿越时间，到达今天的古物和古建筑。时间这个东西，它消磨与摧毁的，永远是有形的生命。转到长城第一墩之后，我忽然看到一道峡谷，还很深，其中有水浩荡，方才知道，这就是著名的讨赖河。发源于祁连山中段的托来山，融化雪水，一路汇集，在生硬的戈壁之间，开凿出了一道宏大的峡谷。河谷一侧，峭壁如切。河水泛着洁白的浪花，一路向东，显得沉郁而又欢快的样子。

举头仰望祁连，尽管看不到积雪，但我瞬间明白，嘉峪关乃至河西的一切城镇，包括所有的生灵，都有一个强大的背景，物质的、现实的，甚至精神的和灵魂的，那就是纵横千里的祁连山。傍晚的嘉峪关，浓重的黑夜被强烈的灯光稀释，众多的车辆在饭店停靠，众多的人的脚步敲着水泥路面。远处的火车发出长长的声音，向着西边的新疆和南边的兰州，以钢铁的形式离开和到来。这时候的嘉峪关城墙金碧辉煌，众多的霓虹和彩灯将它装点的像是一座偌大的私人宫殿。但我又忍不住想到，在现代，只有流过古城墙的风是孤独的，还有戈壁上大小不一、连绵无际的卵石——而距离不远的黑山岩画以及魏晋地下墓则是安静的，宛如另一个世界：没有灯光照耀，在又一个黑夜之中，仍旧像在古代一样，落寞之中透着喧哗，阴冷当中也包含了些许温度。

站在宾馆的窗前，我忽然发现，这嘉峪关的地势，好像是坐落在一座高台上，尽管这高台很是荒凉，但它却是高出四周戈壁和乡村的。这个发现，使我想到，修建嘉峪关的人，大抵也看到了这一点，高处建关隘，当然是有利于防守，也有利于进攻。只要水源不断，其中有田地耕种，当然就是一座完备的军事建筑。夜晚渐趋安静，以至于无声。尽管这座城市在河西走廊诸多城镇之中是最具有当代性的，人们的思想观念和生活方式堪称领一地之风骚，但由于人口较少，使得它不怎么喧闹和紧张。可以说，嘉峪关仍旧是一座深陷内陆的城市，这是一种宿命。即便是在冷兵器年代，特别是陆上丝绸之路兴盛之时，此地也只是一个较大的驿站而已。

想起一天匆匆地浏览，我觉得很是神奇。地下墓的幽冷与深邃，砖画的鲜艳如初乃至表现内容的富庶与欢乐，有一种古怪的阴阳倒置的荒谬意味，还有一种难以言说的真切和虚妄之感。而黑山岩画的种种场景，则提示了西北地区自古以来的民众生活方式，特别是人和自然相互依存的关系，在其中表现得尤为真切。当下的人们，早已经疏远了真正的自然不说，且对自然进行着肆无忌惮的开掘与伤害，这是有违天道和人道的。至于嘉峪关这座并不算古老的关隘，现在已经彻底地成了一处风景，一种纪念历史的方式。它的巍然存在，只是为了向时间和前来观瞻和登临的人们，提供一个怀古的平台与幽情的"出口"而已。

俯视全城，只见灯火连片，到处通明，唯有四野，还是黑压压的，整个天空看起来更如古人所说的穹庐。此情此景，站在高台上的嘉峪关某处，不由得想起纳兰性德的"夜深千帐灯"。这种古典情境，于今天的西北城镇而言，似乎还是可以用来形容的，尽管灯火早已换了方式和来源，但其根还在大地。再者，就生活方式而言，人类几千年来，除了工具的使用，嘉峪关矗立在苍茫之中，群星照耀。我忽然想到，在这样的夜间，黑山岩画与魏晋地下墓砖画之中的人物和器物，包括动物和牲畜等，可能已经复活了。在亘古的黑夜，他们依旧保持了最古老的动作和生活方式，甚

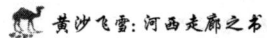

至那些人和事物，仿佛还在当时年代之中，或者转移到了另一个时空。由此，我也觉得，这世间总有一些东西是永生不灭、万古长青的。比如，人类创造的种种艺术作品，一以贯之的精神方向、命运轨迹，以及思想和灵魂的质地等。

玉门和玉门关

在风中，废弃已久的玉门关是安静的，当然只是内部的安静，它已经不再回想，也不再眺望。它的形体已经消失了，只余下一片模糊的遗址。这玉门关，就像一个历经沧桑的老者和智者，它所经历的，都成了风的一部分，也成了人类文明史当中的某些点滴。站在荡然无存的遗址上，任谁都会想起这座关隘于迢遥时光中曾经的历史。"羌笛何须怨杨柳，春风不度玉门关""新栽杨柳三千里，引得春风度玉关"等诗句，是天才的诗人们，对这座古老的军事建筑，乃至其标志性的边塞意象给予的最大敬意。

玉门关已经风化和相关传说成了一个文化符号，它的存在显然始于汉武帝时期，即霍去病率兵迎接投降的匈奴浑邪王之后，整个河西地区，便进入了汉帝国的版图之中。玉门关的建造和使用，大抵从这个时候就开始了。西汉帝国在今天的瓜州县锁阳城建立了名震一时的安西都护府。所谓的"安西"，顾名思义，充满了汉帝国对于西域的军事和政治要求，即安定玉门关以远的疆域，永远与中央帝国连成一片，并以臣服的姿态，成为其中的一部分。所幸的是，自汉武帝之后，河西乃至整个新疆，甚至中亚，都成了汉帝国的疆域。

在这样的一座具有深邃历史意义和文化象征的古迹面前，无论是谁，都应当以十足的敬仰之情深深致敬，向着这古老的消失了的关隘，向着这关隘之间穿过的每一个古人。很多年前，我也曾以《玉门关》为题作诗句，"玉门关，上帝遗落在戈壁上的一块黄色骨头／那么高大的城堞，春风的途程之中，羌笛含血吹响"。这样的诗句，当然是矫情无力的，相比李白的"明月出天山，苍茫云海间。长风几万里，吹度玉门关"，它境界狭小，缺乏气度，这使我感受到了自己与天才之间的根本距离。

那是2005年初秋时节，乌鞘岭以南的地域仍旧草长莺飞、大地蓬勃，而介于河西走廊与新疆之间的玉门关，却像早衰的女子，秋意隆重，大地萧索，稀疏骆驼刺的星点绿意已经开始退却，就连在这里飞翔了一个夏天的燕子，也开始梳理南征的羽毛了。风吹过来，带着细微的白色尘土，让我想起善于突袭的敌人。无疑，战争是常态，所有的平安无事，都只是瞬间。眼前的龙勒冈朴素而简单，于戈壁中蜿蜒低纵。众多的车辙在玉门关的废墟下，昭示着不断有人到来和离去。这种状态，贯穿了整个玉门关迄今为止的历史，不论是出塞的将军和士卒，还是远嫁和亲的公主及其陪嫁的车辇，以及游走的流浪者和冒险的商贾与探险者等，他们的行走都是无止境的，既充满危险，但又忍不住被诱惑。

当年，李广利大军远征大宛失败，遂返回玉门关，汉武帝闻报，即下死命令说："敢入玉门关者，斩！"那时候的李广利及其大军灰头土脸，同去的十万大军，还没作战，大部分军士便在途中因困乏和饥饿而死。直到来年，补充了军力和给养，又得到了沿途诸多西域小国的帮助，李广利及其大军才如愿以偿，征服大宛，为汉武帝带回来传说中的天马——汗血马。随后的班超及其兄弟妹妹，对东汉帝国经略西域有着卓越贡献，老了之后，班超曾在给皇帝的信中，言辞切切地说："臣不愿到酒泉，但愿生入玉门关。"

班超家族对于西域的经略，是前无古人后无来者的，其功绩对于东汉帝国来说，其一人可抵百万雄兵。两汉时期，陕西出了张骞、司马迁、班超家族等数位影响至大，甚至超越当朝皇帝的战略家、外交家、史学家、大文豪，这实在是一个了不起的奇迹。一个人能够如此作为，简直有如神助，也使得他们以自己的功业，完全可以藐视诸多的王侯公卿。

穿过这座古关，俨然有两条道路，其中一条由玉门关经由鄯善，过葱岭；另一条则由阳关出发，经塔克拉玛干沙漠南行。这是古老的丝绸之路的两条基本道路，在这个基础上，又有十几条道路由此敞开和收拢。这玉门关，就像是一只巨大的口袋，一方面"流放出"更多的人才和精英，技术与思想；另一方面，又收拢了诸多的外来者及其别样的文化和文明。这座古关，早不是一个军事设施可以涵盖的了，而是一个巨大的聚宝盆，更像是一个张力十足的吐纳机关。

站在玉门关遗址处，远处的一座烽火台也像这座古关一样，在空荡荡的戈壁之上矗立，因为风沙，很难看得清晰。近处没有人烟，巨大的戈壁盛满了远古的寂寞与忧愁；再远处的敦煌像是一个千年不化的美梦，众多的飞天和佛像始终沉浸于各自的途程。鸣沙山和月牙泉的声响，像是神仙们的飘飘衣袂，以及飘荡在空中的天乐。这时候的敦煌，依旧有很多的游客，他们大规模地到来，又大规模地离去。这种旅行，看起来非常仓促，更甚者，似乎是对敦煌、玉门关和阳关的不尊重。

靠近城镇的田野里，葡萄成熟，哈密瓜也是，一颗颗，一只只，悬挂在架子上，滚圆地趴在黄土地上，人们在采摘它们，装车售卖。随便抓住一颗，那种甜，好像整个世界都喜气洋洋了一般。中午还是很热，但一旦进入阴凉，立马就会觉得有点冷了。我想到在敦煌的方健荣、曹建川和刘学智等人。几乎我每次到敦煌，都会和他们在一起。他们是敦煌的另一种意义上的守护者。每次去敦煌，方健荣都要给我介绍一些写得好的关于敦煌的书籍，也会约上几个好朋友吃饭喝酒。我特别喜欢在敦煌夜市吃烤肉、喝啤酒，几个人，一边喝，一边吃，说些东南西北的话，感觉自己就像是穿越到了盛唐时期的敦煌一般。

但这一次，我却没有停留，而是转身越过瓜州，到玉门镇去。这个玉门镇，和嘉峪关有很多的相似之处，即两者都是由现代工业而兴起的。可是，近些年来，玉门石油枯竭，原先的县城完全废弃，行政机关也由老君庙又搬回了现在的玉门镇。玉门关和玉门镇完全是两个概念，它们之间相距差不多五百公里，中间还隔着一个瓜州。所谓的瓜州，就是原先的安西。"安西"本来是一个好名字，可外来语"安息"则使得它让人感到忌讳，前些年，又改用瓜州为县名。关于这座城市，最著名的还是锁阳城，以及流传于民间的唐安西节度使张孝嵩的故事，其中多玄幻和奇异。但可以从中看出，在西北，人们对于唐帝国的认同，以及唐帝国在西北地区的超强影响力。

锁阳城以此地特产锁阳而命名，这大抵是一种比较诗意的叫法。西汉时期，此城建造，唐代仍在使用，但明后便废弃。其中也有诸多的古墓葬，曾出土了唐碑及其他金银器具。锁阳是一味中药，据说对治疗阳痿、早泄有一定的作用。锁阳和苁蓉一起，被称为沙漠戈壁之中的两件宝物，人们甚至以沙漠人参赞誉之。我来西北之初，曾在同事房间看到诸多的自己泡制的苁蓉酒。老一点的人开玩笑说，年轻人喝了，会一夜睡不着。

现在的玉门市，也在一片绿洲里。绿洲构成了西北多数城镇的基本"形态"。玉门的水源来自疏勒河。河流对于人类的滋养是无与伦比的，而疏勒河河水也来自祁连山。山和河从来都是相辅相成的。这座城市，和"铁人王进喜"有着很深的联系，当然，石油是主要的媒介和推动力。斯时，正是秋天，杨树叶子开始泛黄，冷风吹过来，到处都是焦白的灰尘。玉门市区不大，街道宽阔，看起来也比较安静。西北之地，最不缺的，似乎就是土地，尽管其多数被盐碱浸漫，可加以改良后，也可种植庄稼。

这座城市当中，我认识的有小说家王新军和诗人马兆玉、任雪琴。王新军的小说以疏勒河、大草滩为主要书写内容，呈现出的是一种阳光暖草的亲切感，还有一种艺术上的冲突与探险。马兆玉前期的诗歌抒情风格很浓郁，调子很高洁也很激昂，后期的诗歌则更注重文化含量和精神向度。任雪琴写得少，但也是我比较关注的。

夜间的玉门市，人也不多，烧烤店和各种小吃摊，在明亮灯光下，以烤肉和啤酒，还有杏皮水等招徕客人。来到玉门市，我的目的是去看火烧沟文化遗址。这个古文化遗址，在312国道一边，以裸露的坟墓的形式，向今天的人们展现了数千年之前的另一种文化存在。其中以陶器、铜器、金器、玉器、石器、骨器最多，金耳环、陶埙、人体彩陶罐等也颇为珍贵。这说明，早在数千年前，玉门一带就有人居住，他们的风俗有别于其他地方，其所使用的器具，既和中原地区同步，也与外来文化有着密切的结合。

火烧沟遗址一边，是兰新铁路，途经的火车由新疆来，或者向新疆去，钢铁的撞击声使得寂寥的戈壁多了一种人间气息。临近的疏勒河水由高向低，途经的零落城镇被它围困，牛羊在草滩上吃着一生的草。早已湮灭的疏勒国也只剩下一片废墟，在靠近它的村庄当中，不时人喊马嘶。

沿途依旧是戈壁，其中也有零星的村庄和小镇，大都分别以黄土夯筑的方式，矗立在河西走廊西端。来来往往的大都是公共汽车，去往吐鲁番、兰州、酒泉或者嘉峪关。我在一家饭馆吃了一碗炒拉条子，上车，径自去往位于玉门市银达乡的低窝铺。当然，这个名字有些奇怪，充满了草根气息，但也是一个新的站点。它的四周也都是戈壁，近前的铁轨被持续滚动的车轮打磨得明亮如刀，下了火车，我给甘肃矿区的诗人韩爱民打了电话。

站在荒凉路口，有风吹过来，仰头的天空一贯的高和蓝，令人心生美好，也感到无来由的绝望。我忽然想起佩索阿的一句诗，"属于我的正在消失"。他的这句话让我猛然有一种被击中的感觉，一时间，思绪荒芜而混乱。它似乎暗合了我为数不多的单独旅行：从忧伤开始，往往无从结束。

再一次看到祁连山，这座宛如苍龙的大山，下身的黑和上身的白形成鲜明的对比，黑的像是幽深的地狱，白的则像一尘不染的天堂。我知道，它们是一座山脉的两个世界，就像人内心的光明与阴影、仇恨与仁慈，相连一体、相互混淆又截然分明。山脚下，隐约着一段明代长城，像是一具丢失了的残缺肢体，在绵长的河西走廊西端，横贯千年。不一会儿，爱民来了，刚刚上车，却看到了不断迫近的沙尘暴，从西向东，席卷而来，飞腾的土尘和沙子混合并遮蔽了天空，大地风吹石走，破喉嘶叫。这既像是一场大规模的讨伐，又像是古代的那些骑马狂奔的盗马贼。沙尘暴凶猛决绝，所有的阻挡都是徒劳。我想，这在古代的西域、河西走廊的西端，似乎也是常见的吧。大风掠过正在行进的驼队和军队，古老的丝绸和香料、瓷器和茶叶，也像人和牲畜一样被风沙击打……我闭上眼睛，坐在车上，任身体随着不平坦的戈壁颠簸，感觉像是在梦境当中行走，还有一种置身于汪洋之上的漂浮感觉。

车窗前升起一片庞大的土雾，白色的、黄色的，掺杂在一起，看不清三米之外的任何事物。司机使劲按着喇叭，对面也是汽笛声声，很是尖利，更多的是无名的恐惧，像是一群狼在某个时辰的相互警告和呼唤。灰蒙蒙的夕阳在车的前方直射，把道路映成黑色，四周平坦广阔，一望无际。一个人、一辆车在其中行驶，有一种独自行世的空旷感和悲壮感。车辆减速，转过一道弯路，爱民说："就要到他们所在的甘肃矿区了。"穿过一道陈旧的大门，我看到两边茂盛的新疆杨，一半绿色一半黄色，秋天的意味浓郁鲜明。进入厂区，我看到的楼房大抵是20世纪60年代初期的苏式建筑物，狭窄的街道上散布着一些门帘灰旧的商店。进入大唐招待所，却是窗明几净、一尘不染，服务人员的热情让我真的有一种回家的温暖。

夜幕从戈壁之上，渐渐包抄甘肃矿区。沙尘暴突然停了，空气当中还充斥着浓烈的灰尘的味道。和爱民走出招待所，在饭店又认识了当地的诗人和作家李长瑜、赵成松、李庆华和魏雄广等朋友。其中，李长瑜这些年诗歌写得干净、精巧，意味十足。赵成松在散文写作方面有很好的天赋，只是这小子有些贪玩,写得少,又荒疏,实在可惜。一干人聚在一起,接着喝酒,白色的酒,我感觉那是一种温柔的毒药。

那时候,只要和朋友在一起,酒越多,我越高兴。这并不是因为我特别喜欢喝酒,而是喜欢和好朋友醉于酒中的感情氛围,尽管我患有较为严重的慢性浅表性胃炎,也害怕酒醉后的痛苦。但我相信,酒水可以让安静而单纯的心更加贴近。喝酒之间,我们手舞足蹈、唱歌,不断地谈论生命、爱情与艺术——很多年我都没有那样快乐过了。数小时后,酒水在我们的身体之内点起火焰,涌起江河。出门,有些寒冷,风从楼房之间吹过来,长驱直入,连续不断。雄广送我回房间,还没进门,我就有些晕眩了,踉跄着,一头扑倒在床上。

我来到甘肃矿区的第一个夜晚,在醉酒中消耗。黎明醒来,仍旧酒气弥漫,我想,那些躲在暗处的神灵,也会被我的酒意驱散。接着像是在沙漠行走的干渴,咽喉似乎长出来无数的尖刺,我急忙抓起昨晚的凉开水杯子,一口气喝下去,这才有了一种被滋润的快感。但却再也睡不着了,一个人躺在床上,昏红的灯光充满某种身体意味,外面的风不间歇地扑打着单薄的玻璃窗,咚咚作响。没过多久,传来了汽笛声,接着是奔驰的呼啸声,再后来是人声。一夜之后,我的喉咙里像被堵住了,皮鞋敲着甘肃矿区的地面,渐渐来到或者渐渐走远。早晨有点冷,但我头脑异常清醒,爱民叫我吃饭。出了大门,看到的街道依旧破败,再转道向南,一色的街道两旁,默立着苏联援中期间修建的几幢三层楼房,红砖的外表,时间的刀刃不断刮掉已经腐朽的那些,余下的仍还结实的砖块,颜色犹如尘土一般的沉郁和沧桑。

天气晴好,有一些少见的白云,在甘肃矿区——低窝铺上空,神仙一样悠闲自在。爱民带我们到他们厂史展览馆参观,我看到了许多古老发黄的照片和文字,还有陈旧的机床和精致的模型……在他们当中,有"两弹一星"功勋人物原公浦和周茂功,还有更多普通劳动者和创造者,虽然都已成往事,但仍旧有着足以令人心颤的感动力量。下午,我又喝了好多。但我没醉,唱歌的时候,我特意学唱了腾格尔的《天堂》。回到宾馆,我久久不能入眠。洗澡,温热的水在身体上像是一群疾奔的蚂蚁,又像是正午被太阳烤热的落叶,一枚一枚,从我的头顶节节滑下。

位于低窝铺的甘肃矿区,也是一片绿洲。只是,秋天来到,草木深了、黄了,落叶在阳光下显得妩媚和苍凉,也觉知了土地的温度。下午,下了一场大雨,他们说像瓢泼一样,但只持续了半个多小时。我也知道,戈壁的雨就像快乐一样不经常来到。

坐在去往酒泉市的车上,日暮祁连,朋友和雪山一节节远了,闭上眼睛,想起几天内的情景,从玉门关到低窝铺,那么多的风物和人事,都是有意味的。这时,秋天正在进行,在我的身体和内心,也在河西走廊西端、玉门关内外的大片地域,当然还有身处低窝铺的甘肃矿区,以及那些更为遥远的地方。

只不过,在当下的年代,"春风不度玉门关"的说法早已被颠覆了,玉门关内外,皆是中华大地。想起在玉门关的落寞和在甘肃矿区的欢乐,只觉得这一次旅行,几天时间,自己好像变换了很多次。人在大地上,特别是那些人文古迹之前,大抵是落寞的,追古抚今,诸多的人和事,悲哀的与幸运的各个不同,也迥然有别,不免心中戚然。而面对与自己同在这个时代的人们,则又是另外一番体验。

在这世界上,消失不一定永恒,但人和人在一起的某些瞬间,对于个体生命和内心,可能是永远的。就像我在玉门市、甘肃矿区等处。我相信,多年之后,这些朋友,依旧是觉得亲切可爱的,事实也是如此。2020年,当我再一次回到嘉峪关、玉门、敦煌等地,再度和韩爱民、赵成松、方健荣、魏雄广、曹建川、郭莉莉、于莉莉、刘学智、王新军、马兆玉、任雪琴等人聚在一起，感慨时间这把杀猪刀，连我们这样的好人也不放过之外，大家开心莫名，似乎又回到了二十多年前，感觉自己还犹如小伙子一般。这使我再次觉得，唯有生命那些无欲无求的温暖与不期然的相遇才是温暖的。只是，玉门关只剩下了遗址，人和所有的事物，都在时间中变得苍老、清脆，甚至充满了疼痛的裂纹和隐藏了暗中飞舞的刀。

无尽的敦煌

走得太久了,人困马乏,弹尽粮绝,四边茫茫戈壁,缺水成了生命最大的威胁。在并非传说的瀚海泽卤,神话中的地狱之门,当前进和后退都不现实的时候,只能另寻生路。求生是所有生灵的第一天性和本能。以此来推测,起初的敦煌,更像是一个大漠中唯一水源地和求生处。由河西走廊向西,迎面的大漠戈壁像是匍匐在人间的一块生硬铁板,弧度倾斜地挡在所有途经者的面前。

当然,这只是我的一个瞬间的猜测。敦煌这个地方,它的诞生当然是自然之功,是上天在设置死亡之沙漠的时候,特意为人设置的一线生机。这一线生机,当然包括地球上所有沙漠中的所有海子、泉眼和绿洲,也包括自然界当中所有可以让人渡过生死浩劫的那一些"机巧"与瞬间、方法等。宇宙乃至我们所在星球的自生和程序设计,仅一句"巧夺天工"或《道德经》中的"玄之又玄,众妙之门"是难以说尽的。

司马迁的《史记·大宛列传》中记载说:"始月氏居敦煌、祁连间。"这可能是关于敦煌之初最为正统的说法。但是,敦煌这片绿洲上的第一批居民,可能是古羌。《诗经·商颂》中有诗句说:"昔有成汤,自彼氐羌,莫敢不来享,莫敢不来王。"其中的氐和羌,可能是西北地区最古老的民族,甚至早于匈奴与东胡,以及乌孙和月氏。据王国维考证,所谓月氏人,便是《逸周书·王会解》中的"禺氏"。可以想象得出,大月氏"本行国也,随畜移徙,与匈奴同俗"。他们在此生活,以肉食为主的民族,肯定放牧有大量的牲畜,如牛马羊和驴子等。

敦煌尽管境内多沙漠戈壁,但因为其境内和靠近的祁连山、阿尔金山，自然也是天然的牧场。因此，无论是塞种人、氐羌人，还是大月氏人，在这里休养生息肯定是没有问题的。游牧民族"逐水草而居"的特性，一方面体现了物竞天择的自然生存规律，另一方面则表达了人在大地上的随机性与自适应能力。而在大月氏之前、羌族之后，即欧罗巴地中海印度人型的"塞种人"也可能在此逗留多年。《汉书·张骞传》中说："（大）月氏已为匈奴所破，西击塞王。塞王南走远徙，（大）月氏居其地。"关于塞种人，争议也很多，即其为"萨迦人"的说法可能更被学者认同。

　　大地上的生灵，其发源和生息过的地方很难确认，尤其在历史蒙昧时期，寻找更好的住所或者迫于压力的各种迁徙与定居是人类的一种常态。再者，人和人、民族和民族，肯定是同宗同源的。所谓的区别，只不过是最远处的政治，即便于共享领地和满足资源斗争需求，将某一类和某一族群统一起来，更好地为自我服务。"良禽择木而栖"是一个普适真理。好在，敦煌和其他地方一样，有着繁复的历史纵深与多彩的人文。最明确的莫过于汉武帝之将领霍去病逐匈奴而将河西地区正式收入西汉版图，敦煌作为其中一个郡治，自此开始了它明朗的中国生活。也因为张骞，丝绸之路实际开通者的不二功勋，使得敦煌在漫长而嘹亮的旷世生涯中，吐纳东西，衔接今古，以其"无为而无不为"之大智，逐渐获得了百世无匹的存在的魅力。

　　世上所有的赞誉似乎都是矫情的，甚至是虚伪和速朽的，充满反讽的意味，可敦煌例外。自从东晋和尚乐尊饥寒交迫之际，在三危山发现一抹佛光，进而开凿洞窟之时，敦煌就开始自镀金身，生生不息了。敦煌之所以在偏远之地，风沙之中常说常新，一提起名字就让人顿生向往和前往之心，原因就在于其雄阔博大、具象精微的莫高窟。自北魏至今，莫高窟最大的"能效"便是融合和留存了丝绸之路上最伟大的文化和文明痕迹，那些美轮美奂、形态各异、艺术风格贯通古今中西的画像，就像位居人类的精神和灵魂，可望而不可即，却又不可或缺；无法从现实抵达而又无时不在、无所不能，时常在某一些制高点，照耀、引领和护佑着我们的俗世生活与精神理想。

于我个人而言，对于敦煌，在还没去过之前，只要每次听人提到敦煌或者看到与敦煌相关的只言片语，哪怕是不经意的，甚至说它太远了或太陈旧、没意思之类的，我就想马上将身去到，亲自拜谒。

2008年，我第一次去到敦煌，迫不及待先到莫高窟，仰望之间，无端地眼泪横流，怎么都止不住，但也说不出一个所以然来。阳光照耀着焦黄又有些泛白的粗砂墙壁，浓郁的土腥味随风飘散，呛得人直打喷嚏；陈旧不堪的洞窟，毫无表情地陈列和张开。可整个的世界，都被它们吸纳、保存、珍藏和炫耀了。尽管大多数壁画的色彩和线条已经剥落和残缺，佛陀和居士，还有供养人的面目也都模糊不清，可他们仍旧活着，而且无比真实、鲜活，哪怕只剩下一根手指、一只眼睛和一根毛发。

艺术的强大感染力与传世性就在于，它不仅洞彻了人的现实和前世今生，且烛照和辉映了我们的灵魂和后世。现在的莫高窟，可供观摩的洞窟已经很少了，但即便少，莫高窟的包容和雍容、无限与悠远依旧没有减色半分，反而因为少和残缺，更加弥足珍贵和"洞烛悠远""余味不尽""震撼身心"。

从那些佛陀塑像当中，我们可以看到世界文明和文化在各个时空中的沉淀与爆发、不朽与从容。恭敬浏览之后，我忽然发现，敦煌的壁画确实是与每一个时代相呼应的，如隋代的壁画，人物个性张扬，充满不羁的狂想。这令我想起不幸而伟大的皇帝杨广，这个"美姿仪"的文章家，善于伪装的阴谋弄权者，写有《饮马长城窟行》诗篇的诗人，死前还不明白，身边人为什么要反对他，杀他的悲摧最高统治者，也是开凿大运河、接力三省六部制、联通两河文明、接连在西域用力并卓有成效的有为帝王……

无尽的敦煌

他的一生都在狂想中奔行。从他的事迹看，我相信他也是尽力恢复秦汉气象的帝王之一，就像他父亲隋文帝杨坚一样。而唐代壁画中，人物及其细节都是那么的雍容大度，开放自信。尤其是那些翔升于空冥境界的伎乐天，眉眼之间，曼妙自在；腰肢婉转，尽显大度。宋代的画像，显得清瘦与淡然，道家之气隐隐透露。而元代的画像则张狂凛然，给人一种决绝的霸气与凶猛之感。

也就是说，敦煌莫高窟始终是和中原，即儒道文化相通共融的，中国的每一个历史时期都在它身上刻有隆重的痕迹。而莫高窟中的壁画，却融合了世界上各种流派的绘画及其风格，其中，中亚和印度气息最为浓郁，尤其是唐后期以张仪潮和曹议金为首的归义军统领敦煌时期的壁画。那种混杂的美感、不留痕迹的文化和思想的共通与合并，让我感到了艺术的无限扩张性。

在人类的世界中，唯有情感与思想，对自然万物的敬畏与亲近，心灵、精神和信仰的创造性以及认同感，才是无疆界的，也是亿万条心完全一致并且高度契合的。

那一次，我坐在日渐干枯的杨树树荫下，周身清凉，又觉得神秘；内心无序，又虔诚莫名。我身后的宕泉河已经干涸，不大的水坑四周，结满了腐败的绿藻。王圆箓道士的葬塔在空地上高高矗立。这个第一个打开藏经洞的道士，其功过令人迷惑。他的初心大致是为保护自己，抑或仅仅是为了基本的生存所需。无意中的大错，也充满了乖谬意味。对于莫高窟和藏经洞，王圆箓大致是最难评说的一个主人（曾经的军人）。与此同时，不由得想起20世纪初西方人对中亚的探险与考古，奥登堡、斯坦因、伯希和、斯文·赫定、科兹洛夫等，也极难说清楚其对错是非，学术无国界，可心理上舍不得，情感上也不能接受。

国弱，连学术也是弱的。昏庸与衰败不堪的清王朝，在长期的内耗与自渎之中，已经失去了自我认识的能力。从大的方面说，这也是一种命运。而且，一个人和一个国家乃至整个人类的命运，其实密不可分。只不过，人类已经习惯了强取豪夺与幸灾乐祸、相互攻击与你死我活罢了。上述之外，当然还有王国维、刘鹗、陈寅恪，以及后来的常书鸿、段文杰、樊锦诗、王旭东等人。尤其是常书鸿，其对敦煌的热爱与倾心，个人命运的曲折与传奇，令人惊叹。后来的接力者，我相信他们都是笃定的。

人生在这个世界上，在我看来，最好的事情，就是专注于科学及各种文化和思想的研究与探寻了，其他的职业和爱好，都是短暂的。唯有思想和精神、文化上的创造，才是无与伦比的美好与幸运的。

第二次再去莫高窟，还没进门，我就身心肃穆。望着粗砂堆积的三危山，斯时，朝阳正在暖热大地，青蓝的天空了无边际。一阵风吹来，细腻的黄尘无孔不入，灌入身体之内，瞬间就有了与莫高窟结为一体的雄浑感觉。我站在山崖前，不去参观，也不想参观，只是冥想。看一会儿，再闭上眼睛。脑海里和心里，一下子喧哗起来了，各种装束的人熙熙攘攘，骆驼和马匹、商贾和军士、胡伎、农夫、僧人，他们在尘土的道路和街道上相互点头致意，或者相向无语，抑或挤在一起讨价还价、钩心斗角。汉语、突厥语、蒙古语、铁勒语、波斯语、吐蕃语混杂在一起。

我还仿佛看到人群之外的荒滩上，蹲坐着一位僧人。他神情沉静，但眉宇之间隐隐有着长途跋涉的困苦，以及内心的某种迷惑。我忽然想上前与他说话，因为，在我内心里，长期有一个问题，像是误吞下的一颗铁钉，扎得我浑身疼痛，心神不宁。我想问问他："俗人于尘世当中，如何对待人生的无常，尤其是残酷的改变与无言的离别？"

其实，这个问题太简单了。如《楞严经》说："灯能有见，自不名灯；又则灯观，何关汝事？是故当知，灯能显色，如是见者，是眼非灯；眼能显色，如是见性，是心非眼。"个中道理，一目了然，万般皆同。可是我就是放不下，执念太深。我想请教他："如何不放下而放下，执念而不执同？"

正思想间，我无意识迈开脚步，却撞到了一位女性游客的肩膀。她厌恶地瞪了我一眼。我急忙说："对不起，对不起。"她没有吭声，径直出景区大门了。我苦笑一下，也忽然觉得，人生之肉身相近，机缘幽深。轻轻一撞，当也是某种命定的吧。世人皆以为，万般皆是无意和无常。或许，人生于世，于众生之中，所有邂逅与相遇、久处和短与，都是早被某种程序预设并且无法改动的。

就像敦煌，就像莫高窟。这两个长久之地、福泽之处，虽然与我相隔千里，但在我内心和精神的驱动器里，它们早就是一种密码式的嵌定了。不然，对于这遥远的简陋的洞窟，在时间中残缺和耗损的壁画，我何能如此"信仰"与热爱呢？由此，我也相信，每个人对于某些事物，包括精神层面的文化艺术的情感，也都是与生俱来的。那些说敦煌莫高窟没意思、看不懂的人，本质上是无法洞彻"活着"及其内涵和意义的"另一类人"。与另一类既可以融入世俗而又能够通达精神和灵魂的那一些同类，可能完全生活在不同的世界当中。

众生之所以为"众生"，根本就在于个个不同，肉身神圣，但精神和心灵却是联通天地万物，并时刻与之振幅同步。比如在莫高窟，很多人看到了时间的摧枯拉朽，艺术和文明文化的持久与"光芒普照"，甚至能够想象得出，当年那些来自不同国家、民族和地区的画师凌空作画的姿势和神情，而有些人，只是"到此一游"，悻悻而返或心无波澜。艺术从无须与时间对抗，时间自觉护佑之；物比人久长，一代代的人，在各种"物"面前，应当感到惭愧不已。

斯时正是盛夏，夜幕四合之际，坐在月牙泉以上的沙梁上。敦煌市区灯火遍布，而四周发黑。天上星辰密布，形成一个巨大的穹顶。热风一波一波涌来，尘土在身上与汗水一起沉淀。我朝着莫高窟的方向，忽然心生慈悲。只觉得，这一片沙漠中的绿洲，无数的人来了又走了，留下的何其少？很多的人，抵不过莫高窟中画像之一毫。当然，鸠摩罗什、乐僔、法显、玄奘、悟空（达摩驮都）等高僧早已不朽，张仪潮、曹议金等归义军首领及历代在此有为的官要，吟诗作画的文人和画师，其名讳和作品却与敦煌共久长。这是何等的荣耀！顺着沙山下滑的时候，同伴发出尖叫，而我却觉得，这也是深入敦煌的一种方式，更是接近莫高窟的一个途径。

因为我坚信，敦煌已然是横亘在世界文明中心的一座殿堂。几乎从一开始，它就用自身的水源地和歇脚处之功能，构成了大漠戈壁之间的显赫驿站与中央帝国的军事屏障。阳关虽然早已不存，但它由此引领和分开的丝绸之路，至今仍旧无限延展，光华灿烂。而莫高窟的存在，必定长期地成为一个精神的"中心"，尤其是其中收纳与展示的驳杂斑斓的文明文化和无与伦比的艺术创造。

正如《汉书》中所说："敦，大也。煌，盛也。"

哦，无尽的敦煌。

巴丹吉林沙漠深处

1999年夏天的一个早晨，我以租车的方式，穿过一大片已经稀疏的梭梭林，再从大片但很稀薄的芦苇地向北，进入古日乃草原。看到的第一座房屋和甘肃酒泉乃至河西走廊的大多数民居并没有区别，一色黄泥草芥，还有苇骨、油毡和木板，构成了最简单的住房。我停车去看，屋门紧锁，满是松软黄土的院子里踩满羊蹄印。从玻璃往里望，只见两张床铺，还有一张红漆剥落的桌子，上面堆着一些花花绿绿的塑料袋。房后是一座用枯胡杨树桩围起来的羊圈，杂乱蹄印下，羊粪丰厚，在日光暴烈的夏日，弥漫着一股浓郁的羊臊味儿和青草腐烂后的气息。

再向北大约行两公里，车子在断续的芦苇、不过几寸高的草丛中，被隐藏的壕沟、堆积的湿沙引诱而发生颠簸。冲上一面平地，我从车窗看到一座房子。多次来过此处的司机说，这是牧民巴图的家。还说，巴图可能是古日乃最富有的人，他的大女儿在呼和浩特市上的大学，后来嫁到了巴彦浩特，小女儿在额济纳旗读过卫生学校，如今在古日乃做乡村医生。我觉得饶有意味，提议到巴图家去看看，司机却说："这时候，牧人们大都在野地里，或者驱赶骆驼，或者把牲畜们赶到一起饮水。"

果不其然，在巴图家门前停车，门扉上也悬挂了一把铁锁。相对于其他牧民，巴图家的房子要多一些，其布局有点类似甘肃金塔及酒泉农村的小四合院。不过，巴图家的大门比较大一些，可容一辆卡车进出。我踩着六月还不过寸高的茅草，绕到屋后，看到一个胡杨树桩围起来的牲口圈，面积比第一次看到的大一倍。走近，从粪便上看，好像是骆驼圈或驴子圈。司机站在屋边，大声喊巴图的名字，我走近说："这样喊人家是不是不大礼貌？应当有个称谓的。"

　　站在一个土包上，我远远看到，十多头驴子，还有几十峰骆驼，在一片空地上，围着一根高高的枯木。司机把车开过去，接近时，骆驼和驴子们还是围在一起，一动不动，好像对我们这辆奇形怪状的车子不感兴趣似的，即使擦着它们的身体，这些不断撩尾巴驱赶苍蝇的家伙们也仍旧无动于衷。我下车，却不敢距离骆驼和驴子太近。我知道，骆驼的脾气很古怪，生人靠近时，它轻则用鼻子甩你一身鼻涕，重则撩起一条后腿踹人一脚。驴子也是，尤其是那些公的，也会猛不防踢人。

　　迂回到牲口中间，我才发现，那里有一口水井，一个五十多岁的妇女，头包蓝色毛巾，弯着腰正在用辘轳汲水，水桶里的清水落地还飞溅。妇女提起来，倒在一个大铁池子（饮水槽）里，不断有骆驼和驴子探嘴渴饮，喉管咕咚咕咚。我上前说："大妈，您好。"那妇女直了腰身，看着我说："你是从哪边儿来的？"紧跟而来的司机大声说："不认识我了？去年还和一群青海人在你家吃过羊肉。"她眼睛眨着，盯着司机看了一会儿，"哦"了一声。但从表情看，她肯定没想起来。过了一会儿，她又对我和司机说："来这儿干啥嘴？"我说："没事，就是来转转。"她又"哦"了一声，然后又用绳子绑住水桶梁，摇着辘轳，之后是一声水桶碰到水面的闷响。我走过去，说："我帮你！"她说："不用，不用。这个你不会干。"我说："我试试。"她摇辘轳的手停了一下，看了我一眼，欠身让出位置，我急忙抓住。

　　用辘轳汲水，我好像有过此类的经验，但记不清在何处做过。抓住摇把的时候，我感觉有点恍惚，脑子在极力搜寻相同的经历，可就是想不起来。水桶到底了，直觉告诉我，还需要用绳子摆摆，把水桶弄斜，吃水后，才能把井底的水汲上来。我探头向下看看，正午白晃晃的阳光把水井照得一片漆黑，想到地下的途径，或者向着他处的某种方式。好不容易把水桶装满，再摇的时候，辘轳发出吱吱呀呀的响声，在畜声鼎沸的正午，显得格外空旷和诗意。

我想，在沙漠包围的古日乃汲水，这种行为有点风俗混合、地域重叠的味道。尤其是在土尔扈特蒙古族世代袭居的牧区，这种南方的行为和日常生活方式充满了别样趣味。感觉自己也像是某一个被置换了的场景组成部分，古典、民间且有着水的灵性，还有着粗犷沙漠中的某些细致和温柔。我将水提到槽边，再哗哗倒入，驼羔和驴子连续把嘴巴探进，吱吱有声地喝。我又汲了三桶水，却有点气喘吁吁，头顶的烈日剥皮抽筋一样，但内心还是有一种劳作甚至施惠的惬意和快感。

离开井台的时候，我发现，自己看那些双峰驼和驴子的心情、眼神发生了根本性的转变，再不以为它们可怕，随时会喷鼻涕或踢人，而是一种相依共存的融洽关系。跟着巴图爱人到门外，她开门锁，我和司机站在房檐下的阴凉里，远处掠动草尖的风吹到身上，感觉就像是一层薄薄的清水，连骨头也是沁凉的，热汗迅速凝成白色碱痕。进屋，也还是一阵清凉，巴图爱人洗了两只玻璃杯，分别给我们倒了茶水。我注意到，那些水很黏稠，白色的颗粒跟着散开的砖茶块飞速起舞。我喝了一口，很涩。

巴图爱人打开电视机，画面大部分是雪花，只有中央一、二套和额济纳旗自办节目。我起身，四处看。屋里地上铺着地板革，图案是均匀的牡丹花，但地面不太平整，像行走在平整的黄沙上，有处松动，有处发硬。从客厅向左，还有一个木板门，敞开着，一张大的双人床上铺着一张大的竹凉席。墙壁上贴着数张剪贴的明星画，其中有腾格尔、德德玛等蒙古族歌手，还有内地流行的一些年轻歌星。每一张画的皱褶里，趴着一些黄色的灰土，白墙的坑洼里也是，窗台上也厚厚的一层。

右边还有一道门，虚掩着，我一靠近，就闻到一股淡淡的苏打水味。巴图爱人在客厅大声说："那是二女儿的药房。"说着，她快步走过来，把门推开。我看到一张常见的木柜子上，摆满了各种常用药品、针剂，还有输液用的铁架子。巴图爱人说:"古日乃不过500人口,居住也很分散,十几里一家,要是谁有了头疼脑热,就骑马或者骑摩托来这里就医取药。"我"嗯嗯"着,想问一下她二女儿去哪儿了,可又觉得唐突,嘴唇张了几下,又咽了回去。

需要说明的是,那时候,我二十六岁,还很腼腆,尤其是对异性,我觉得,那是最美的另外一个人,是自己身体和心灵最欠缺也最美的那一部分。在马蹄驰骋与黄沙流溢的古日乃牧区之外,我是一个遥远的外来者。虽然处处好奇,充满幻想和渴望,但在这里,我必须要保持,或者像被收藏的弓矢一样沉默和喑哑。对异族女子,我始终怀有好奇,特别是马背上的人,她们一定是豁达而豪健的,天生一副辽阔高亢的嗓音,还有着与生俱来的舞蹈天赋。我还觉得,在沙漠围困的古日乃草原,治病救人这一作为或职业本身就充满了悲悯意识,还有那种类似于救赎、慈爱及坚韧的品质和内蕴。尤其是一个土生土长的女孩子,在封闭甚至与世隔绝的故乡做这种事情比其他人更需要勇气和耐心。

从内心来说,我真想见到巴图的二女儿——尽管从未谋面,但我潜意识里觉得,她一定是一位美丽绝伦的女子,而且还有一颗辽阔、仁爱和单纯的心。

我的这一想法,虽然没说出来,但年过五旬的巴图爱人,或者额吉是心知肚明的,仅从我在药房徘徊不去、欲言又止的样子,她就可以猜出来。

果不其然,还没出药房门,巴图爱人就大声说:"她去达来呼布镇买药去了,最晚天黑回来。"我"哦"了一声,说:"那很远的,她开车还是骑马?"巴图爱人说:"摩托车坏掉了,骑着家里的那匹五花马。"司机说:"骑马在这里走,哎,要多长时间?"巴图爱人说:"最慢也就是四个小时多点吧,从达来呼布回到古日乃。"我想:骑马在沙漠和草原之间行走,那一定是古代的军人、骑士、诗人和商旅才有的美好待遇。现在,车辆这种效力强劲的工具，实际上并不适合草原，也不适合在大地上旅行。

旅行需要缓慢，需要寸移，需要像持久的爱情或此生不渝的爱意，车辆乃至飞机的速度只适于乍合即分、浅薄的观光客和"到此一游"。我觉得，贴近大地的行走，是持久的忍耐，是肌肤相亲、心领神会、无言胜有言，是发自内心的亲热和爱意。

想到这里，忽然很渴望巴图二女儿的骑马旅行过程。坐在沙发上，我想：要是能在路上遇到骑马的她，我一定要和她交换，我骑马，她乘车，最后车子和她一溜烟不见，只剩下我在辽阔的古日乃行走，五花马打着喷嚏，偶尔咴咴嘶鸣，带铁的蹄子抛开黄沙，斩断青草，出自祁连山的鹰隼在高空鸣叫，丝绸般的流云和如血的日晖，将一个人在沙漠的行程营造得肃穆、决绝而又悲壮。

不过一个小时，巴图的爱人就做好了饭，是羊肉面片，还有一些芹菜。我知道，在牧区，羊肉是最常见的，但蔬菜缺乏。我接过饭碗，心里很感激。这一次，虽没打算在哪位牧民家里蹭饭，可见到巴图爱人双手端来的饭碗，还是有一种愧怍。我想到，来的时候没带什么东西给人家，借闲聊而耽误在此，主人再给饭吃，就好像是一种索取和讨要。巴图爱人笑说："吃个饭也没啥呢！再说，这也不是饥荒年，没东西吃。"我和司机连连欠身致谢。

吃完，还是正午，无遮拦的太阳光像刀子一样直射下来，走在草滩上，头皮发疼，裸露的胳膊和脖颈似乎燃起火焰。我和司机沿着巴图家南边的草滩走了一会儿，大约500米，登上一座长有骆驼草的沙丘，张目一看，南边就是沙漠腹心，一色黄沙之上，隆起着无数的丘陵，一只只、一个个。我说："这些真是天造地设的，是大风的杰作，也是沙子们建造的人间仙境。"司机则说："我不懂得你们写文章之人那套酸句子，就是看到这些沙丘，忍不住想，人和这地一个样儿，人有啥，地也有啥；人啥样，地也就啥样。"

我笑了，觉得他说的是一个朴素的真理，也觉得，自己的矫情有些苍白和做作，而本真甚至粗俗的表达和认知却与人心天地如此吻合。临行，我把后备箱里的四瓶汉武御酒放在巴图爱人手上，她连连推让，我们放下，关闭车窗，开出之后，才打开窗户，与巴图爱人挥别。车子继续向北，而太阳却向着祁连山方向下坠。草地稀薄，不少的摩托车和汽车痕迹像是刀子在驼背上划下的伤痕。我清了清嗓子，看着在车前面不停消失的草地，对司机说："这么些人，在沙漠腹心生存，简直就是奇迹。"

　　司机说："在这儿生活惯了，要是内地人，肯定跑得比兔子还快。"我说："不尽然，我倒是愿意在这里生活。"司机说："为啥？"我说："这里虽然风沙多、环境恶劣，但相对于油烟熏黑的城市，还是美好的。即使相对于曾经山清水秀，可现在到处都是残矿废窑，地表水已经干涸的南太行乡村，这里也是适合人居的。要是这里有自己爱的人，那么，我觉得在沙漠深处生存也很好，至少心是快乐的。"司机说："你也是说说而已，要是真的让你在这里生活一辈子，我敢说，不出两年，你就拔腿走人了。"

　　我觉得，他的话不一定完全准确，但是事实。我想我的内心，还是理想主义了些，总以为一点美好就可以覆盖整个人生，一个人就能迫使更多的人和事发生改变。司机是务实的、典型的生存主义者，他的断言虽然主观了些，但其中肯定包含了更多的人生经验。事实没有发生之前，反驳和恼怒都是促狭的表现。我喝了一口水，看着前面的路。过一段土坡时，车子差点陷进去，司机低档大油门冲出来，路过一道土沟，车子摇晃了一下，车窗上方的扶手撞疼了脑袋。

　　大约两个小时，除了偶尔可见的房屋，隐在芦苇丛中吃草的驴子和羊只，还有在戈壁滩上或行或卧的双峰驼，我们没有见到其他的生灵。这时候，太阳在加速西沉，光辉落在古日乃大地上，一切事物都改变了颜色，气氛也空前凝重起来。我想到了古战场，想到了曾在这里生存的乌孙、大月氏、匈奴、党项、蒙古等民族，还有发生在这里的战争——汉武帝与匈奴的漠北之战，还有从弱水河畔率兵出击的将军李陵，在居延海临波写诗的王维、胡曾，还有曾于20世纪20年代在额济纳设立气象站、并从西夏遗址黑城挖走大量汉简及西夏文物的瑞典人斯坦因，以及后来的俄国人科兹洛夫、瑞士人伯格曼等。

关于这些历史，我总是在复述，基本上是每写一次额济纳，我就重复一次。并不是我无话可说，而是我觉得，古日乃不仅仅是一片正在消失的沙漠草原，而且还包含了历史的鲜血和勇士、歌者的往事。这与我骨子里的悲壮意识和浪漫精神极其亲近，就沙漠地形而言，无疑是天然的杀伐疆场，是军团实力对决的首选之地，不适合于诡计、暗算、诈谋，最适合于白刃互搏、英雄了断。想到这里，也禁不住满心豪气，自丹田如潮鼓荡。司机见我半天不说话，一边来回扭着方向盘，一边看了一下我的脸色，说："咋，瞌睡了？"

我"哦"了一声，放开扶手，又喝了一口水，说："想起一些历史。"司机"哦"了一声。转过头直盯前方，再没说话。我看到，此时的沙漠才是黄色的，乍看起来，真的像是铺了一地的黄金，光芒是直立的，向着流云如练的蓝空，其余的光则是散漫的，与远处的光秃山岭形成幽暗与灿烂的比照。我惊叹一声，心情再复激越起来，蓦然想起王维的《出塞作》："居延城外猎天骄，白草连天野火烧。暮云空碛时驱马，秋日平原好射雕。"并忍不住吟哦起来。司机看了看我，摇摇脑袋。我知道，他是不喜欢酸文假醋的，也自感兴味索然。眼睛看着铺天盖地的黄金，我忽然在内心想，美的东西其实都是自然造化，人也不例外。

我还想，要是一个人或者两个人，在沙漠上裸身起舞……我想这可能比传说还要美艳超绝，是一种人和自然融合的大美、壮美、柔美和妩媚，既荒凉苍迈、浩瀚孤绝，又心怀天地、我行我素。可惜的是，我不会舞蹈，即使舞起来，肯定也丑陋无比。

　　这时候，我忽然想到巴图爱人的二女儿，她骑马去达来呼布买药品，此时应当走过这里，若是再迟，她回到家里至少是深夜了。忽然转脸问司机："这条路是往达来呼布的吗？不会有错吧？"司机扭头看了看我，脸上掠过一丝不高兴，粗着嗓门说："（我）跑得多了，就是天阴着，也能辨出东西南北。"

　　他不知我内心所想，这种隐秘的思维，就像一根弹动的琴弦，静的时候，就只是一种隐隐的存在，一旦被触发，就余音不断了。我想，再转过一道沙梁，巴图的二女儿就会出现，还有她的五花马和药品。要是真的遇到，我一定让司机再转回去，把巴图的二女儿和药品送回家。我骑她的五花马，在夕阳照耀的大漠，古日乃草原内外，像一个骑士那样行走，幻想自己怀揣锦书或者敕令、符凭，向着某一军团或者地方政府所在地策马飞驰。也或者像一个复仇者、一个千里追凶的捕快，没有私心杂念，就是在这夕阳之中，心怀慷慨，向着前方急速行进。或许还可以学古代诗人的样子，一边骑在马背，一边诵诗，或者一边就着落日，在羊皮上写诗。

　　还可以像一个被爱情蛊惑的人，在荒凉沙漠追寻虚无之境与渺茫之爱。事实上，那时候的我，也常有如此之类的幻想，到沙漠深处，遭遇旷古的女子，在积雪横行的绝域，成为另一个美丽传说。当然，在巴丹吉林沙漠以西生活十年来，我一直想，在沙漠深处或者古日乃、额济纳、居延海等地，一定隐藏着某种至今不为人知的传说，如消失其实还在的远古部落，汹涌黄沙下别有蹊径的幽深宫殿和另一人世。而且还相信，我一定会遇到或者找到，会在那里，用内心和灵魂、单纯和理想，造就内心乃至生命的完美、独有和不朽。

　　可事实上，一道沙梁转过去了，又一道沙梁也转过去了。落日正在隐没，已经表皮发黑的戈壁滩上还是只有我们的车子和横行无羁的风。我上身前倾，一刻不停地搜索路面，力求不放过任何一个移动的事物。逐渐消退的沙漠像是一个灵光乍现的美梦，随着日光而沉入大地深层，我叹了一口气，再叹一口气，觉得沮丧。我想，达来呼布就要到了，再遇不到巴图的二女儿，就不会从古日乃往回返了。但扣问内心，我真正的遗憾是，这一次见不到她，我这一生就会错过了。这种预感空前强烈和真实，在我的内心，巨大而又迫切，还有一种说不清楚的沮丧、遗憾，就像是见血封喉的毒药，一发不可收。我几次叫司机把速度放慢。第一次他没吭声，但确实减了速度。第二次，他不理我那套。第三次，他斜眼瞟了我一下，说："就到达来呼布了，马上就可以洗澡、吃饭、休息了。天黑下来，要是卧进沙坑，那一晚上咱就只能待在戈壁滩了。"我没有吱声，依旧看着越来越暗的戈壁和前路，不期然间，达来呼布的灯火徐徐隐现，道路上还是空无一人。我想，巴图的女儿肯定从别的路回家了，这么大的戈壁和沙漠，一个人和一匹马，两个人和一台车，注定是两类的、背行的，或许，她就是我那些美好想象和遭遇的一部分或主干，与现实有着上帝和人的距离。

到达来呼布镇，已经是晚上 10 点 35 分，街道上行人稀少，不多的榆树、法国梧桐被路灯照得浑身发光。到额济纳旗宾馆，登记住下，我满身的尘土，躺在床上，心里有一种无来由的沮丧，像徐徐压下的天花板，沉重得喘不过气来。司机脱光衣服，冲进洗漱间，水声中，我似乎听到巴丹吉林沙漠的风声，好像还有马蹄踏沙、牧羊归圈、驼羔吸乳等音响。我到洗漱间洗澡的时候，我又固执地想，巴图的二女儿一定有事耽搁了，她现在应该和我一样，还在达来呼布镇的某处。出去吃饭的时候，我在空旷的大街上走了几圈，见到的都是醉酒的男子，还有进出舞厅的粗壮男子和窈窕女子。有风吹过来，法国梧桐叶片发出一片拍打声。司机说："累了一天，赶紧回去睡吧。"我"嗯"了一声，与他一起走到额济纳宾馆，站在门口，我又朝街道上看了一会儿。夜色越来越浓了，头顶的幽深天空上挂满星辰，闪烁的光芒像是打在海面上晃动的银光。

躺在床上，我想到穿行而过的古日乃、美轮美奂的沙漠、日渐缩小的草场、居于深处的人、芦苇丛中的牲畜，还有黄沙之上哈达飘飘的敖包、骑马往返的巴图二女儿，觉得像是经历了一场幽深绵长的梦境，一些事物看到和经过之后，就像一种无所不能的软体动物或者神奇药剂，在行走之间，就深入到了肉体和灵魂。第二天，我们没从古日乃返回，而是浏览或者说拜谒了传说中的居延海、胡杨林及西夏遗址哈拉浩特（黑城），尔后，沿着弱水河畔，穿越狼心山，回到经年的驻地。再一年后，一次长谈中，我还对一位学者朋友说，要是有一个爱的人，在古日乃也挺好的，我渴望那种苍凉的诗意与困苦和偏僻中的温暖与超脱。

他笑了笑，喝了一口浓茶，说："马可·奥勒留《沉思录》有段话说：'无论神的灵魂还是人或者人和理性动物的灵魂，都有两个相似的特点：彼此互不干涉，坚持正义，行事公道，不因私欲妨害他人。'"我听了，似乎明白了他的意思。但是，内心还是飘起一丝沮丧。事实上，我也知道，理想主义或感性的认知总会一败涂地，在这个世界上，所有的热情和幻想都是不稳定的。

2008年8月，我再一次横穿古日乃草原和巴丹吉林沙漠腹地，特意又去了巴图家，并带去了一些蔬菜、水果和茶叶。说话间，无意中得知巴图的二女儿在八年前就已经出嫁了，就住在额济纳旗达来呼布镇赛来街。我"哦"了一声，心里黯然了一下，又说了几句话，就起身告辞了。

往达来呼布镇路上，看到一如既往的流沙、风中摇颤的芨芨草和马兰花，想起几年前的那次穿行及所思所想，随即感到一种羞怯，还有点失落，也觉得，那些幻想和期待多么不真实，就像一个孩子对着镜子谈论梦想，像一个日渐沧桑的人躺在书籍当中，穿上童话的外衣，把自己置换成故事的主人公，在脑海里铺排匪夷所思的奇妙情节一样。

边塞长歌：最好的文化和精神旅行

高适和他的《燕歌行》

几乎每个王朝，在西北、西南和东北边疆，都从没有一劳永逸过。唐代也是如此。李世民时代是军事威服，边疆安定了一段时间，但在李治和武则天时代，边疆又开始了各种反叛与征讨。武则天寿终正寝之后，中宗和睿宗不过是短暂的过渡，后来的李隆基在与太平公主的政治斗争中取得皇帝位。及至开元之时，才迎来了真正的盛唐。在边疆，唯有与唐同时逐渐强大起来的吐蕃（前期虽有吐谷浑，但很快被唐击溃），自青海、河西走廊至今兰州、临夏，以及陕西泾阳、宁夏灵武，并四川阿坝、甘孜及大渡河流域时不时与唐帝国发生规模不一的战争。

国难思良将，有唐一代，几乎每个时期，都有良将出现，从而稳固了李家江山，张守珪便是其中之一。这个从底层上来的将军，起初很勇猛且有谋略，尤其是他在北庭都护府跟随名将郭虔瓘大破突厥，后被任命为瓜州都督，后调任范阳节度使。每到一地，他的治理能力卓然超群，政绩斐然，深受当地民众爱戴；对犯边的势力，勇谋兼具，多次取胜。李隆基也对他大加赞赏，并且专门为他写诗。但在幽州节度使任上，张守珪有意无意做了两件错事。

其一，张守珪收留和提拔本来该斩杀的偷羊贼安禄山，并不断委以重任，致使安禄山逐渐成长为幽州乃至陇右地区最主要的战将和统帅，由此坐大，无意中为盛唐之败埋下了伏笔。其二，长期胜利导致的刚愎自用，使唐帝国一度在范阳地区对契丹和库莫奚的战局失利，此举虽不是张守珪亲自所作，但其对上隐瞒战况，进而贿赂牛仙童之举，是他人生的最大败笔。

历史上的任何事情都有一些蹊跷和意外。张守珪一世威名，自然也是盛唐梁柱，他在范阳及东北边疆作战失利，虽然不可饶恕，却无意中造就了一首不朽诗作的横空出世。这便是边塞诗《燕歌行》："汉家烟尘在东北，汉将辞家破残贼。男儿本自重横行，天子非常赐颜色。摐金伐鼓下榆关，旌旆逶迤碣石间。校尉羽书飞瀚海，单于猎火照狼山。山川萧条极边土，胡骑凭陵杂风雨。战士军前半死生，美人帐下犹歌舞。大漠穷秋塞草腓，孤城落日斗兵稀。身当恩遇常轻敌，力尽关山未解围。铁衣远戍辛勤久，玉箸应啼别离后。少妇城南欲断肠，征人蓟北空回首。边庭飘飖那可度，绝域苍茫无所有。杀气三时作阵云，寒声一夜传刁斗。相看白刃血纷纷，死节从来岂顾勋。君不见沙场征战苦，至今犹忆李将军。"

这首诗歌，历来被看作唐代边塞诗的压轴之作，也是高适之诗作别开生面，振奋当时诗坛雄健、刚韧之风的不二之作。在本诗之前，高适交代说："开元二十六年，客有从御史大夫张公出塞而还者；作《燕歌行》以示适，感征戍之事，因而和焉。"开元二十六年，即738年，根据《新唐书》记载，该年唐军只在西北及河西走廊地区与吐蕃作战，崔希逸率部将之击败。王维代上劳军，作《使至塞上》。在北方和东北方，几无战事。而高适此诗小序中明言，"客有从御史大夫张公出塞而还者"，写了一首《燕歌行》给他看，高适有感于东北边疆征戍的残酷，也才写了这首诗。而御史大夫张公，就是张守珪。

《燕歌行》是乐府旧题，为《相和歌》中《平调曲》，据说为曹丕所创，多用来表达从军征戍之事。高适此诗，袭旧体而能新声，步老调却振新风，端的是创造力非凡，对唐代边塞诗的艺术提升与新开境界，提供了典范。起初，张守珪在范阳地区多次击败契丹和库莫奚，一时扭转战局，边疆安定。开元二十四年（736年），张守珪下属"（安）禄山恃勇轻进，为虏所败"。由此可以断定，从北方军旅中返回，并把自己所作《燕歌行》给高适看的那位"客"，大致出自张守珪军中。

高适的这首诗，第一句便直指方位，即张守珪镇守的东北边疆。其意思是说，东北地区战事再起，将军带兵去讨伐残贼，皇上那么重视，褒奖赐赏也很多。本应当杀敌塞外、报国尽忠，可有的将军却不顾将士死活，美人帐下犹歌舞。几次失败之后，能够继续作战的军卒越来越少。妇女断肠，征夫回首。战场上白刃往来，战死怎么能只是为了所谓的功勋？从来沙场作战惨烈悲苦，忍不住让人想念飞将军李广。如此等等，总体来看，这首诗是用来讽刺张守珪的，也是感时事而作的政治诗，带有强烈的现实批判精神与直视问题的意识。

由此来看，李隆基时期，有些文人还是很大胆的，敢于作诗讽喻当朝。这当然和皇帝及管控舆论的官员有关。高适本是河北景县人，少年便以建功立业自许，但每每不成，生活有些落魄。后来独身去了幽燕之地，寻求机会，但最终也空手而归。时为开元二十年，即732年，高适此去，大致是想在边塞之地谋得上升的机会，可时运不济，未能实现宏愿。及至十多年后，快近五十岁时，才由宋州刺史张九皋举荐入官。安史之乱爆发，高适入哥舒翰军中效力，其所体现出的军事才能，使其为唐玄宗看重，后又被委任为左拾遗、监察御史、剑南道节度使等，并带兵成功击败了永王李璘的反叛，但在剑南道节度使任上，因无法驱逐入寇阿坝州的吐蕃，而被严远替代。

高适回朝继续做高官，永泰元年（765年）正月，即唐代宗李豫继位之时，高适去世，朝廷"赠礼部尚书，谥曰忠"。欧阳修等人所撰的《新唐书》评价说："高适喜欢谈论王图霸业，追求功名，崇尚节义。"他所在的年代又多灾多难，时刻以国家安危为己任，但是，他的言论与他的能力不相符,常使他被其他同僚轻视。但是,有唐一代,由诗人而仕途通达的,只有高适一人。

凉州有词,武威灿烂

2002年夏天我去了武威,在天梯山石窟附近的一座村庄里,当地作家赵旭峰唱了一下午的民歌。那种土腥气浓郁的谣曲,充满了民间情义。有人称之为花儿,我则愿意叫其"凉州小曲"。民歌这种"植物",是漫长农耕时期,人们在大地上自觉养殖和不断精心培育的精神花朵。它们摇曳多姿,在尘世的黎明和黄昏,在沟沟坎坎的山野与莽苍的平原上,呈现的是人们于尘土与霜雪之间的生活的本真面貌,表达的是人于天地之间的漫长的苦难与短暂的愉悦表情。

就凉州—武威这个地方而言,它的先前是乌孙、大月氏、匈奴的驻牧地,西汉耗时半个多世纪对匈奴作战取得决胜之后,河西四郡便正式成了中央帝国西北地区最重要的军事基地与遥控整个西域的前沿。无论是两汉时期,还是魏晋南北朝和隋唐及后来的各大帝国统治的漫长光阴之间,武威始终是帝国的军事要塞,它一边处在青藏高原与黄土高原的过渡地带,一边又与蒙古高原接壤,历来是西北地区此起彼伏的军事和政治力量角逐的中心地带。尽管武威在历史的蒙昧时期就已经显露出了它的重要性,但其真正扬名,还是在隋唐时期。而其中最重要的因素,却不是其筚路蓝缕的军事、丝绸和商业,而是其诗歌。

诗歌一直是汉文学的真正源头,《诗经》所开创的传统,使得中华民族从精神上获得了真正的根基。屈原及无名氏、曹氏父子之后,汉语文学的天空于隋唐开始了它又一轮的勃发与华彩。关于凉州,其风靡整个盛唐的因由,起初并不是因为诗人王之涣的一首《凉州词》,而是和名将郭知运有关。唐帝国时期，武威乃至由此向西的"西域"，依旧是帝国战略的要点所在，尤其是与吐谷浑、吐蕃、突厥等游牧力量的你进我退、反复争夺，剧烈而惨烈。因此，凡任职河西节度使的，皆为名将，如贺拔延嗣、郭虔瓘，以及后来的王忠嗣、哥舒翰、夫蒙灵察等。

时在郭虔瓘任内，瓜州（曾名为安西）人郭知运以善战而累积军功，由山西介休而擢升为今哈密最高军事长官。唐先天二年（713年），郭知运从河西节度使郭虔瓘为副手，在今新疆吉木萨尔，即唐帝国的北庭都护府大破突厥，后又击败突厥与"六胡"（昭武九姓国中的几个小国联合）等，为唐开元时期最负盛名的边疆名将之一。这个郭知运，并不只是赳赳武夫，其对地方民间文艺也颇为用心，正是其收集的"凉州词"曲谱，并将曲谱进献朝廷之后，"凉州词"这一地方小调才开始风行整个唐帝国。而王之涣写作《凉州词》一诗之前，大致是没有去过凉州的，具体年月也不详。与王之涣同为唐人，但生活在唐穆宗时期的山西永济人薛用弱在其《集异记》中记载说："唐玄宗开元时期，具体不知哪一年，王之涣与高适、王昌龄到长安的一个叫旗亭的休闲去处饮酒，席间，有梨园伶人，为他们唱曲助兴。"

文人饮宴，大抵是要搞点风雅的。高适、王昌龄与王之涣于闲暇时酒肉杯盏、雪中烤火之间，约定各自当场写诗，以伶人自行选唱与否及次数多少决高下。王昌龄、高适均有诗作被伶人选中，并现场演唱，而王之涣却没有。再换了一位伶人，方才唱了他驰名于今的《凉州词》："黄河远上白云间，一片孤城万仞山。羌笛何须怨杨柳，春风不度玉门关。"

任何一种成功或者流传都有其偶然性。也就是说，王之涣这首诗流传至今的根本诱因，得益于郭知运对凉州地区民间文化的庙堂化整理与面向天下的文化推送，也得益于盛唐时期大家辈出，进而形成了浓郁的诗歌创作氛围。

从气势上说，这首诗是开阔的，也是具备戍边豪情与想象力的。有唐一代，特别是李世民至李隆基时期，唐帝国万民的爱国主义情怀是最高涨的。《新唐书》上载，李世民发布征伐高丽的告示之后，民间报名者踊跃，男人皆以"不求县官爵侯，只愿身将家国"之精神踊跃报名从军参战，李隆基时期亦然。可是，从实际的地理情况上讲，这首诗则显得不够严谨，黄河与武威之间还有一个乌鞘岭，其路途在他所在的冷兵器年代，起码还有三天以上的马程。后两句则说得过去，羌笛以羌族乐器而闻名（羌族则是东方大地上最为古老的民族之一），西北地区杨柳树颇多，尤其是河西和今新疆地区，几乎成了这一地域的生态标志。结句"春风不度玉门关"，则无意中将帝国的疆域与政治范畴，硬生生地圈在了玉门关之内。

昆仑及昆仑山之传说，不仅一直出现在各种汉文典籍当中，也被称为中华文化的祖脉所在。如《尚书·禹贡》中说："禹分天下为九州"之雍州，便是指今甘肃酒泉境内的黑河（也叫弱水河）及敦煌地区、宁夏、青海等部分区域。王之涣肯定不会不知道这个来自先祖圣贤的界定，但他在此诗歌中的表达，不免狭隘和自闭了一些。而与王之涣同时期的才子诗人王翰所写的《凉州词》："葡萄美酒夜光杯，欲饮琵琶马上催。醉卧沙场君莫笑，古来征战几人回。"则更为雄浑激越。王翰从细部出发而能引阔与打开，再加以动作与心情。戍边生活，无有闲适，刚要小酌几杯，却闻战鼓擂响，于是不得不放下葡萄美酒与席间弹琵琶的胡姬，跨马征战。作战本就是生死未卜之事，即使酒后醉卧于惨烈沙场，也为将士本色。全诗表现出的英雄气质与猛士血性，整体上反映了唐代军民高昂的战斗精神，以及身许家国的壮烈情怀。因此，遥远年代的凉州与现在的武威，也因了诗歌《凉州词》而源流深长，光彩灿烂。直到现在，凉州也凭借这深厚的文化脉流，以"凉州小曲"继续动人心旌，令聆听者与想慕者魂飞神驰、美不胜收。

大漠孤烟，长河落日

唐开元二十五年（737年），唐帝国如日中天，但不自觉埋下的败迹也在暗中蓬勃。只不过，大家习惯了太平盛世，自我的麻痹与忽略，高端的物质享受与繁荣的精神文明，使得人人都不愿在群花之上平添一丝阴霾。帝国的幅员辽阔，羁縻州遍布天下。斯时的世界，堪与李唐王朝相提并论，几无一家。但任何时代，内忧外患都是不可避免的。在西北地区，它的军事敌对力量主要是吐蕃、契丹。前者也正处在强盛时期，而且在西南方向，也时常与唐帝国发生大小规模的军事摩擦。后者是新崛起的一支综合性的游牧民族部落，它的先祖是东胡及之后的鲜卑，与库莫奚、室韦同族异种。先是松漠羁縻州，为唐无数羁縻州府之一，治所在今内蒙古巴林右旗南，其辖境为西拉木伦河流域及其支流老哈河中下游一带的李姓所属，其先祖李尽忠在武则天时代，就多次反叛，后战败，被部下所杀。历史上的游牧民族，有一个基本的铁律："其兴也勃焉，其亡也忽焉。"其生存发展的基本方式大致因袭了匈奴、东胡等"以战止战，以战养生"的策略。

此前，盛名一时的边帅，时为幽州节度使的张守珪在安禄山大破契丹。张守珪以"足智多谋，胆略过人，屡打胜仗，治理才能超群，统帅有方"而著称，是唐帝国自李靖、李勣等人之后，称得上一代名将的重量级人物。他在幽州并此前的瓜州、敦煌的军事表现和从政经历，完全可以演绎成一部精彩的电视剧。可惜，张守珪晚年为获战功，在与契丹作战中弄虚作假，被降为括州刺史。这还不算，张守珪最大的一个失误和败笔，就是收养本来该被杀的偷羊贼安禄山为义子，致使这一残暴之人，在他死后不久，也从范阳起兵，一举摧毁了煌煌的盛唐，使得这一个中世纪光耀世界的帝国急转直下，再也没有恢复元气。

事实上，开元年间，唐帝国与吐蕃、契丹等游牧汗国的关系，还是相对稳定的。唐开元二十四年（736年），在西北地区，由郑州刺史转任河西节度使的崔希逸到任之后，便修书与吐蕃边将乞力徐谈判，建议两国之间，去掉守备，加强商业和农业联系合作。乞力徐上奏吐蕃赞普赤德祖赞后得到应允，依照协议进行。而此时，吐蕃又派兵袭击了勃律。勃律是位于克什米尔东部拉达克地区印度河流域上游地区的小国，由于其处在印度次大陆、中亚细亚和青藏高原西部和西北部地区之间的交通要道上，成为多个力量争夺的目标。勃律派人至唐帝国求援，恰逢崔希逸的副手孙海也进京述职。孙海大致是为了获得战功，在向李隆基汇报的时候，他建议说："应当趁吐蕃松懈之时，用兵出击，必获大胜。"李隆基不忿于吐蕃对勃律的灭国之击，准许了孙海所奏，并派太监赵惠琮随往。

在李隆基开元年间，边将以各种借口，私自出兵、欺瞒皇帝的事情经常发生。崔希逸等人的做法不是个案，但这一次出击的效果果然很好。李隆基接到奏报，有点高兴，便派时任监察御史的著名诗人王维前往劳军。这个王维，因为其诗文和画作，不仅为今人所熟知能诵，即使在他活着的年代，也是名满天下，且富贵非常。受命之后，王维带着皇帝的圣旨与大批的物资，从长安启程，前往河西地区。从历史上看，这是王维首度远行西北，也是最后一次。当他千里迢迢去到河西，代"天"安抚崔希逸河西军民后，去到了时称合罗川、汉代名为居延、今天名为额济纳旗的巴丹吉林沙漠。

巴丹吉林沙漠看似荒芜，但在公元前后，也是水草丰美之地，曾是乌孙、大月氏、匈奴先后袭占的地方。在汉代，是帝国在西北地区的"粮仓"之一，当然也是汉匈对垒的前沿阵地之一。西汉天汉二年（公元前99年），李陵便是从酒泉，沿着弱水河进入漠北地区，遭到匈奴主力军队围攻，最终而投降的。在今之额济纳旗境内，著名的居延海水波潋滟、鸥鸟横飞。王维乍然到此，观胜景而心意磅礴，处边塞而诗情盎然，遂乘兴写下了著名的《使至塞上》。其中"大漠孤烟直，长河落日圆"为千古佳句，在书写大漠雄浑境界的诗词当中,冠绝群伦。全诗如下:"单车欲问边,属国过居延。征蓬出汉塞,归雁入胡天。大漠孤烟直,长河落日圆。萧关逢候骑,都护在燕然。"

当时来看,这首诗不过是一首纪行或者新闻诗,其中的主要信息,还是在记录和呈现王维代表皇帝前来劳军,个人出塞过程中的一个片段。但"大漠孤烟直,长河落日圆"一句,使得全诗的高度瞬间增长,以至于无限。对全诗来说,这无疑是最出彩、最为艺术性与现场性的"绮丽峰巅"。全诗大意:我单车来到了这苍凉博大的沙漠,刚才路过的地方,曾经名叫居延。时间正在春季,回归的大雁回到了寒冷的西域。我看到的瀚海渺无边际,那矗立的烽燧和孤烟,直直冲着苍天,大河之上的落日铁红浑圆。到萧关,即今宁夏固原东南的时候,遇到了当地驻军首领,他告诉我说,都护在燕然,即今蒙古国杭爱山。

凡艺术创作,随性而为的成分要多于一本正经的书写。从这首诗歌当中,我了解了王维当时的一种心境,他来劳军,无非是履行职责,但所行所见,完全在他那些田园诗写作的经验之外,因而觉得新鲜,用诗歌的方式表达一下途中的观感。殊不料,他在书写过程中,灵光乍现,绝妙之句横空出世。有唐一代,出塞是一种弥漫全民的英雄情结,建功沙场,名留青史,为帝王、为家国而慷慨献身,更是文人武士的共同情怀。因此,边塞诗创作,在唐代极端丰盛,艺术成就也非常之高。王维的这首诗,尽管没有慷慨之言、壮烈之思,但他对沙漠暮晚、落日长河的状绘,使得他这首《使至塞上》一点都不亚于岑参、高适、王昌龄、李白、杜甫等人的同类诗作。

八声甘州:遥远的赋予

相对于酒泉、嘉峪关等地,现在的张掖有些落寞,农业和游牧在其南，沿着祁连山高耸、蜿蜒。沙漠在其北，大地的黄色斑癣松动而多尘。居住在低地的张掖城，却没有因为现代气息的姗姗来迟而变得木讷不堪、一文不名。恰恰相反，这座城市或者这片地域所拥有的历史文化气息，反而显得肃穆、庄重了许多。记得在西北从军的时候，张掖是我去过最多的一座城市，也是我最喜欢的一块人间福地，它不仅有令人艳羡的佛教文化与诸多人文历史痕迹，而且具备一种淡定质朴的地域气质。那些年，每每设身处地或者看到、想到张掖这个名字，我的脑子里就会蹦出《八声甘州》这个词牌名。

这也是盛唐时期教坊的一个大曲名，起初叫《甘州》，杂曲中也有《甘州子》，南北类中皆有此曲调。这两个名字的由来，也是取甘州边塞之意。由此可见，无论是哪一个朝代，中央帝国对兰州以西地区的认知，都是以"边塞"笼统称之的。唐玄宗时期的西北边塞是在帕米尔高原以西地区。当然，河西走廊以南，则面对的是彼时也非常强大的吐蕃。北面乃至河西走廊至今新疆境内，还有突厥、葛逻禄、回鹘、薛延陀等强悍的游牧民族。《八声甘州》这个词牌名因其前后片共八韵，因此而得名。

安禄山事件之后，尽管唐帝国继续苟延残喘，但从根本上，已无法与前唐和盛唐同日而语，武功的萎缩，朝政的松弛，藩镇的崛起，外敌的肆无忌惮，中央集权的每况愈下，有令不通，已经使得这个盛极一时的帝国步履维艰。随后，尽管有几个皇帝和臣子梦想恢复盛唐气象，然终究是日落之势，无可阻挡。世事沧桑两百多年后，又一个盛世以懦弱的姿态成为人类历史上的重要朝代之一。宋淳熙十五年（1188年），人称"词中之龙"、并与苏轼合称为"苏辛"的辛弃疾，在浙江永康写下了《八声甘州·故将军饮罢夜归来》一词："故将军饮罢夜归来，长亭解雕鞍。恨灞陵醉尉，匆匆未识，桃李无言。射虎山横一骑，裂石响惊弦。落魄封侯事，岁晚田间。谁向桑麻杜曲，要短衣匹马，移住南山。看风流慷慨，谈笑当年。汉开边、功名万里，甚当时、健者也曾闲？纱窗外，斜风细雨，一阵轻寒。"

读这首词，满心忍不住的伤感。对于辛弃疾来说，他写词、作文，似乎只是为了带兵北进，恢复中原。这个一生不怎么得意，但文学成就风流千古的男子，原是山东济南历下区人。可惜，他出生之后，山东一带已经被金国攻陷。《宋史》载："辛弃疾年少时候拜当时著名的词人蔡伯坚为师，与金朝的文坛领袖与著名官要党怀英是同学。及学成，辛弃疾和党怀英皆为门下翘楚，对于人生的选择，二人以卜卦方式决定。辛弃疾得离卦（离为火，南方所属），党怀英为坎卦（坎为水，北方所属），二人由此分道扬镳。党怀英入金为僚，辛弃疾则组织义军抗金，先为耿进属下，后耿进被部下所杀，辛弃疾只带数十兵众，深入敌营，将叛徒张安国擒获之后，押送杭州，交给朝廷处决，因此而名噪一时，为皇上所重。为实现恢复北方的志向，辛弃疾不顾时局，作《美芹十论》等，力主恢复北方。"

从《宋史》上看，辛弃疾一生的志向大抵就是抗金，恢复北宋当年既有的疆域和领土。可整个南宋，它的骨子里浸满了偏安和优柔，它对文人的高度器重，对武将祖传式的敌意，一方面导致了它发达的人文与物质；另一方面，长期的文弱使得它从精神上就缺乏血性与钙质。随后的辛弃疾，虽然几次得到重用，其军事才能在抗金以及剿匪等重大活动中得以展现，他的治国理政的德行也在常常更换的地方官任上得以显示，但总体上，辛弃疾是不得志的，是经常受到排挤和弹劾的。丢官去职，尔后再复出，起起落落是辛弃疾仕途的总体状态。

类辛弃疾者，以他的文才，在南宋混个风生水起，当然不是什么难事。他也可以像他的前辈苏轼那样，去做一些自己的事情，比如写字、作词、研究美食、画点水墨，再凭空制造一些风流韵事。如此一来，不仅在当世，即使在后世，他的声名和成就，肯定不会比苏轼低到哪里去。

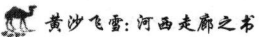

最近几年，人们对苏轼的尊崇，让我看到，中国人的骨子里面，是风花雪月的，是渴望历经曲折的人生之后，还是一望无际的安闲与富贵。而辛弃疾却反其道而行之，他始终有一颗饱含锋刃的战斗之心，也时刻有着一种从金地入宋之后的自卑感。他想要的是，横戈马上的奔突与重逢，更渴望用自己的实际行动，特别是战绩，彻底消除金国及蒙古等北方游牧汗国对他所忠于的朝廷的威胁。当然，如果他可以将带给他潜意识里屈辱和不自在的金国彻底消灭，那么，他一生的功业乃至其在当朝的地位，以及俗世名声，肯定是完美无瑕、无可指摘的。

然而，人生就是这样的吊诡，充满悖论。辛弃疾终其一生，也还是没有实现这个宏心大愿。但辛弃疾之词作，无论是田园乡愁、军旅、家国情怀、儿女情长、风花雪月，都是那么出类拔萃、笑傲千古。这一首《八声甘州》是辛弃疾四十八岁时所作，而且是在见到老朋友饮酒归来，思量起自己半生的际遇，尤其是未酬的壮志，不免伤感悲怀，于是借汉飞将军李广之际遇，浇胸中块垒。其情殷殷，其心冰鉴。同时，辛弃疾也难以逃脱男人壮志不酬、归隐田园的传统情感桎梏。但令人欣慰的是，当下之中国乃至世界，人类已经基本消除了狭隘的民族主义和简单的国别壁垒。尽管辛弃疾一生都没去到过张掖，但其借用《八声甘州》的曲韵而作的这首词，却使得与他生命没有任何交集的甘州—张掖也因为他而凭自增添了几分文气与光彩。

铿锵婉转，时代强音

居然没有传记！对于岑参这样一个重要的边塞诗人，《新唐书》《旧唐书》居然没有他的一点记载，这对于后世诗人来说，完全有理由为其鸣不平。关于岑参的家世，大抵是曾为贞观时期的宰相之一的岑文本的孙子。

其原籍有河南南阳和湖北江陵之争，但学者后来大多倾向于河南棘阳。然而，堂堂一个宰相，他的孙子怎么落魄了呢？据《旧唐书》记载，岑文本"性沉敏，有姿仪，博考经史，多所贯综，美谈论，善属文"。他在隋末做过邯郸令。归唐后，曾官至宰相。但在随李世民征辽东时，到幽州得病，李世民亲往探视。岑文本病逝，李世民甚为悲痛，多有追赠，令陪葬昭陵。岑参的父亲名叫岑植，做过晋州刺史。他的伯祖岑长倩和伯父岑羲，均才能卓越，为官也先后为相。

但好景不长，岑羲因为参与了太平公主谋杀李隆基之事，事情败露后，满门被诛。或许正是这个原因，岑参早年穷苦落魄，及至三十岁，还没考取功名，如其《感旧赋》中自我陈言："参，相门子，五岁读书，九岁属文，十五隐于嵩阳，二十献书阙下。……参年三十，未及一命，昔一何荣矣，今一何悴矣。"由此可见，年轻时代的岑参是一事无成的。直到天宝三年（744年），他才考中进士，后远赴西域，在安西节度使高仙芝属下作掌书记。高仙芝是盛唐名将，其常鲜衣怒马，招摇过市。其间，他曾带兵袁正大小勃律，并把唐帝国的威势推到中亚以远地区。但在怛罗斯之战中，由于他贪财冒进，大败而归。怛罗斯之战，被看作唐帝国在整个西域地区全盛武功败落的起点。

随后，高适又返回长安一段时间。不久又远赴西域军中，为北庭节度使，封常清属下判官。封常清一条腿不怎么方便，长相又不好。起初，他投靠了高仙芝，高仙芝嫌弃他斜眼、脚短跛足，拒绝了他。但封常清并不气馁，站在门口指责高仙芝以貌取人。高仙芝异之，叫人把封常清引进来。封常清才思敏捷，一篇文章或奏疏，立等可就。高仙芝爱其才，遂收入属下。后在大小勃律以及对吐蕃、回鹘、怛罗斯等地作战中，封常清带领的陌刀队勇猛过人，其因有功被封为北庭节度使。岑参于封常清，大抵是惺惺相惜的，两人关系肯定处得不错。抛开个人感情，作为下属，岑参肯定对封常清敬重有加。岑参的边塞诗名作《走马川行奉送封大夫出师西征》《白雪歌送武判官归京》大致作于此时，一首是写给节度使封常清的，一首是写给他的前任的，即一位同样没有留下姓名、刚卸任的武判官的。

此时为天宝十三年，即754年。这时的唐帝国，败像已经昭然若揭。自张九龄去职，李林甫、杨国忠把持朝政之后，李隆基日渐昏聩，专宠安禄山及杨门一家，朝中文武官要，皆奢侈成风、斗富炫富成风。次年，安禄山从范阳起兵，不到半个月，就杀到了东都洛阳，河北沿途，人迹尽灭。而这一时期，在西域，由于高仙芝的妄动与贪婪，以及整个唐帝国几成滥觞的武将轻攻冒进，再加上吐蕃、回鹘、葛逻禄势力的不断增强，唐帝国在西域受到的威胁以及威慑加大，但抵御能力却逐渐降低。封常清自然是一员猛将，能征惯战且忠心耿直。这对于渴望建功立业、恢复家族威望的岑参，当然是要积极配合且极力歌颂的。他的《走马川奉送封大夫出师西征》以高昂的曲调、雄浑的气势，为封常清西征军队壮行。

由于长期军旅，岑参对西域作战的形势以及残酷性、艰巨性，是深有体会的。西域之辽阔，对敌作战环境的复杂，若没有亲身经历，是很难了解和写出来的。这首诗中的"将军金甲夜不脱，半夜军行戈相拨，风头如刀面如割。马毛带雪汗气蒸，五花连钱旋作冰，幕中草檄砚水凝"，既是对作战环境的真实呈现，也是对军旅征伐情境的现场直击和高度概括。整首诗歌所体现出的战斗精神，特别是鼓舞斗志的高昂情绪，以及对封常清此举作战取胜的预期和信心，都是振奋人心的。

初唐和盛唐期间的国家精神，是充满正能量的。几乎每一个人，都渴望在军旅中为国效命。关于这一点，从岑参后世郭子仪招募军士的速度及唐军作战的勇猛程度上，就可以看出。也就是说，唐代的边塞诗，几乎从一开始，就是一以贯之的，是高昂、激越、沉雄和宏阔的底色。尽管有一些厌战及表现征夫悲惨命运的作品，但主流还是高适和岑参这一类的。岑参到任不久,他的前任,即北庭节度使僚属武判官也要回京去了。作为继任者,"中军置酒饮归客,胡琴琵琶与羌笛"。于是乎,被称为唐边塞诗压轴之作的《白雪歌送武判官归京》横空出世。

可以说,岑参的边塞诗,是对唐代西域地理环境状绘得最真切的,其诗作当中表现的唐代西北军旅情境也是最为深切的。高适之作,在格局上和气象上,略胜岑参一筹,而岑参之边塞诗,则在细节和境界上,显得更加突出和别致。如他这首诗中的"北风卷地白草折,胡天八月即飞雪。忽如一夜春风来,千树万树梨花开"及"散入珠帘湿罗幕,狐裘不暖锦衾薄。将军角弓不得控,都护铁衣冷难着"等诗句,精准、豪壮,又不乏情义与关切之心。特别是岑参对戍边将士生活细节和具体场景的描述与传达,体现的是一个军人对下属乃至边疆士卒的关爱与同情。结尾句"轮台东门送君去,去时雪满天山路。山回路转不见君,雪上空留马行处"更是全诗的精华。这几句所传达的意味,既有边疆严酷的自然环境、气候和地理,还有一种令人心生轻盈、进而惆怅的别异感觉。这在其他边塞诗中,非常少见。但令人遗憾的是,类似岑参如此高才的诗人,居然没在他所在朝代的史书上留下片言只语的记载,确实是不公的。或许岑参是有些不满的,但作为诗人,能够有如此之多的作品留传下来,并被一代代人吟诵与折服,无论他生前境遇如何,仅仅后世的声名,已经足够他笑傲天下了。

远眺昆仑:"西域"三十六国今何在

西汉元封六年(公元前105年),河北定兴人、汉武帝宠爱一时的李夫人之兄贰师将军李广利,带领数万兵马,从洛阳出发,开始了一次极具冒险性质的远征。这次远征,首先是汉武帝垂涎大宛名马——汗血马的结果,其次才是汉帝国为彻底扬威于西域诸国,取代和清除匈奴帝国对西域诸国的控制和威胁而采取的一次空前大胆的行动。另外,李广利及其大军的这一次远征,是西汉时期中央帝国对西域进行的规模最大、收效显著的一次军事化巡抚。

所谓西域,按照羽田亨的说法,即自阳关、玉门关以西,皆为西域。只不过,今新疆境内为小西域,再扩至伊斯坦布尔为大西域。任何事物都有其两面性甚至多种效力或者说后果。汉武帝这个人如此,他与匈奴的战争也如此。他穷兵黩武,与匈奴的酷烈战争持续了半个多世纪。匈奴内部分裂而彻底失败,汉帝国由文景之治而积攒的国力也耗费一空。早在汉武帝决心反击匈奴之前,一个出身陕西城固,时为中郎,"宽大信人"且"为人强力"的勇士便横空出世,这个人就是历史上第一次"凿空"西域,使得中央帝国第一次睁开瞭望世界和人类文明之眼的张骞。

张骞当年所走的路线,无外乎过秦岭、天水、陇西,由兰州或者今临夏州渡过黄河之后,再入河西走廊,至敦煌和玉门关、阳关,穿越罗布泊进入新疆境内。他第一个到达的国家,当是位于今甘肃玉门市境内的疏勒国。但从保留至今的疏勒河名称来看,疏勒国最早可能就在河西走廊西端的玉门市境内。对此,众所周知的是,在汉武帝及其将军卫青、霍去病等人还没有将河西走廊正式纳入汉帝国版图之前,对于中原农耕地区的人来说，西域肯定是缥缈而神秘的"仙境"所在。关于这一点推测，在《穆天子传》一书中有明确的答案。

河西走廊一带，最先的居民有记载的，当是羌、乌孙、大月氏，匈奴崛起后，先后于公元前187年和公元前185年，对大月氏进行了两次毁灭性的打击。在匈奴帝国的强大军事威胁之下，大月氏不得不像被他们打击的乌孙、羌等民族一样，无奈地唱着哀歌，群体性向西迁徙。由此而引发的欧亚大陆大迁徙活动非常壮观。也可以推测，后来集中分别坐落在今新疆境内的城郭诸国（三十六国）也有过同样的迁徙和重建背景。历史上，所有的迁徙几乎都是被迫的，战争是一方面原因，还有天灾人祸。

张骞与百多位勇士冒险的结果，是为汉武帝对匈奴实施大规模的反击战找到了切实的行军路线，也窥破了长期缭绕在匈奴背后的迷雾与实力。因为，尽管张骞第一次出使途中被匈奴扣留十多年，也娶妻生子，但他始终没有忘记自己的使命。他侥幸逃跑后，再度启程辗转到大月氏新建立的国家——康居。他的目的就是说服大月氏不忘旧仇，与汉帝国一起夹攻匈奴。可是，康居国王拒绝了他的请求。张骞又去联络早年间被匈奴望风而逃的其他部落和国家。这些被匈奴打怕了的小众民族，知道自己无力与匈奴帝国抗衡，又无法得知汉帝国的真正实力，均婉言谢绝了张骞的劝说。

可以说，张骞的这一次出使是失败的。但他绘制并带回的地图，使得此前密不透风的匈奴有了一些无法缝补的漏洞。即有了详尽的地图，匈奴及其疆域、军事力量的配备，乃至风俗习性和内部结构，再不是神秘不可测的，而是有了一束洞彻和窥破的曙光。这对于刘彻和他的汉帝国而言，是空前的一次了然与"恍然大悟"。因此，汉匈大战在汉元光二年（公元前133年）暮秋的马邑拉开了帷幕。这时候，匈奴最为英姿天纵的单于冒顿、老上已经过世，接下来的军臣和伊稚斜无论是在军事能力还是个人统治威信上，都不可与前两任单于同日而语。

这场战争是继秦穆公、赵武灵王、秦开、蒙恬之后，中原帝国对啸聚在蒙古高原的游牧帝国进行的，从规模、时间、功效和影响上最为宏大、决绝的一次军事对垒与帝国对决。此间，出现了诸多的英雄，如卫青、霍去病、路博德、赵破奴、李广、李敢、李陵等。一时间，汉帝国的将军们在蒙古和西域逐鹿沙场，各显其能，分别建立了个人乃至帝国的千秋功业。由于匈奴分裂而溃散，由张骞凿空的西域顿时豁然开朗起来，特别是在霍去病接应投降的匈奴浑邪王，并将河西走廊纳入汉帝国疆域之后，整个西域就朝着中原大幅度敞开了。

这是一次前无古人的伟大作为，汉武帝及其将军们，开创的是一个全新的帝国及其胸襟视野，打开的是一个前所未有的新领域和新版图。由西域至中亚和欧洲，汉帝国首次将自己融进了世界和人类文明范畴。当年张骞穿行的西域城郭诸国，也纷纷投入了汉帝国的怀抱，将失势的匈奴搁置一边。尽管如此，李广利大军还是在高昌遭到了冷遇。他带领的大军越过罗布泊，正当急需大批物资供给的时候，楼兰王和高昌王等西域诸国却下令紧闭城门，不予理睬。接下来的姑墨、精绝、焉耆、龟兹、且末、温宿等国家也如是。致使李广利大军还没到大宛，五万人就只剩下两万多人。他只好带军回到阳关，请求补给人员和物资后再行出征。汉武帝震怒，下令说："倘若敢踏进阳关一步，立斩不赦！"

这是两汉时期乃至西域历史上最著名的两次事件。当然，李广利的第二次远征获得了胜利，他击败了大宛国王猎骄靡并其将军煎靡，迫使大宛国敬献汗血马数千匹。汉武帝见到这种传说中的天马，兴奋至极，作《西极天马歌》留传于世。然而，李广利在漠北被匈奴抓获并杀之祭告天地与先祖。尽管陈汤、甘延寿在康居击灭了北匈奴呼图吾斯，但时过不久，西汉也开始衰落。由于自顾不暇，对西域的控制也慢慢有心无力。但张骞开创的丝绸之路却因此而清晰和"深刻"起来。

直到东汉时期，班超、班固家族的勇士们再度出使和经略西域，才接续上了张骞等人的余脉。两汉帝国对西域前后长达两百多年的开凿和维护，使得原本就与"内地"紧密相连的西域"汉化"程度加深。其中的西域三十六国，从国王到民众，都是在漫长的历史时期由内地而迁往西北的华夏民族，计有乌孙、龟兹、焉耆、若羌、楼兰、且末、小宛、戎卢、扜弥、渠勒、皮山、西夜、蒲犁、依耐、莎车、疏勒、尉头、温宿、尉犁、姑墨、卑陆、乌贪訾、卑陆后国、单桓、蒲类后国、西且弥、劫国、狐胡、山国、车师前国、车师后国、车师尉都国、车师后城国等。此外还有位于中亚的大宛、安息、大月氏、康居、浩罕、坎巨提、乌弋山离等十几个大大小小的国家和部落。

这些国家和部落，灿若星群，棋布在浩茫的"西域"，色彩神秘，历史传奇。但由于生存环境强敌环伺、多民族不间断争战，"三十六国"多数或被周边国家和民族兼并，或在风沙和瘟疫之中自行消失。具体来说，自敦煌以西，主要有以下几个名声较大、持续时间较长的国家。

玉门关之外，第一个国家是古楼兰，位于塔里木河和孔雀河之间，距离罗布泊三十公里左右。因为它是商旅和军队穿越沙漠之后可见人烟的第一座城镇，商业和军事战略地位相当重要，在《前汉书》《后汉书》中多次被提及。但到西晋时期，由于沙漠侵蚀、强国兼并以及水流断绝和瘟疫等不可抗因素，楼兰逐渐荒芜，至唐开元年间，已成废墟。由敦煌出至楼兰的丝绸古道已被直通吐鲁番的大海道以及到若羌的于阗道替代。

再一座兴盛城市是西州，即高昌古国。唐朝时，玄奘夜半逾城，千辛万苦至高昌国，受到了高昌王麴文泰的隆重接待和挽留，并赠予他诸多的人马、盘缠。玄奘念起真情，曾约定由天竺返回后再来高昌国。殊不知，在玄奘翻越帕米尔高原后不久，唐帝国的阿史那社尔、侯君集等人带领交河道大军开进西域，高昌王麴文泰受前突厥控制，负隅顽抗，城池被攻破，个人也被押往长安斩首。数年后，玄奘游历印度归来至于阗，闻听麹文泰已经死去多年，遂绕道今蒙古国和内蒙古回到长安。

不再过高昌，可能是玄奘怕睹物思人，心有所伤之故。

唐帝国完成了对西域的收复与控制后，曾在高昌国旧址设立军镇，领高昌、柳中、交河、蒲昌、天山五县。斯时，其民众多数由陇右地区的汉族麹、张、马、索、氾、阳、宋、赵等姓氏组成，又有鲜卑秃发氏、突厥阿史那氏、车师车氏、鄯善鄯氏、龟兹白氏、焉耆龙氏、于阗尉迟氏、天竺竺氏、大月氏支氏等诸多民族姓氏，还有中亚地区的昭武九姓国的康、安、曹、史、米、何、石等姓氏居民。

与高昌相邻的是交河故城，其原为车师国所在地，地处天山豁口，城中多寺庙，一度为唐帝国在西域设置的较大屯田区。曾做过安西节度副使的诗人岑参有诗句说："白日登山望烽火，黄昏饮马傍交河。"接下来是巴里坤古城，其位于天山北麓东部，是翻越天山达坂的第一站，南邻天山北岭与哈密，北可直达蒙古高原。

巴里坤之后，是北庭都护府所在地吉木萨尔，即位于天山北麓东端，准噶尔盆地东南缘，东邻奇台，西接阜康，北越卡拉麦里岭与富蕴县相连，南以博格达山分水岭同吐鲁番地区、乌鲁木齐为界。

疏勒，唐时安西四镇之一，突厥语为"有水"之意，历史上因与突厥和回纥关系密切的粟特人居住此地较多，又称粟特城。回纥语称为"喀什噶尔阔纳协海尔"，意思是喀什噶尔老城，又名托克扎克。疏勒都督府链接塔什库尔干，东接龟兹府，西接休循，东南为毗沙，四镇遥相呼应，唐时为帝国的西域军事与政治核心，领郁头、达满、耀建、金、渲度（寅度）、磧南（朱俱波）等，治所在今新疆喀什市东汗诺依古城（伽师城）。

与疏勒共为依傍的龟兹（库车），为唐帝国时期安西四镇之一，以库车绿洲为中心，最盛时北枕天山，南临大漠，西与疏勒相接，东与焉耆为邻，其地在丝绸之路北道中段咽喉处，是古印度、古希腊、波斯、盛唐文明在西域的重要交汇点之一，佛教尤其发达，自3世纪开始，境内修寺、开窟、造像和绘画等活动已经兴盛。

与之相连的焉耆，先为西域三十六国之一，后自觉接受唐帝国统治。于阗是西域至天竺和波斯的口岸。早在公元前，历史的蒙昧时期，于阗就以玉石和铁石贸易闻名于欧亚大陆，当然还有河西地区乃至蒙古高原。这些主要的国家和民族，都在历史上留下了诸多的传奇故事和人文遗迹。只是，年代久远，随着自然环境的变迁，境内外民族的兼并，使这些长期处在自相雄长生存境遇中的"城郭诸国"，多数被湮灭无名。这是历史发展的必然和国家与民族长期以来的共同命运。

但作为西域最早的国家和部落，西域三十六国始终与欧亚和中央帝国有着千丝万缕的联系。自张骞之后，两汉、三国到五胡十六国、隋唐五代、两宋、元明清，移民屯边、充军和以罪犯垦田戍边、支援边疆活动一直都没有停息过。仅仅两汉时期，就有数十万陕西、河南、山西、河北等地的民众被充实到西域。三国两晋南北朝时期，尽管内部纷乱，政权割据，无力顾及西域，但移民活动也从没间断，民间贸易和交往更是缕缕不绝，隋唐时期更是如此。可以说，这种强制式的移民和自发的迁徙活动构成了中原地区与西域之间最为频繁的一种人文景观。

尤其是两汉时期和隋唐时期，作为陆上丝绸之路的主要通道和宗教、文化流变地与物资贸易主阵地，西域一度繁忙若斯。南来北往的商旅，把酒出塞、跃马天山与碎叶川的勇士和梦想家，都在西域建立了不朽功业。仅在唐帝国，西域长期作为帝国沟通世界的桥头堡和前沿，不仅积极推行唐制和汉文化，而且在交通保障和军事保障上不遗余力。据张广达先生考证，仅从长安到于阗，就有一千九百多座驿馆过所和烽、戍、守捉，而且还长期设立安西四镇和多个羁縻州，用强大军事力量镇守和畅通西域，确保丝绸之路沿途安定。岑参作的《初过陇山途中呈宇文判官》一诗，不仅形容了当时驿馆之多，而且效率很高。驿馆可供官员途中歇息并有驿马换乘，走起来是非常快的，其中还有所行路线，可从中感觉驿路之长，并窥知沿途情况。

由于唐帝国在西域推行屯田制、租庸调、府兵制和乡里制度，农业、造纸、养蚕、印刷和兵器冶造等技术也源源不断地传入西域。其他如疏勒、精绝、鄯善、哈密、伊犁等地更是屯田大区，营田连绵成片，庄稼和各类瓜果仓廪满储。到玄宗时代，小西域长期稳定，再加上姚崇宋璟等人不遗余力地加强农业和屯田建设，天山两边呈现出了技术进步、粮食丰产、手工业发达、经济贸易畅通与繁荣的良好局面。源自中原的丝绸、造纸，再加上西域诸国和游牧民族自身所具备的皮毛、牲畜资源，经济贸易必然繁荣，甚至"葱岭以东俗喜淫，龟兹、于阗置女肆，征其钱"。可见当时西域境内交通之发达和行旅之多。

在这样的一个盛大景观之下，西域三十六国受到了中西文明和物质的隆重洗礼，也使得他们对唐帝国有了更深层次的依赖，以至于西域诸国争相到长安和洛阳朝拜，甚至以改姓李、穿唐服、行唐礼、吃唐食为荣。这种深刻的教化和影响，是两汉之后中央帝国在西域文化和文明上的再一次成功，甚至犹过而不及。可以说，自两汉之后，西域就与中央帝国同气连枝、浑然一体。作为汉民族的一部分，多数西域民众无论是在精神还是文化上，在习俗还是文明上，都与中原地区基本保持一致并衍传至今。尽管传说中的西域三十六国大都在历史长河中自行消失，但其留下的诸多人文遗迹和令人遐想不已的传奇故事，却一再焕发出夺目的光辉，令人向往。毫无疑问，古之西域，今之新疆，是中国神圣版图的一部分，是中华民族文明中斑斓多彩的一环。

重返河西走廊

（代后记）

　　草大部分枯了，颜色发白。王维诗中说："白草连天野火烧。"大抵就是这个样子。这是 2019 年秋天，秋声四起之时，我再次由成都乘飞机到兰州，过黄河，穿越河西走廊。火车在荒野上奔行，与以往不同的是，动车途经乐都、西宁、门源、民乐，然后到张掖西。如此便完美地闪过了乌鞘岭、武威、金昌、山丹等我喜欢和熟悉的地方。其中的乐都，唐朝时期，李祎等人率军曾在那里击溃吐蕃，勒石记功。数年之后，薛仁贵却在那里时称石堡城的乐都全军覆没；后任河西节度使的王忠嗣、哥舒翰等人却在那里一举将吐蕃击溃，收复石堡城，致使其数年不敢犯边。历史的反复总是耐人寻味，就像人生的无常，以及事物不停变换，这是天地之道，也是自然之道。

　　可在我的体认当中，兰州到张掖那一段道路，应当是河西走廊最具有历史人文色彩和意蕴的地区，当然还有与新疆接壤的敦煌。

　　越是向西，大地越是萧索，草木凋零之际，万物都在收敛。冷意不自觉地侵袭，预示着新一轮冬天的到来。巍峨的祁连雪山以苍龙的姿态，纵横蜿蜒于甘青两省，超拔地摩挲于苍天流云，使得整个河西走廊有了水源乃至精神的滋润和支撑。

　　自从张骞凿空西域，这一条著名的走廊便成了东方帝国与欧亚大陆诸国和部落交流的主要通道。但在其后的漫长时间里，丝绸之路的畅通与否，其中起决定性作用的，还是帝国自身或者内部的强盛与衰落。两汉和唐帝国极盛时期，便是佐证。元和明清肯定要比两宋要好很多。尽管两宋文化和经济兴盛，也是最好的文人时代，它的军事实力其实也不弱，但赵匡胤设定并且一直被遵循的重文抑武机制和传统，使得这一个朝代，始终

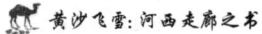

无法对北方和西北地区产生积极有效的军事和政治影响。这也是历史的得失,也可能促使两宋物质、经济和文化远超其他朝代的另一个原因所在。

车过酒泉,我竟然有一种恍惚,甚至陌生的感觉。对于这座城市,我极其熟悉。1992年1月,我人生的第一次远行,便是抵达这里,然后再转向酒泉以北200余公里的巴丹吉林沙漠边缘的。此后的十多年,我人生的诸多时光,基本上都是在巴丹吉林沙漠度过的,这瀚海泽卤,几乎消耗了我的整个青春,同时也确立和推动了我的人生。其中一些时间,主要是利用节假日,我先后去了河西走廊的重要地方,如武威、张掖、山丹、肃南、嘉峪关、玉门和敦煌等。这些都是河西重镇,也是丝绸之路最为繁盛时期的军政统帅驻地,其中的武威曾为五凉王朝首都,张掖和酒泉也曾建立过王朝。尤其是武威,它的历史文化之繁盛,在河西走廊首屈一指。当然,与武威相呼应的,还有伟大和不朽的敦煌,它是艺术之都,更是东西文化和文明融汇流变之地。

看着窗外焦枯的戈壁,飞速的列车犹如蟒蛇,在河西走廊的荒芜之地,向西疾驰。远远看到酒泉市区,我的恍惚和陌生愈加浓重。当年,我们几乎每个月,都要乘坐班车或者出租车走出巴丹吉林沙漠边缘的军营,到酒泉买衣服、吃饭,带着孩子去公园和游乐场等处消费。可以说,对酒泉的每一条街道、建筑、商场、餐馆等,都了如指掌。这座城市中,也有一些朋友,大都是诗人、作家和书法家。如赵叔铭、林染、孙江、韩紫凌、倪长录、妥清德、于刚、杨蕴伟、张燕、陈思侠、韩东海等,其中的林染,堪称我的恩师。我写诗之初,就受到过他的指点和教诲,也曾和他吃过饭,一起参加文学活动。我至今记得,对我的年少轻狂,林染老师多次善意提醒。可惜,现在我没有了林染老师的联系方式,每逢遇到酒泉的朋友,都会打问一下他的近况。从前我也想当然地以为,自己的这一生可能会留在西北,具体地点酒泉,但造化弄人,后来调到了成都。起初想,因为岳父母在酒泉，我也会时常回来的。可没想到，2015年，婚姻分崩离析。人生的诸多变化无法预料。正当我觉得自己这一生再也不会到河西走廊的时候，天公作美，却又和一个甘肃女孩子结了婚，而且是玉门的。这种有些不可思议的结果，即使苍天似乎也不会料到。

在巴丹吉林沙漠多年，面对西北的天高地阔，大漠雪山，长烟落日，绿洲戈壁，我觉得了一种人在天地之间的微小，也觉得了一个男人，就应当在瀚海大漠之间，用自然的无际和雄浑，开阔自己的内心和精神，用积雪、溪水、青草、鹰隼，甚至风暴和闪电，来纯粹自己的灵魂。一个人必须要了解他所在的地域，其中的历史、风情、民俗，乃至它的文化和精神属性。基于种种想法，我先后多次去了武威、张掖、山丹、肃南、民乐、嘉峪关和敦煌。数年下来，几乎河西的每一座城市，乃至其中一些比较偏僻的所在，我都采取了一种漫游、探究与拜谒的方式，进行了较为全面的亲身抵达与真切体验。

羽田·亨在《西域文明史概论》当中把河西走廊乃至整个中国境内的丝绸之路比作一根水管。他以为，这根"水管"的功效，对于整个贯通欧亚的丝绸之路，有着异乎寻常的作用和力量。特别是两汉和盛唐时期，张骞，包括苏武、卫青、霍去病、路博德、班超家族、耿恭、鸠摩罗什、侯君集、玄奘、李勣、薛万钧、阿史那社尔、张孝嵩、王孝杰、郭元振、达摩驮睹、高仙芝、封常清、杜环等人，实在是当时的"天之骄子"，他们对于丝绸之路的开拓和保障，其功德肯定是全人类的。

河西走廊，处在丝绸之路的蜂腰部位，无论走南线还是北线，只要前往和返回丝绸之路沿线任何一地的人，都必须由此经过。其中的将军、诗人、商贾、歌姬、画师、工匠、公主和使者等都经由丝绸之路，使得两宋之前的世界文明，通过这一条漫漫长路南来北往，互通有无，整个世界的文化得到了强有力的传播。那时候的河西走廊，堪比今天世界上最热闹和繁华的城市和港口。可任何一个东西，包括影响历史和文明进程的庞大事物，似乎都是有其命运的。海路的兴起，使得陆地上的迢遥长路逐渐被放弃。但作为人类文明史上最为光辉灿烂的奇迹之一，丝绸之路是永恒的，所有在它身上发生和踏过的人和事，都将被时间和人心镌刻与铭记。

酒泉之后便是嘉峪关，每一提及这个名字，或者来到和路过，就会想起李长瑜、韩爱民、赵成松、魏雄广、郭莉莉、于莉莉、孔书迎等人。当然，这些年来，嘉峪关最有影响力的，还是诗人和散文家，现在专注于河西民俗的胡杨。车向玉门和乌鲁木齐方向行进之时，落日霞光正在以激烈的方式，将大地山川、河流涂抹得悲壮莫名而又气势恢宏。

相对于酒泉和嘉峪关，玉门也是一个绿洲中的城市，人口不多，城市规模也不大。但其因为"玉门关"和石油、铁人王进喜等而闻名遐迩。这是我第二次到这个地方。前一次是匆匆独行，这一次则有了自己的家人。这种变化，感觉很是新奇。我还想起，大致十多年前，我在一篇小说中，虚构了一则有关玉门的爱情故事。这一次来，居然有些亲切。当然，这其中，还是姻亲起到了主要作用。无论玉门还是整个河西走廊，时隔几年后再次来到这里，却有一种故地重游的新鲜感。过往的，甚至已经接近消弭的那些记忆再度鲜活起来。

这也是一种机缘。看着早已经熟稔于心的河西走廊，我再一次感到新鲜，也平添了许多感慨。毕竟，当年是年少，离开时不到四十岁，现在却差不多半百了。这样的阔别，再加上其中的世事和人事的变化，一切都变得颇有意味。多年来，我有一个习惯，即每每到一个地方，用心体察之后，便会写一篇相关的文章。数年下来，我不止一次地书写了河西走廊的诸多地方，其中写得最多的，还是张掖、敦煌、额济纳、武威，以及巴丹吉林沙漠，尽管如此，我还是觉得意犹未尽，还有一些地方，我至今没去过，如靠近兰州的天祝藏族自治县、抓喜秀龙草原、当金山、阿尔金山、临泽、永登、永昌、瓜州等地。仅仅上述各地，这些年日积月累，书写的竟然有三十万字之多。

可以说，这一本书中的文章，便是我不止一次去过，对河西走廊及其各地有了更深刻的历史文化、地域特色、生活习惯、风俗民情等方面的了解和认知之后，重新书写的关于丝绸之路、河西走廊诸多文字中的一部分，相对于走马观花的旅游类文章，我自信是深入到了河西走廊真正"肌理"和内在的，无论是自然地理、人文历史，还是建立在自然环境之上的个人体验，都是独特和独立的。需要说到的是，因为此前撰写了《梦想的边疆：隋唐五代时期的丝绸之路》一书，大量的阅读和考证之中，使得我对河西走廊，甚至整个西北和陆上丝绸之路，都有了一个全面的、准确的、客观的、历史的和文化的看法，从而在书写河西走廊的过程中，有一种驾轻就熟、掌控全局的感觉。

这本书的出版，集合了我近二十年来对河西走廊设身处地的体察与觉悟，承载了我对一方地域的全部情感，尤其是基于当前自然生态乃至人文环境的发现和思考。既是严谨求证的，又是文学艺术的。最后要说的是，这本书的出版发行，要衷心感谢华文出版社，感谢我的责编闫丽娜女士。同时，也向我在河西走廊和巴丹吉林沙漠的青春岁月，以及给予过我诸多关心和帮助的，身在河西走廊的亲人和师友，并致以最诚挚的谢意和祝福。

杨献平

参考文献

[1] 勒内·格鲁塞.草原帝国 [M].北京：商务印书馆，1998.

[2] 司马迁.史记 [M].北京：中华书局，2019.

[3] 顾实.穆天子传西征讲疏 [M].上海：上海科学技术文献出版社，2016.

[4] 班固.汉书 [M].北京：中华书局，2018.

[5] F.B.于格著，耿昇译.海市蜃楼中的帝国 [M].北京：中国藏学出版社，2013.

[6] 李长之.司马迁之人格和风格 [M].天津：天津人民出版社，2007.

[7] 令狐德棻，长孙无忌，魏徵等.隋书 [M].北京：中华书局，2020.

[8] 令狐德棻主编.岑文本，崔仁师等.周书 [M].北京：中华书局，2016.

[9] 王仲荦.北周地理志 [M].北京：中华书局，1990.

[10] 司马光等.资治通鉴 [M].北京：光明日报出版社，2016.

[11] 林干.突厥与回纥史 [M].呼和浩特：内蒙古人民出版社，2007.

[12] 崔明德，马晓丽.隋唐民族关系思想史 [M].北京：人民出版社，2016.

[13] 魏收.魏书 [M].北京：中华书局，1974.

[14] 袁宏.后汉纪 [M].昆明：云南大学出版社，2008.

[15] 陈寿.三国志 [M].北京：中华书局，2009.

[16] 李延寿.北史 [M].北京：中华书局，2013.

[17] 王东，张耀.吐蕃王朝世袭明 [M].北京：中国国际广播出版社，2019.

[18] 宋祁，欧阳修，范镇，吕夏卿等.新唐书[M].北京：中华书局，1974.

[19] 张昭远，贾纬，赵熙等.旧唐书[M].北京：中华书局，1975.

[20] 王溥.唐会要.[M].北京：中华书局，1960.

[21] 崔瑞德.剑桥中国隋唐史[M].北京：中国社会科学出版社，1990.

[22] 杨圣敏.回纥史[M].桂林：广西师范大学出版社，2008.

[23] 彭信威.中国货币史[M].北京：中国人民大学出版社，2020.

[24] 羽田著，耿世民译.西域文明史概论[M].北京：中华书局，2005.

[25] 严耕旺.唐代交通图考[M].北京：北京联合出版有限公司，2021.

[26] 李时珍.本草纲目[M].北京：北京联合出版公司，2015.

[27] 陈寅.隋唐论稿[M].上海：译林出版社，2020.

[28] 薛用弱.集异记[M].杭州：浙江摄影出版社，1999.

[29] 先秦诸子.尚书[M].北京：中华书局，2012.

[30] 钱穆.秦汉史[M].北京：生活·读书·新知三联书店，2013.